羅光全書

冊卅六

牧廬文集（七）

臺灣學生書局印行

牧盧文集（七）

目錄

附錄一

書信

譯經專家義大利雷永明神父

一、工作科學化

六十年前，民國二十年（一九三一年）七月二十日，一位年青的義大利神父，到了我的故鄉衡陽，我則在前一年的九月離開了家鄉，到羅馬留學。這位年青的神父，本名Gabriele Allegra，中文名字叫雷永明，出生於一九〇七年十二月廿六日，義大利西西利島的加大尼亞省，爲方濟會的修士，畢業於羅馬聖安義學院，專修聖經學。

他入籍衡陽，算是我的小同鄉，任我曾肄業七年的聖心修院院長，教拉丁文。他本人則專攻中文，每天五小時，又專心聖經，每天三小時，日間時間不夠，使用夜間的時間。他在自己的回憶錄說：「我所用作課本的書，是初級小學的教科書，以後是四書，最後是楚辭。由於研讀楚辭，我認識了中國最大的歷史，人類引以爲榮的最大偉人之一的司馬遷。但爲學習一種語言，必須置身在它的歷史文化之中。我設法做到這一點，閱讀在上海所買的戴士勒神父（Wigges）的各種法文著作，尤其是史書原文、哲學原文，中國宗教信仰和哲學思想史。」㈠「給我自己訂定了份時間表，大約遵照這些原則：立志不多，惟後悉力以赴；不浪費時間：每天五小時研讀中文及漢學（歷史和地理等），三小時研讀聖經（希臘文，希伯來文和解經學），其餘時間用爲神修生活。」㈡

在衡陽當然找不到聖經參考書。雷神父要求衡陽柏長青主教（義大利籍）從德國買專集，又往長沙的湖南聖經書院參考基督教的聖經著作，又到北平找著了清朝耶穌會士賀清泰神父（P.De Point）的聖經中譯手稿，將其全部攝影，請英千里先生從倫敦博物館攝影「斯羅安抄本」（Slone Manujcript），這部手抄本包含十七世紀巴黎外方傳教會士巴設神父（P. Basset）的全部新經譯文。

民國二十五年四月十一日，雷永明在衡陽開始試行翻譯聖經，在書室裡已經有一個聖經小圖書館。但是他用義大利驢子負重的精神，不用湖南騾子趕路的氣概，他身體受累了。民國二十八年他回義大利養病。過了兩年，於民國三十年四月初，回中國，由上海往北平，在北平再找老師，研讀中國文學，繼續翻譯舊約。民國三十四年，雷永明在北平成立了思高聖經學會，八月四日集合了四位中國年輕的中國神父，他們都是方濟會士，由方濟會遠東區總代表舒迺柏神父，行聖經學會建會禮。

在這時候，雷神父把舊約已全部譯完，四位年青中國神父，一面讀希伯來文和希臘文，一面閱讀修改譯文。次年（民三十五年）九月十五日出版了第一冊讀本《聖詠集》。民國三十五年出版《智慧書》，民國三十七年出版《梅瑟五書》。

中共已佔據了北方，在北平不能再住，聖經學會乃遷往香港，民國四十九年出版《舊約史書上冊》，以後陸續出書，民國五十年新舊約全書譯竣出版。八月四日，聖經學會成立二十五週年，在香港舉行了慶祝會。

早在民國二十八年，雷神父回國養病時，在上海出版了他的《離騷》義大利文譯本。這譯本後來由義大利皇家學院（中央研究院）再版，印制華麗。雷神父曾經贈送我一本。民國四十四年十一月十八日，羅馬聖安義學院敬贈雷永明神父榮譽聖經神學博士學位，我曾經參加這項典禮。

雷永明翻譯聖經和普通的翻譯者不同，不僅是注意經文的意義，而是兼注意經書的考據。他從第一冊《聖詠集》到最後一冊《宗徒經書下》，一共出版了十一厚冊各卷經書譯本，每冊先有一篇總論，每卷經書再有一篇引言，詳細述說經書的文字，歷史，考據，譯本，並列舉參考書目。每章經文譯本，加有很多的注譯。他在回憶錄裡說：「這些注譯通常分爲兩部份：一部份關於經文的考據，一部份則關於經文的釋義，時常依照需要或實益而定。還有一些附錄或補注，更詳細解釋那些較複雜的問題。……懷著這些目標，就如我們一再閱讀了許多外教作家和史家作品，爲能忠實地描寫羅馬廣大帝國各種外教的宗教，……同樣，我們也讀了一些教父的著作。……我們並不忽視現代學者的見解。……至於在現代的學者中，我可以說，我曾研讀了T. Zan, Wikenhauser, Tiefenthal, Nardelli, Alls, Behm, Cerfaux-Cambier, S. giet, Wohlenferg, Bonsirven, Romes 等，以及許多其他作者，」㈢這段話，是雷永明關於福音和點示錄所說的，但是對舊約的各書，他常使用了這種科學方法。最近兩世紀中，德國和法國研究聖經的著作，產量非常豐富，巴勒斯坦的考古發掘也不少，對於聖經的歷史價值，多有肯定，摧毀了許多「聖經奇像」和一些沒有根據的傳統。

聖經全部翻譯完了，雷神父於民國五十八年開始編聖經辭典，民國六十六年三月廿四日出版。

二、聖經科學化——不是奇譚

舊約的開始五卷，爲「梅瑟五書」，梅瑟即是摩西的天主教譯名。這冊譯本有八百六十六頁，全書的總論四十七頁，「創世紀」的引言十七頁，總論所列參考書目八十種。在總論第二章五書與歷史及科學，詳細討論了創世的問題。列出了各種神話說和半科學說，在「出谷紀」第三章，對於天主（上帝）的名字「雅威」，加有註譯，列舉重要的參考書。「雅威」是天主親自告訴摩西的，摩西向上帝說以色列人問是誰派遣了他，他怎樣答覆，上帝說：「我是雅威」。巴比倫人早已知道這個名字，但是上帝自用這個名字，有新的意義，是「自有者」，是「解放的力量」，是「堅定不渝的許諾」。後來猶太教不敢直呼上帝的名，以Elohin或Adonai代替。

舊約和新約的史書，屬於歷史，實事實錄。實錄史事中有靈跡的事。沒有信仰的讀者，不信靈跡。企圖以自然界可以產生的事，作為解釋；或者，簡單地用「神話」的名詞，勾消一切，例如摩西率領以色列人乾腳渡過紅海，不信靈跡的人，尋找紅海許多淺水的地方，解釋乾腳渡海的事。雷永明在「出谷紀」第十四章後加了兩個附註：附註一，以民出埃及背景；附註二，過紅海的地點。地點，按照學者們的意見有四處，以蘇彝士地峽附近為可靠。他又說：「對於伊民（以色列）過紅海的奇蹟，唯理派的學者依據他們一貫的學說，自然加以否認。他們以為以天然的理由也可以解釋過紅海的事。他們說在春天常有來自東南的颶風，這風因來自沙漠，所以非常乾燥；又因伊民過紅海的地方，形勢窄狹，海水甚淺，因風勢猛烈，有時將水吹斷颳乾，伊民就用了這個機會渡過了紅海。」㈣但是怎麼隨後追來的埃及軍隊，全軍被海水淹沒？摩西在渡過紅海後，因著奇蹟，作了一篇感恩的詩，敘述奇蹟的經過，感恩詩譜成歌，全民歌唱。這首詩歌存留到現在。

新經的翻譯和註釋，雷永明費了許多心血；因爲新經爲天主教會日常用的經書，每天都在信徒手中。他在回憶錄說：「這四部福音，我不說在品質方面，但在數量方面，可以與那些以外國語文寫的巨著，並列媲美。由於司鐸講解福音常用的那些舊書已經絕版，而現代的解註法，開始在各著作中露面，這些著作大多數是由新教徒寫的，並且不是常具備應有的條件，所以我們希望是，能在天主教友手中，尤其在各位司鐸手中，放一本現代福音釋義，屬於歷代和教義性的，依照最近研究成果寫的。」(五)

民國四十六年八月十五日出版的《福音》一書，厚一三六六頁。民國四十八年十二月八日出版《宗徒經書上冊》，厚一四四六頁。民國五十年八月二日出版《宗徒經書下冊》，厚五六八頁。在每冊書前面，列舉了參考書籍，然後有總論，再後有各卷的引言。

福音所載爲耶穌基督的言行，耶穌基督爲救主，降生救贖人類的罪惡。罪的心理，罪的事實，從亞當和夏娃開始，他們的兒子加音殺弟，繼續在人類流行，然後有洪水大難，天火焚燒索多馬城。天主（上帝）選擇了以色列民族保留唯一真神的信仰，預備救主的誕生。以色列民族迭迭背棄信仰，招致天主的嚴罰，天主派遣先知，提醒以色列人悔過，以色列人卻殺害先知，卒致亡國，舊約紀述了這些事蹟，顯示人類輾轉在罪惡中，不能自拔。對於罪惡的心理，中國《書經》《詩經》也有明顯的說明，後來戰國時候的社會，更顯出惡的勢力，漢初便出現了「天人感應說」，承認罪惡有天的懲罰。基督降生救拔人類，宣講天人的愛，聖宗徒乃系統地說明了原罪的神學，解釋惡的來源。在中國也就有儒家兩千年的性善性惡問題，朱熹企圖從哲學去解釋善和惡的來由。

以色列民族深信是天主（上帝）的選民，天主所許的救主，是為救以色列民族，重建自己的邦國。耶穌為避免民眾的談論，也為躲避當局的控告，他說自己祇為以色列人宣講天國，拒斷據稱救主。蒙難以後，建立了自己的教會，乃明白告訴宗徒們，派遣他們到全世界宣講福音，使人得救。聖伯鐸（比得）首先收錄了羅馬人入教，敞開了教會的門。聖保祿後來和猶太人的爭論，在於非猶太人進教，領受基督的信仰，是否應該遵守摩西的法律。聖保祿反對，引進猶太人的迫害；聖伯鐸和教會初期在耶路撒冷的宗徒開會，接受了聖保祿的意見。

福音關於耶穌的言行，紀述頗詳。但對於耶穌的出生，僅路加福音略有記載，關於耶穌的壯年生活，一字不提。後來所出的偽書頗多，憑著想像寫成了福音偽書，充滿各式的傳統。

雷永明在福音書的「瑪竇福音」第十二章附註，討論福音所稱耶穌的兄弟姊妹問題。新約時代以色列人的「兄弟姊妹」，意義廣泛，可指同胞兄弟姊妹，可指同父異母，同母異父；如兄弟姊妹，可指堂父母姊妹，表兄弟姊妹，甚至同祖的兄弟姊妹。福音的基督兄弟姊妹，不是同胞兄弟姊妹，因爲在遭難被釘十字架時，臨終托母，耶穌把母親托信者聖宗徒，表示母親瑪利亞沒有別的子女。天主教會從第二世紀已經公認瑪利亞爲終生童貞。雷永明對於這一點非常明白，也非常肯定。「聖母瑪利亞的卒世童貞從最古時期（至少從第二世紀）已成爲聖教會所公認的道理。第三世紀初，潘忒諾已用了『卒世童貞』這個名詞稱呼聖母。潘氏的這種用法，顯示『卒世童貞』一詞的古老性。及至六四九年，這端道理，在拉特朝公議會上定爲應信的教條」㈥但是「古時的異教徒，如切耳索（Celsus）、赫而威丟（Heluiclius）等人，以及近代的一些異教徒，尤其誓反教徒，以這些經文爲藉口，而否定聖母瑪利亞爲卒世童貞的事實。」㈦

至於瑪利亞被強暴一事，乃是後人所想像的小說。昔說貞女一詞和七十賢士譯本有關。《七十賢士譯本》（Septuagint）是舊約的希臘文古譯本，不是新約譯本，和聖母童貞的事沒有關係，㈧若說 Talmud 有有關的記述，這本書爲猶太教的教典。包括從第二世紀到第五世紀猶太教的法律和經師們的解釋，和天主教的歷史根本不相連。㈨按照摩西的法律，即耶穌當時的法律，一個被強暴的婦女，應向婚夫或丈夫報告，免被休妻。瑪利亞沒有報告，也沒有被休，後來耶穌的本鄉人在耶穌講道顯靈以後，常驚訝說：他不是木匠若瑟的兒子嗎？怎麼能有這樣的本領！這就顯示被強暴的傳統不能有據。

宗徒經書上冊，都是聖保祿的書信，在開端有一篇長達五〇頁的《新約時代的哲學與宗教概論》，又有一篇長八〇頁的《保祿書信總論》詳細講述了保祿的神學，兩篇後都列有二〇部和二五部參考書。雷永明譯經和解經，確實是用研究的科學方法，在中國譯經中乃是創舉。

三、生活精神化

雷永明神父出版了《聖經辭典》後，在各地組織聖經展覽，在台南和台北都舉行過。在聖經全部翻譯完了，他在新加坡住了三年，創設社會學中心，民國六十三年（一九七四）在耶路撒冷聖經研究中心，講學半年。平日在港澳向神父修女，作靈修講道，到澳門痲瘋病院看望病人。他的身體本來病弱，赴義大利休息兩次。思高聖經學會在民國六十四年八月二日慶賀成立三十週年，雷神父病體淺弱，次年正月廿三日突患急性白喉病，廿四日送入醫院，廿六日正午進入手術室，醫師施行痲醉劑，預備行手術，雷神父心臟忽然停止跳動，離開了人世，享年六十八歲，葬於香港跑馬地天主教墳場。逝世十年時，遺骸換裝新棺，運往出生地西西里的Arcireape城，民國七十五年五月十七日，方濟會的樞機Antonelli總主教，方濟會總會長都從羅馬趕來主禮，送葬行列長一公里，大家以迎接一位聖者遺骸的心情，行了安葬儀式。

雷永明在中國學術史上，是天主教第一位翻譯全部舊約新約聖經的人，也是中文聖經翻譯加寫長篇註釋的人；當然共同翻譯的聖經會同仁，合作盡力。我曾在台南聖經展覽會致詞說：「中國翻譯聖經，最早是在唐朝，在紀元後八世紀宗教傳到中國建有翻譯經書殿。第二次翻譯聖經是在元朝。元朝天主教索味高總主教，翻譯聖經歌詠。第三次則在明末，當時利瑪竇入中國，重新宣傳天主教教義，選擇聖經文篇，後譯為中文。清初艾儒略利類思，也選譯聖經文篇，以傳教友。紀元後第十八世紀初年，當清康熙時，巴黎外方傳教士巴設（J. Bagset）用白話文翻譯聖經，但未能出版。以後第十九世紀和二十世紀，天主教常有譯經的人，近時最主要的譯本，有蕭靜山神父的白話新經全集和吳經熊先生的文言文新經全集。古經的譯本，在中國天主教裡從來沒有全文……中國基督教對於聖經的翻譯，努力也很多。新舊約全書在一八二二年，有馬士曼（Marshman）的譯本，一八二三年有馬禮遜（Morrison）和米憐（Milve）的合譯本，以後重譯者漸多。」我要加上第十八世紀來華的賀清泰的古新經譯文，賀清泰為法國耶穌會士，一七七〇年來到北京，他用官話譯經，舊約譯有三十四本，新經九本，本是手抄本，譯文不全。雷永明曾將賀清泰的抄本全部複印，還有一六四二年出版的陽瑪諾的《聖經直解》，共八卷，詮解一年的星期日典禮中所用聖經文篇。雷永明的聖經學會譯本，則為舊約新約全書。

今年為雷永明神父去世的十五週年，我紀念這位老友，雖然是重在他的學術工作，然而更是敬佩他的人格。我和他接觸的時機不多，我卻深深地留有他人格的印象。他生活清苦，確實表現方濟會愛貧的精神，身邊沒有保留一分錢，要用錢都向院長索取。一襲青衫，一套會服，走遍天下。尤其是心懷謙虛，不僅絕無傲氣，而是有赤子的心情。在聖經學會成立三十週年日，他在彌撒典禮中感動流淚，他在回憶錄說：「我在上主台前，我由於感激，驚訝，悲痛而流淚，我感激，因為聖母使我青年時代的美夢得以實現；我驚訝，為什麼天主這樣大力幫助了一個貧賤的罪人；我為了自己的罪過而悲痛，它們一定阻止了天主獲得更大的光榮。……當我的肉體已被埋葬墳墓裡，……我切願各位可愛的同事神父，……要唱聖母的這首聖歌「我靈魂頌揚上主。」」(十)

心靈謙虛，意志卻非常堅強，他譯經以「信」為主，「達雅」為次，當民國五九年，香港徐誠斌主教請自己的朋友吳經熊博士修改為香港用的星期日讀經，聖經學會一會員向徐主教抗議，雷神父乃向徐主教道歉，同時坦白地表示聖經不要求雅而失去原意。徐主教接受了他的意見。

雷永明的精神，即是一位教士的精神，也是一位學者的精神，「謙謙君子，兢學者」。

註：

㈠ 雷永明神父回憶錄　思高聖經學會出版　頁八三。

㈡ 同上，頁八五。

㈢ 同上，頁一七九—一八二。

㈣ 出谷紀　第十四章　頁三二四。

㈤ 回憶錄　頁一七九。

㈥ 福音—瑪竇福音，頁一八二。

㈦ 同上。

㈧ 聖經辭典　思高聖經學會出版　頁一。

㈨ 聖經辭典　頁八七三。

The Telustrated Bile Dictionary. Vol. 3. p15. 15.

㈩ 回憶錄　頁二九七。

羅文藻主教的精神

今年紀念羅文藻主教逝世三百週年。羅文藻是在一六九一年二月二十七日在南京逝世，葬在南京雨花台。他是中國的第一位中國神父，又是中國的第一位中國主教。今天中國主教團舉行紀念大會，要我來講羅文藻主教的精神，我就簡單地舉出三點來講。

一、識時務

中國歷代的聖賢都注重看清自己的時代，勉力適應。孟子曾稱孔子為「聖之時者」，（萬章　下）《易經》則在傳辭裡，多次說「時之義，大矣哉！」我們生活在人世裡，人世由時間和空間的環境所構成，我們的生活便要適應這種環境，不是為「投機取巧」，而是為「腳踏實地」去工作，不造「空中樓閣」。

羅文藻主教的時代，環境非常複雜。在中國政治方面，湯若望、南懷仁、安文思、和利類思四位神父在一六六四年十一月十二日被捕下獄，湯神父且被判死刑。次年，雖被赦，但其他的神父都被驅逐出國，先充軍到廣州，一直到一六七一年才准回中國內地。

在教會內部方面，葡萄牙王堅決實行保教權，凡是在中國傳教的神父主教都要受澳門葡萄牙官員的控制。但是西班牙王已經佔領了菲律賓，以馬尼剌作中心，派遣西班牙道明會神父入中國傳教，受西班牙王的保護過後，法國國王也對在中國傳教的法國神父，實行保教權。羅馬教宗爲突破這些國王的保教權，乃在一六二二年設立了傳信部，於一六五九年任命巴黎外方傳教會巴錄神父爲主教，以宗座代表名義管理福建教區。然而方濟會和道明會在中國的神父擁有教宗所賦特權，不屬教區主教管轄，而屬本會會長管理。

另外，教會內一件大事，爲敬天祭祖的禮儀之爭，耶穌會士贊成，其他修會都反對，教宗於一七〇一年和一七一九年兩次派遣特使來中國處理這件案件，在派使以前，教宗已經多次召集樞機主教會議，最後決議禁止敬天祭祖。

羅文藻神父，爲中國當時唯一的中國神父，當一六三四年到一六六八年在中國的傳教士急烈辯論這問題時，他贊成耶穌會士的主張，因爲他是中國人，懂得中國的文化傳統，祭天敬祖爲社會禮儀。但當他祝聖爲主教後，已經風聞教宗的禁令，他便服從教宗的意見，道明會士卻說他改了態度，接受他們的主張。

當外籍教士被驅逐或充軍到廣州時，羅文藻知道自己是中國人，不被驅逐，他就留在福建。當時皇帝並沒有明令禁止宣傳福音，他就加強宣道的工作。教宗選他爲主教，他不因自己缺乏神學知識而拒絕接受任命，因爲知道當時的情形需要中國主教。自己知道在神學的困難，他任命了一位義大利方濟會士作他的助手。

爲應付保教權，羅文藻神父身爲道明會士，爲西班牙道明會會長的屬下，他就受馬尼刺道明會的節制。一次，被充軍到澳門，又一次陪兩位道明會士到澳門，他卻從澳門仍往馬尼刺。羅文藻被任命爲主教，年五十歲，是直屬教廷傳信部的宗座代牧，當時，管理教務的宗座代牧，在中國還沒有，羅文藻在一六七七年想往泰國，接受那方面的宗座代牧祝聖爲主教。但是他卻上書教宗請辭，教宗不許，信札往返經過四年，他在一六八二年，因道明會神父的建議，決定往馬尼刺受祝聖。不料到了馬尼刺道明會，被會長幽禁了兩年。幸而，馬尼刺的班國國王代表和教會人員鬧事，總主教和會長被捕，羅文藻才能逃出馬尼刺，在一六八四年七月到了福建，往穆陽請巴祿代牧主教行祝聖禮，不意巴祿主教已去世。次年，一六八五年四月八日，乃在廣州由伊大任代牧主教行祝聖禮，六月三十日，在南京就職。一六九〇年，教宗又因葡萄牙王力爭保教權，改南京和北京兩代牧區爲主教教區，羅文藻由南京代牧改爲南京教區主教；然而公文到達南京時，羅文藻主教已去世。他在主教任內時，常與教廷傳信部聯繫，常送報告，沒有和葡萄牙西班牙的兩國政府發生關係。他在逝世前兩年，上書傳信部樞機說：「雖然從我祝聖主教以後到現在，我每年給你們去信，而沒有接到你們的回音，今年我不能不再向各位樞機報告，解釋我該向你們解釋的一切。」㈠

他的副主教在向傳信部報告他病逝情形的報告裡說：「羅公明悟聰穎，判事果斷，眼光遠大，有先見之明，常備防不測，計劃周密，履行恆毅，生性愉快，和氣可親，俱備一切優長，使近之者，無不油然生慕。」㈡

一位聰明智慧的人，必定能識時務，在自己的環境裡積極工作。羅文藻主教一生便是在「識時務」中，努力宣傳福音。所以我對於道明會西班會士昂沙肋神父所作羅文藻主教傳中所作的幾點評語，不能同意。昂沙肋在傳內常稱讚羅文藻傳教的辛勞，也佩服他的品德，卻在他被任為主教後，逃出馬尼剌，批評他「在這次轟動的事件上，羅神父的思想完全錯亂，以致竟在他本國人面前批評自己的上峰，說他們願意派他到加雅瑪省（Cagayan），阻止他回中國，為的是使他因煩惱而消耗精力，和年齡老邁而死亡，就這樣消聲匿跡，沒沒無聞。回想起來，當他為這樣奇怪的思想所蒙蔽時，實在令人惋惜」㈢昂沙肋所說的奇怪思想，乃是當時事實。羅文藻「識時務」，又對中國人升司鐸事，知道很清楚，昂沙肋卻說：「羅主教以前對自己缺乏信心，他聲明：除了特殊的情形，反對本國人作神父，並要求歐洲教士來補充中國神父的缺乏一事，並不足為奇。」㈣當時的時勢，沒有良好的設備為培植中國修生，祇有澳門的耶穌會初學院，培植耶穌會士，羅文藻在一六八八年八月一日祝聖了三位耶穌會士爲神父。三位新神父都是成年聖召，那是耶穌會的計劃。他在去世前一年上書傳信部曾說到這事，「我要求你們盡量不但要保持在這兒的西歐傳教士，而且還要加倍增加他們的數字。在目下的情形中，我們要在中國找到合適的本地人作（天主的）使臣是極困難的事。……再者這樣少的人數，即有善意，也不能維持傳教。」㈤羅文藻主教對中國人作神父，不是缺乏信心，是在當時的情形下，沒有青年願作神父，就是有，也不能有適當的訓練。昂沙肋卻又說：「羅主教既不贊成選本國神父作主教，就連作神父，他也抱猶疑的態度。」㈥羅主教不是不贊成選中國神父作主教，而是在當時的情況下，沒有辦法可做，因爲沒有中國神父可選。他對於中國人作神父，不是「爲了他本國人的品行方面的軟弱，原來他們爲接受這樣高的地位，沒有表現出多少保證。」㈦乃是當時不能好好培植。羅文藻是從當時實際環境著想，不是懷疑中國人的人格。作傳和寫歷史的人，應該具有歷史的意識，按歷史解釋史事，不能以自己的偏見去解釋。

二、忍苦傳道

羅文藻一生的特立，在於忍苦傳道。在升司鐸以前，他以傳道員的身份，追隨方濟會馬禮雅神父（P. Santa Maria）。「羅文藻神父對那位神父的感激心情（給他授洗）如此地誠懇，并毅然離開了家鄉、親友及一樁很美滿的婚事，形影不離地作了他志同道合的同伴，協助他到處傳揚聖教，都受盡了各種苦難，並且把自己的家產也全部交給了馬神父，雖然並不算多，因為他的家本來是相當清寒的」㈧一六三七年，他陪兩位方濟會神父到了北京，兩位神父被捕，押送福建，羅文藻和兩位教友被「綑綁起來，並在他們頸上套了一條鎖鍊，就這樣被押送到一個菜園裡，被綁在一株松樹上，像狗一樣，而且，也不給飯吃。」㈨後來也被解送到福建。一六七三年十一月二十一日，羅文藻又和兩位方濟會神父被捕，「他們都被解送到寧德監獄，在那裡神父及僕人們被毒打了一頓，他們在那個臭氣撲鼻的監獄裡住了二十三天，寒冷、蝨蚤、癬疥和饑餓幾乎使他們支持不住，之後，他們被帶到福州，又被充軍到澳門。」㈩

羅文藻從澳門到了馬尼剌，又送神父去澳門，再由越南到馬尼剌，從此和道明會結了緣。進了道明會，升了神父，回福建傳教。

當湯若望事件發生後，傳教士都被驅逐往廣州，集中幽禁，羅文藻神父肩負了照顧華中華北的教友。一六五七年十二月三日，華羅神父（P. Francisco Varo）所寫的報告說：「聖道明會的這位神子，卻振作精神，奮勇無比，仍然巡視各省。那裡需要他幫助，他就往那裡去。他忽南忽北，忽東忽西地奔走。一位傳教士把他比做甘霖，他以天主的恩寵，灌溉這個無垠的帝國中，大部份領土內的教會嫩苗，它們因缺乏福音工人的耕耘而益現枯萎。可是我們這位大宗徒，不但化教友的軟弱為堅強，而且還使成千的外教人進教。在差不多兩年視察教務時期內，在福州給一百人付了洗，並在地九省給兩千人付了洗，也到了一個離中國不遠的海島，給五百五十五人付了洗。為了他的英勇傳教工件，羅神父為中國的教士和教友們所擁戴，大家一致承認他是那次教難中的唯一慈父、導師和靠山。」(十一)

因著他這樣的忍苦傳道，羅文藻神父乃被任為主教，在等候受祝聖的十二年期間，所受精神痛苦非常重。羅文藻一六八四年六月十一日致傳信部樞機團書上說：「要我近七十歲中國傳教的老教士，跟隨那些初學道者捕風捉影已經鬧了近四十年的爭執，而不以傳教救靈為題，也許因著我作了關於（禮儀）爭執看法的意見書，逼迫他們作出這些事來。這意見書是因著我的上司們一再的催促而刊行問世的。……這使反對我的人，變成了仇恨的火苗，使我修會的會士神父們，輕視我也討厭我，我像教外人以及罪人一般，動計謀反對我，考慮推翻我。省會長回馬尼剌之後，還有嚇唬並怒視對我的神情。當我因事初次見他，他以不文明並輕視的話，打了大官腔，視我如無的開講、斥責、訓戒、痛罵我好像一個負有重罪而犯法的屬下。特別問我，爲什麼沒有他准許，接受了主教高位？爲什麼我戴上了主教的禮帽？我回答第一個問題說：我是因至聖我們的主、教宗及可敬總會長神父的命令不得已而接受主教職的。對這回答，他加了以下的斷案語，即我總不會或當主教或做一個傳教士再回中國，假如我依賴其他幫助企圖回中國，我將被脫去會衣（意即被逐出會）。」㈩別的同會的會士，在一六八四年四月二十二日開了會，決定把羅文藻放逐到馬尼剌北部的戛陽地方，再不能回中國去，在這樣的環境中，他生活了兩年，他說：「忍耐著度我被侵犯扣留的生涯。」㈪

被祝聖主教以後，他的生涯，則是忍苦的傳教生涯，他所管理的教區，包括南京省（教會分區），山東省，北京省。在教區內，一共只有十七位教士，其中十三位是耶穌會士，四位是方濟會士。他向傳信部報告說：「即一位教士要善盡自己的本分，而教友們在精神需要上能充分地得到教益和幫助的話，最多只能照管五百到一千個教友，而不能再多。根據這個估計，爲收到這樣的實效，還缺少很多的傳教神父。」㈬

實際上，傳教神父不能增多，一位神父便要做好幾位神父的事，主教自己也更忙碌。「羅文藻的職位雖有變更，但他的生活方式則一如往昔。他保持了修會的清貧，沒有虛榮心，奢侈或擺架子。像以前一樣，照舊守他的會規。與主教及署理主教地位相連的職務以外，又兼任一般教士們的工作，因了他堅強的熱忱，傳教的工作不斷地在進展。剛一就職，他便開始巡視那個廣大的代牧區，他的活動極爲廣泛，同時盡主教和教士的職務。總之，他是一位有名有實的宗徒。」㈤這一段是寫他的傳的昂沙肋神父的話。

在他去世以後，他副主教（Leonissa）上書傳信部報告他病逝的情形，書中說：「去年十月底彼在淞江傳教，操勞過度而染疾。……至南京未八日，即病倒。……後知病不在肝胃，而在疲勞過度，元氣虧虛，病症昭然。……其救人靈之熱火，于生平事蹟皆足見之，然觀教難時期所作所爲，其篤切尤顯。當其經官緝遍踏九州也，冒風雨，犯寒暑，跋涉不擇季節，到處施行聖事，鼓舞信眾，弱者勵之，蹶者扶之，雖有百勞不辭，彼對司鐸職守之勤勉，猶躋登主教位之預課也。後果陞格，非其所願。……然初謂不堪其位者，及履任執事，乃勝任愉快，而證實其才也。其于教也，功豐業偉。上主亦集殊恩而教之。於同胞信友中，彼得當籍道明修會，首陞司鐸位，首膺主教榮，此非偶然際遇也，或謂天命信矣！

三、中庸精神

羅文藻不是飽學之士，不僅神學哲學所讀不多，中國經書也沒有多讀，可是他很有中國儒家君子之風，充滿中庸的精神。

他爲接受主教的職務，自知神學知識淺薄，屢向教宗請辭，後因教宗的堅持，他就俯首接受。卻不料馬尼剌的道明會會長堅決反對，并且加以侮辱，他後來仍然保持道明會士的生活，並沒有和道明會反臉。昂沙肋在他的傳記上說：「知恩感恩是高尚人格的表現，羅主教在這方面做得更爲徹底。雖然在馬尼剌發生了不愉快的遭遇，而且從那時起一直到死，不得已跟自己的同會兄弟分離，因爲他住在一個離他們較遠的地方；然而他對自己的修會常保持熱衷的感情。他的副主教或繼承人，廖霓賽寫信給傳信部，報告羅主教去世的消息時寫道：「羅主教對以前所屬的道明會的精神家庭有無上的尊敬，它的會規他都嚴格地遵守了。他最後遺囑是：在他死後，要用道明會會衣裹他的尸體。他事先叫人用粗布做了一套會衣。」」(七)

在當時中國教會內因著主權的問題，情形非常複雜，葡萄牙反對教廷的傳信部，不承認在中國的代牧主教。在中國的傳教士從開始都是修會神父，由修會會長管理，供給經費。傳教部在中國任命他代牧主教，劃分代牧教區，代牧區的傳教士則屬修會會長管，代牧主教沒有屬下神父，只有法國巴黎外方傳教會，爲新近成立爲傳教的修會，會士屬主教管。傳信部乃頒佈命令，凡在中國傳教的神父，都要宣誓服從代牧主教，否則，停止神權，不能執行聖事。羅文藻向傳信部報告：「在中國傳教的耶穌會士對代牧們數聖座及傳信部都完全服從命令，爲使他們宣誓的副本能有信任，我願意用我的文書作證，並由我簽字蓋章。在我教省指派其他修會的會士，除了兩位西班牙籍的方濟會士在山東外，再沒有其他的。我證實他們現在不能宣誓。但我用了許可他們施行聖事的權柄，直到諸位樞機閣下及聖座另有安排爲止。現不能認爲教宗或諸位樞機閣下會願意這教會教友們成爲沒有傳福音的教士之荒土，……假如允許我謙遜地對宣誓和其他在宗座訓令上所包含的內容向諸位樞機閣下陳述我的意見，我僅有一件應該說的，這種宣誓以性質而論是極嚴重的，而且目前在這些傳教地區是極難做到的。……我們極誠請求，對在中國的傳教士要較寬鬆地處理。」(十八)「由經驗而得，我看到愛德、忍耐、明智和禮貌是唯一方法爲保持這些傳教地區，也爲得到會士或非會士一切屬下的心。天主賞賜我活著並諸位樞機閣下叫我在任服務時，我要努力這樣做。」(十九)

他這種中庸的精神，顯示他的偉大。認識時代的環境，明智地予以適應，表示了他的智慧。一生爲宣傳福音，忍苦耐勞，乃是我們傳教神父和主教的模範。

註：

㈠ 羅文藻史集 鄭天祥主編 頁一三三。

㈡ 同上，頁一八八。

㈢ 同上，頁四八。

㈣ 同上，頁五三。

㈤ 同上，頁八五。

㈥ 同上，頁五四。

㈦ 同上，頁五二。

㈧ 同上，頁一二。

㈨ 同上，頁一三。

㈩ 同上，頁一四。

(十一) 同上，頁三四。

(十二) 同上，頁一一五。

(十三) 同上註。

(十四) 同上，頁一六一。

(十五) 同上，頁五〇。

(十六) 同上，頁一八七—一九〇。

(十七) 同上，頁五一。

(十八) 同上，頁一三〇。

(十九) 同上，頁一四九。

目前社會發展與儒家思想的關係

一、目前社會發展

對於這次學術會議所討論的問題，大家都感到關心，也感到興趣；因爲這是一個目前討論最多的問題，又是一個對於我們最切身的問題。

目前我們中國的社會在劇烈的改革中，這種改革從民國初年到現今，已經八十年，現在漸漸進入定型的階段，開始建立新的中華文化，使中國社會定型爲現代化的社會。

1. 目前台灣社會的發展

四十年來，台灣社會的發展，就係台北市的發展。台北市從一個簡陋的城市，發展成爲高樓大廈，捷運高架路的現代化城市。台灣省從經濟落後的農村社會，發展成爲經濟富裕的工商業開化社會。例如魏鏞在所著「台灣的現代化」一文中指出：「台灣經濟快速成長的歷史早已經過學者廣泛的討論，此地不再贅言，只將幾點重要的事實列舉於后：從一九五二年到一九七二年，真實國民所得增加了484.3%，工業生產增加了1,700.6%，出口及進口分別增加了2,605.4%，與1,373.7%；此種成就已使台灣成爲世界上主要的貿易國家之一。……台灣經濟體制中已發生一個重要的結構性變化；農業產值佔全國總產值之比率由一九五一年的35.51%降低到一九七二年的15.66%。在同一期間工業產值之比率由19.42%升至35.56%，而商業產值則由 19.56% 增至 23.78% 」(一)目前情形，「民國七十九年平均每人國民生產毛額達美金七、九九七元，在中所得國家中名列前茅。民國七十八年全世界人口一百萬以上的國家和地區中，台灣的平均每人國民生產毛額排名第二十五，國民生產毛額排名第二十；貿易總額排名第十三，其中出口排名第十二，進口第十六。在世界貿易中佔有重要位置。」(二)

對於經濟，我是外行，特別引用了兩位這方面的學者所舉實例，可見經濟成長的快速。

這種快速成長，帶動了整個社會的發展，家族的社會變成了小家庭社會，摧毀了傳統的家族文化；男女的地位、婚姻的貞操、德育的價值、家庭的教育、子女的孝道，這一切都由個人位格文化予以調整。

對於個人的發展，台灣的教育也和經濟的發展成比例。「當一九四六年光復之初，台灣只有四所大專學院，二一五所中學，一一三〇所小學。從那時開始，各級教育都突飛猛進，到了一九九二年，一項教育調查顯示，台灣已有八一所大專院校，八四二所中學和二一九三所小學。……佃農人家出身的子弟就讀小學的數目，在一九四八到一九七一年間增加了25.7%，就讀中學的增加了28.27%，而就讀大學的增加了16.82%。㈢爲著經濟發展，大學教育偏於提高科技教育。「從六十九年度到七十九年度，高等教育學府人數的比配，人文、社會系科所佔比例從五四．五%下降到四七．七%，科技系科從四五．五%上升到五二．九%。……人文、社會與科技系科在學生人數上的消長，反映了社會觀念和政府政策的偏重科技，使資源和人才流入人文與社會科學領域的數量受到很大的限制。」㈣

整個台灣社會生活所呈現的型態，是個人主位，獨自管理自己的意識很重，權威意識消失，在家庭，在學校，在社會，男女都自求發展。另一種型態，是消費文化：城市充滿餐廳，酒吧林立，絡繹出國旅遊，鄉間設立娛樂場所。更顯著的另一種型態，是工商霸氣，以往中國社會爲士農工商的社會，目前台灣則是工商稱霸的社會，無論在衣住行各方面，都是工商鉅子居先，士人教授已是「敬陪末座」。雖在政治方面，士人當官，然而由工商出身的民意代表，在議會壓抑官員冒出一道小人氣燄，君子之道掃地不存。

今日台灣社會，金錢價值最高，投機心理最強。以自由民主追逐私利，這一切都是改革的過渡時代所有的現象。現象是浮在外面的形象，現象的底處則蘊藏著懷於傳統文化的心靈，等待外面環境平靜以後，鄭重計劃重建台灣社會的文化型態。

2. 目前大陸社會的發展

四十年來，中共統治了中國大陸，大陸社會的型態，跟從前的社會型態完全改了樣。馬克思的唯物思想和共產制度，徹底改變了大陸社會。共產黨的一黨守政，毛澤東的偶像崇拜，消滅了自由民主的行動，控制了一切反抗的企圖。

馮友蘭說：「一九四九年冬天，北京郊區開始土地改革，學校號召全校師生參加工作組。我報了名，任載坤也報了名，我們的工作區域是蘆溝橋及其附近村庄。……在這次土改中，首先要解決的問題，是「誰養活誰」。……我當時覺得，這裡的關鍵問題，在於地主們說，地是我的。何以見得地是你的？無非因爲有國家法律的規定，你所靠的無非是國家法律的保護。可是在封建社會中，所謂國家法律，就是你們爲了保護你們的利益而制定的。農民革命就是不承認這種法律。既不承認這種法律，那所謂「地是你的」就沒有什麼根據了。你無緣無故分去佃戶的勞動果實，這就叫做剝削。……我又進一步認識到「剝削」是馬克思主義的一個重要概念，歷史唯物主義對於人類歷史的分期，也是以有沒有剝削爲標

準。」㈤

「在緬甸訪問以後，又坐客貨輪到香港，由香港經過廣東回到北京。當我們在國外的時候，國內進行了「三反」「五反」運動。在我回到清華時，運動已經接近結束了，接著就是高等學校的院系調整。黨中央對於北京的大專院校，已經經過了「接而不管」，「接管」這兩個階段，現在就要進入第三個階段「院系調整」了。在調整的過程中，與我有直接較大的關係的，是清華和北大的合併，清華以工科爲主，把原來北大的工科方面的院系歸併到清華，把清華文法科方面的院系歸併到北大。清華還設在原來的校址，成爲一個多科的工科大學，但仍保持「清華大學」的名稱。北大遷到原來燕京大學的校址，當時稱爲綜合大學，也保持「北京大學」的名稱。原來的燕京大學和輔仁大學因爲原來是外國人辦的，當時認爲是帝國主義對中國進行文化侵略的工具，都取消建制，其院系都歸併到其他學校。在哲學系方面，調整的幅度特別大，全國各大學的哲學系除北大外都取消，全國只有一個哲學系，其他大學哲學系的教師都集中在北大的哲學系。」㈥

「一九五八年北大的各系，都要下鄉參加勞動，我們這個系分配到長辛店附近的黃村。在我們下去之先，黃村的同志來向我們介紹情況。據他說，他們的生產指標是每畝地生產十二萬斤。他們說：「我們找到了一個絕招，就是殺狗，用狗肉作肥料。」等到我們下去以後，才知道，生產的標準又提高了十倍，每畝地要產一百二十萬斤，并且設置了試驗田，上面寫著一百二十萬斤。我在村子的打穀場上勞動,看到場上堆積兩大垜農作物,還帶著種子,佔了打穀場一半面積。我私下向一位老農說:「你看這兩大垜能打多少斤糧食?」他說:「大概可以打個四,五千斤。」我說:「照這樣算起來,能打一萬斤糧食的農作物,如果運到場內,就把場完全佔滿了。能打一百二十萬斤的糧食的農作物,那就要一百二十個像這麼大的場,上哪裡去開這麼多的場?」那位老農也笑了。那時候黃村還是高修社,後來是人民公社,沒有看見,也沒有聽說,社里研究過怎麼採種這些試驗田,用什麼方法叫每畝生產一百二十萬斤糧食。」(七)

「無論如何,經過『四人幫』這一段折騰,我從解放以來所得到的政治待遇都取消了,我又回到解放初期那個時候的情況。這可以說是『赤條來去無牽掛』吧。可是又不然,還是有一件大事牽掛著我,那就是祖國的舊邦新命的命運,中華民族的前途。」(八)

馮友蘭已經去世了,中華民族的前途,不是他所想像的以馬克思主義改革儒家思想的「舊邦新命」!

大陸人民社會所呈現的型態是窮的型態,被鎖鏈的型態。然而外面浮現的現象底處,藏著渴望自由和富裕的心,逐漸推動社會大眾向這方面走。

二、社會發展和儒家的關係

1. 歷史的經歷

孔子述而不作。所述，多為周朝的禮制，周禮乃是儒家社會的儀範。孔子教門人以禮為規則：「非禮勿視，非禮勿聽，非禮勿言，非禮勿動。」（顏淵）在政治方面，孔子堅持按禮以正名。（子路）在評論人物方面，孔子按禮作春秋。儒家的文化，是禮治的文化。

春秋戰國的社會，諸侯爭霸，破壞周朝的禮制，人民生活失去了規範，百家爭鳴，社會思想紊亂。秦始皇統一中國，焚書坑儒，厲用法治，以求統一。但是不旋踵身死國亡，漢高祖繼位為帝，建立了一統的漢朝。錢穆說：「嚴格說來，要到秦漢才是中國歷史上正式的統一的政府。……因此講中國傳統政治，可以徑從秦漢講起，以前暫略不論。秦代只是漢代的開始，漢代大體是秦代之延續。」(九)

中國歷代的中央政府組織，法律條例，社會生活禮節，多以漢代為模範。漢朝初期雖尚道家的清靜無為，皇帝不直接負行政責任，以宰相總理朝政。然而漢武帝則猶尊儒教，統攬國家大權。董仲舒作春秋繁露，以濫觴五行闡揚孔子春秋，漢朝變成了中國儒家社會的模型。

五胡亂華，南北朝分裂了中國。佛教傳入長安，由北方傳佈南方，民間家家敬佛。道教也隨時建立，總匯以往的鬼神迷信，各處建廟。智識階級人士則逃避現實，清談玄學，飲酒佯狂，破壞禮規。

隋朝結束了分裂局面，統一國家。然而像秦朝一樣，暫時統治，不久即亡。唐朝接承了皇位，建立了和漢朝一樣的強盛朝代。唐朝的文化，佛教和道教的色彩很鮮明，然而唐朝文化的主流，則是儒家文化。錢穆說：「漢和唐，是歷史上能代表中國的兩個朝代。」㈩「我們可以說唐代是中國歷史上在政治制度方面一個最大的轉捩中樞。唐以後中國的歷史演變是好是壞，那是另一回事，但羅馬帝國亡了，以後就再沒有羅馬（帝國）。唐室覆亡以後，依照有中國，有宋，有明，有現代，還是如唐代般，一樣是中國。這是中國歷史最有價值最堪研尋的一個大題目，這也便是唐代之偉大遠超過羅馬的所在，更是遠超過世界其他一切以往的偉大國家的所在。」㈩

我們若就這個大題目深入研究，最重要的一點，在於唐朝繼承漢朝的儒家文化，更加發揚，而這種文化，成爲中國的代表，唐朝以後宋元明清都能繼承這種儒家文化。朝代雖然有變換，中國則常存在。

「現在再略一綜述唐代的制度。論中央政權之組織，結束了上半段歷史上的三公九卿制，而開創了下半段的尙書六部制。論選賢與能，結束了上半段的鄉舉里選制，而開創了下半段的科舉考試制。論租稅制度，結束了上半段的田稅力役土貢分項徵收制，而開創了下半段的單一稅收制。論到軍隊，結束了上半段的普及兵役制，而開創了下半段的自由兵役制。綜此幾點，我們可以說唐代是中國歷史上在政治制度方面二個最大的轉捩中樞。」(十一)

在文物方面，唐代的哲學思想，儒家思想很貧乏，卻突顯出佛教禪宗的禪觀思想；然而在考試方面，憑五經取士，儒學乃爲正宗。在生活方面，則儒家的色彩很光輝。文學方面，有「文起八代之衰」的韓愈，他和柳宗元，曾鞏爲唐宋八大家之三。詩歌方面，有「前無先人，後無來者」的杜甫和李白，使唐詩爲中國詩歌的代表。藝術方面，書法有虞世南、褚遂良、懷素。畫有閻立本、李思訓、吳道子。

在歷史之亂以前，民間生活安定富裕，「唐代盛時，國家繁榮，民生安定，故節令佳日，遊宴之風極盛，唐代節令如三元、人日、上元、寒食、清明、修褉、端午、伏日、七七、中秋、九九、臘八等，大都緣襲六朝風俗。唐朝尤盛者爲上元觀燈與春遊。……唐人又盛行慶壽之風，生日在古人原不重視，自唐以後，上自天子，下至庶人，每逢生辰，無不張宴召客，賦行稱壽。而子孫對於親長之壽辰，尤須慶祝。」(十二)

唐末十國，經時間分成割據政局，宋太祖統一全國，王船山論宋太祖說：「起行閒，陟大位，儒術尚淺，異學不亂。其心怵於天命之不恆，感於民勞之已極，其所爲厚柴氏禮，降王，行賑貸，業淫刑，增俸祿者，一監於毒民侮士之習，行其心之所不安，漸損漸除，而蘇其喘息。……而天下係紛之情，優游而就緒，瓦解之勢，漸次以即安，無他，其有善也，皆因心者也。……子曰：善人爲邦百年，可以勝殘去殺，或以文景當之者，非也。老氏之支流，非君子之所願見也。太祖其庶幾矣。」㈣宋太祖以儒家的仁心治國，「太祖勒石鎖置殿中，使嗣君即位，入而跪讀，其戒有三：一、保全柴氏子孫；二、不殺士大夫；三、不加農田之賦。」㈤宋朝興盛理學，朱熹注四書，成爲後代考試讀的書。

可是宋朝亡國卻很慘，「漢唐之亡，皆自亡也。宋亡，則舉黃帝、堯、舜以來道法相傳之天下而亡之也。」㈥蒙古人入主中國，建立了元朝。元世祖引用儒家的祭祀典禮，令部守教製曆法，以劉秉義的建議，取爲經中「大哉乾元」文義，建國號爲「大元」。令漢人劉秉忠，許衡壽，斟酌古今，效法中國傳統，訂立一套官制。

明朝在中國各朝代裡，在政治方面，是最弱的一個朝代。明太祖洪武十三年廢除宰相制，皇帝握權，卻又不親政，一切由太監轉傳，造成太監專政，卒至亡國。然而明朝的王陽明，則和宋朝朱熹相抗衡，把朱熹的理學擠在理學以外。可惜，王陽明的弟子們卻疏狂不守禮規。清初學者，乃起而反對宋明理學，批評爲空疏。王船山，顧亭林，顏元，李洪都主張實學，重新回到孔、孟的思想。清朝用文字獄，壓抑了儒家的思想；但是社會生活則仍舊存在傳統的禮儀規範裡，到了清末，西洋的船堅砲利，引起了改革的主流。到了民國，改革的主流，放浪全國，衝毀了傳統文化，造成了過渡的混亂社會。

2. 現狀

民國初期，改革的風氣大倡「打倒孔家店」和「打倒禮教」，中共後來接著發起「批孔揚秦」運動，風氣似乎要徹底掃除孔、孟的傳統。可是到了七十年代，台灣的文化復興運動著實在追求儒家傳統文化的復興，大陸的學人也不諱說孔子的人文主義，「給我們民族和國家增添了光輝，也設置了障礙；它向世界傳播了智慧之光，也造成了中外溝通的種種隔膜；它是一個巨大的精神財富，也是一個不少的文化包袱。」(七)

海峽兩岸目前迭次召開中國儒家思想各種研討學術會議，大家逐漸結成一種共識，中國新文化的根本，應該是儒家的思想。但是怎麼樣指認傳統儒家思想中那幾種是新文化的根本，大家已經開始熱烈討論。

我就說出我的意見。

甲、整體宇宙

目前，全世界都鬧環境污染問題，另外在台灣環境污染又和政治掛鉤，越鬧越糟；同時另一問題「生態環境」卻不被人重視，使許多生物瀕臨絕種。全世界各國有心人士都在大喊「救救我們的地球」。究其實在儒家的傳統思想裡，「整體宇宙」觀念，乃是一個基本的觀念。

《易經》是儒家的宇宙論，也是儒家的形上學。儒家形上學由「存在」去講「有」，不由「性」去講。萬有的「存在」是個動的存在，萬有的動是互相關連的動，關連的動結成宇宙的動。宇宙的動，《易經》稱爲「易」，由陰陽結合而成。陰陽的動繼續不停，化生萬物，《易傳》乃說「生生之謂易」。（繫辭上 第五章）宇宙爲一個整體的生命，由天地人們代表，天地人的變易互相連繫。宇宙間的萬物，沒有一件是孤立的，也不能夠孤立。人和動物植物礦物的生命，不可分裂，不可偏廢。

宇宙萬物的化生，乃是上天好生之德。《易傳》說：「天地之大德曰生。」（繫辭下 第一章）天地化生萬物，使天地人的變易常有平衡，一年四季有陰陽的消長，溫冷的調節，五穀就能春生夏長秋收冬藏。儒家的精神生活的目標，便是「與天地合其德」，（易經 乾卦文言）聖人的特點便是贊天地的化育。

今後我們的文化，要重新建立這個「整體宇宙」的觀念，不能因人們自求生活的發展，破壞生態環境；避免空氣污染，人的生命受害；不要水中有毒，魚蝦不能污；不可亂砍樹木，水土不能保；更不許濫殺，使動植物絕種。王陽明曾談「一體之仁」，仁是生命，生命是一體。

乙、平衡的社會

目前給青年們講倫理道德，他們不願意聽。勸他們三代同居，他們厭惡同居的麻煩。告誡他們不要只求私利，不顧他人，他們譏笑那是怯懦，可是我們從具體生活方面去看，目前社會的混亂，不是每個人追求金錢，彼此競爭，彼此陷害，大家都覺得不安嗎？目前社會的混亂，不是每個人都以「個人人格」爲本位嗎？家中的人不親，學校的師生反目，公司工廠的同事不睦，立法院打架，街頭示威伸出暴力，還有層出不窮的犯罪行爲，使大家對於在台灣住家都有點寒心。這種不幸的社會現象必定須要徹底改善。

改善的途徑，從上節的宇宙變易中可以找到，《易經》講宇宙變易以中正爲原則。中正是陰陽合於時位，例如自然界的風調雨順。孔子以自然界的中正，在人事上乃是中庸。中庸是按理恰得其當，不過，不不及，又不偏不依。孔子所以講正名，講義。

個人的人格，爲每個人生活的主體，是權利義務的主人，在歐美的社會裡早已被重視，中國傳統社會的組織，以家族爲基礎，個人只是家族的一份子，也僅是父母的遺體。女子更以三從爲原則，沒有獨立的人格。目前社會改了，個人站起來，自己做自己的主人，每個人獨立，然而仍須要有中庸之道，個人和群體應得到平衡。

大家庭在今天的社會已不合時宜，父母兒子的小家庭造成兒童和老年人的被遺落，故能三代同居（不必同堂），便能夠使兒童得到老年人的照顧，老年人得到少壯的關心顯出一點孝道，宗親和鄉情若能保持心理上的感情，在流動的社會裡，也常能伸出援手。

人常活在社會的群體中，既不能孤立，更不能弱肉強食，便要有孔子所說：「己所不欲，勿施於人。」（顏淵 衛靈公）還要：「己欲立而立人，己欲達而達人。」（顏淵）儒家傳統以一個「仁」字貫通全部倫理道德。中國新文化仍舊要是「仁」的文化而不是「鬥爭」，或「漠不關心」的文化。歐美的社會，實行基督的仁愛，中國社會便實踐儒家的仁。

傳統的禮節和生活的規範相連，目前社會生活已經不受傳統的生活規範，於是廢除了一切古禮，新的禮節又沒有訂立，台灣便成了沒有禮儀的野蠻社會，中華民族素來看重禮儀，不知不覺中還保留好客的情緒，因此，應訂立生活的各項禮節，社會生活才可以呈現爲文明人的生活，社會生活也能有次序。

昔日中國社會，爲士農工商的社會，今日則變爲工商士農的社會，然而歐美仍舊重視學者，國家和國際組織都以特種地位表揚他們，例如諾貝爾獎，因爲人類生活的改進，還是靠學者的發明，和賢者的德表。今日中國新文化，因此也要重視學者賢者，「尊師重道」的精神不宜消失。

「不患寡，而患不均」（季氏），是儒家傳統的思想，今日資本主義的自由發展政策，容易造成貧富不均，今日政府所須注意的，則在於避免這種現象。

自由、民主，爲新時代的象徵。中國新文化一定是自由民主的文化。然而民主自由卻不是放肆，不是自我崇拜。「生態環境」的哲學，也要用在社會生活上，社會生活要有平衡，要各在自己的地位，要能和諧。這又是「仁」的文化的表現。在自然界各個物體的生活要互相調協，儒家稱爲「天地好生之德」，在人類社會的生活裡，則是大同博愛。因此儒家認爲「生」和「仁」是相通的，生就是仁，仁就是生。要生活須要有仁愛，有仁愛就可以有生命。

丙、平衡的生活

孟子曾講人有大體和小體，大體爲心靈，小體爲肉體，人要養育自己的心靈。孔子很嚴義利之分，好義爲君子，好利爲小人。目前，台灣社會是消費的文化，消費可買的是用金錢所買的物質，供身體感官的享樂，造成了物質的文明。我們中國人曾經常罵西洋為物質文明，殊不知西洋人在物質享受時，心裡還有宗教信仰，還有倫理十誡。目前中國人卻祇知物質享受，既沒有宗教信仰，更不講倫理規律。可是這種生活是幸福的生活，人們在享受物質時心中真正快樂嗎？祇要看目前大專青年追求宗教，電影界名星投身佛教禪觀，就可以知道目前的生活不是幸福的生活。

人是心物合一的，人的生活要使身體和心靈平衡。道德規律就是為教人保守這種平衡。不是說恢復一切傳統道德，但至少知道每人有良心（良知），良心告訴我們分辨是非，勉力使良知見諸實行，知行合一，可以達到生活平衡。

工作過於忙碌，工作壓力過於多，可以使人精神分裂或發心臟急症。工作和休閒須要平衡，而休閒須要不是變像的忙碌。古來農村生活除了插秧收穫的時期，都沒有過忙的工作；然而作官的人，還知道忙中偷閒，出外遊山玩水，飲酒賦詩。

酒色在中國傳統裡，屬於文人休閒的雅興。目前，祇是物質感官的享樂；然而酒色都能傷身。

目前有少數名人或青年學生，追求儒家禪宗的虛靜，平息心中的煩慮，安定自己的情感。天主教信友素來常以反省靜默的方法以修養心靈。在繁劇的生活裡，宗教信仰確實可以使生活平衡。

達到宇宙整體的平衡，建立平衡的社會，促進人的心物結合的生活有平衡的發展，這種新文化將是儒家革新的文化。

註：

㈠ 魏鏞　台灣的現代化　中國現代化的歷程　時報出版社　頁二六四。

㈡ 孫震　當前我國人文社會科學的發展　中央日報　在八十年七月廿八日星期天。

㈢ 魏鏞　同註㈠，頁二八八。

㈣ 孫震　同註㈡。

㈤ 馮友蘭　三松堂自序　三聯書局　頁一三五—一三七。

㈥ 同上，頁一四五。

㈦ 同上，頁一六七。

㈧ 同上，頁一九四。

㈨ 錢穆　中國歷代政治得失　頁五　三民書局。

㈩ 同上，頁三三。

㈩ 同上，頁六一。
㈪ 同上，頁六一。
㈫ 陳致平 中華通史（五） 頁三二八 黎明文化事業出版。
㈬ 王船山 宋論 卷一 太祖。
㈭ 同上。
㈮ 同上，卷十五。
㈯ 龐樸 中國文化的人文主義精神 中國傳統文化再檢討 谷風出版社 上篇 頁六三。

宗教與文化

一、宗教與文化的意義

文化，爲人民生活的方式；文明，則是內容、品質、外形達到相當高度的文化。無論一個民族，所有的生活怎麼粗野或低落，也有他的生活方式，也都有自己的文化。台灣原始住民的生活非常簡陋，但他們有自己生活方式，也就有自己的文化。從現代考古學者所發現的遠古時代遺跡，也可以談遠古時代的人民文化。

文化的構成，是由於人類的理智心靈，也是人的特徵。自然界的植物和動物，順著生命的需要，自然有適當的行動。它們是順著本性，千古一律。人類具有理智的心靈，有求生的慾望，有增加享受的意願，有能思考的理智。在生活的環境裡，人類製造生活的工具，訂立生活的方式。

人類的慾望常向前走，意願常向上看，便運用自己的理智去思索。創造更好的生活工具，構造了自己的文化。人類生活的環境，各地各時都不完全相同。人類常有的一種共同意願，就是不以現在的生活爲滿足，常願有更好的生活。因此便要改良生活的環境，克服自然界的困難。湯恩比乃說文化的起源，在於民族中有戰勝自然環境的創造，這創造常由少數的智者所作。幾時，一個民族有這種創造，民族的文化便常是活躍的前進；否則，文化就會停滯不進，甚至於滅亡。

人是心物合一體，靈魂和肉體不能分離。在原始的人類，僅只知道用最笨的工具謀生時，所謀的生活已經就不是片面的肉體生活，已經就包含有心靈的最低級的成份。若是在動物的生活中，不難發現母子的愛，原始的人類生活，必定有表現心靈活動的一部份。因此初民的文化，就含有精神的一面，在文化的精神一面，有宗教信仰。

宗教信仰是人心靈的安定根基，又是人心靈向上的動力，又是人心靈淨化的良藥。原始的人類，最感到生活的困難，最體驗到自然界力量的偉大，爲得到心靈的安定，就產生宗教的信仰。人類運用理智的程度增高了，對自然界的宇宙萬物已經能夠理解，創造了各種的哲學思想；同時，理智又創造了新的生活工具，使身體生活更好也更舒服，心靈卻對物質的舒服感到不滿，追求超越物質，又要有宗教信仰以提昇人的心靈活動。這種追求超越物質的心願，不是社會一般民眾的心理現象，常是少數心靈有敏感或遭有挫折的人所有感受，但是在各時代的社會裡，不能沒有生活的道德規律，要使道德規律真能深入人心，發生淨化內心的作用，則又必須有宗教信仰。

李亦園先生說：「宗教是人類社會不可或缺的制度之一，自從人類成為「人」之後，恐怕就有宗教信仰存在。例如在舊石器時代的早期，五十萬年前北京人時代，也許就有巫術的觀念出現。……至於在現存的許多人類種類之中，無論是原始或文明者，都有各種不同的宗教存在，最原始的為澳洲土人或南美洲阿馬遜河流域的印地安人，具有相當複雜的宗教體系為其文化的特徵。而今日號稱科技文明最高的歐美社會，宗教的力量仍佔重要的地位。宗教信仰之所以如此古老而又普遍地存在於人類社會之中，是因為宗教對人類社會的存在有重要的功能意義，宗教不但給予人們在憂慮挫折中得到慰藉與寄託。同時也給予人群作為整合團體的手段，而更重要的是宗教崇拜的對象是人類對自己，對社會，為宇宙一種理想目標。宗教的存在在最深的層次是維持了人類觀念體系的和諧，也就等於對人性，對文化的維護。」㈠

哲學家懷德海說：宗教是「淨化內在心靈的信仰力量」㈡「宗教乃是一個普遍的真理系統，當其被誠摯的把握作為內心活水源頭時，即具有轉化個性的效用」㈢

科學家愛因斯坦說：「只有科學沒有宗教是跛子，只有宗教沒有科學是瞎子。」㈣愛因斯坦認為有宗教信仰的人，「能從私慾的束縛中超昇出來，而重新肯定一種廓然大公的思想與操持，不再自私自利，不再只顧自己；那就是深具宗教信仰的人」㈤

當然不是一般信仰宗教的人，都能表現這種精神；但是若信仰真誠，則宗教發生這種效力。我們只看天主教的德肋撒修女和佛教的證嚴法師。

以色列民族被古羅馬皇滅國以後，流亡各地幾乎兩千年，仍能保持自己的民族性，卒能在廿世紀時重建以色列國，也就是以色列民族的猶太教信仰所成。

阿拉伯民族，建立了幾個不同的國家，可是他們共同結成一種民族情結的團體，在政治上又和亞洲回教國家合成一個回教世界，這也是宗教信仰的效力。

人類是理性動物，亞里斯多德曾說有理性的人，作事必定有目的。人類在自己的生活裡，也就常明顯地或無意地向目的走。宗教信仰予人一項生活的目的，或是來生或是現生。就是原始的初民，他們不知道什麼來生現生，可是他們做一樁事，必定知道爲什麼。他們打獵是爲謀生，他們造山洞是爲居住，打獵時卻常遇危險，山洞也遭雨水毒蛇侵害。他們乃求神靈保祐。宗教的信仰在初民的生活中，是很重要的部份。當初民漸漸進化，結成部落，部落的聯繫在於能夠保護他們生命的力量，這種力量是神靈，巫師便常是部落的首長。後來部落結成國家，國家由國王統治，可是國家的安全，則常靠神靈，宗教信仰便是國家和社會的安定力量。在這些階段的人民生活，以宗教儀式爲公共儀式，以宗教信仰爲生活的指導。宗教在這些階段的文化中，乃是主導的因素。

民族進入了文明階段，社會有哲學的系統思想，人民有人生觀和價值觀。宗教信仰指出人生的目的，規定人生的道德規律，標出精神生活的超越。宗教信仰在這種民族裡乃是生活和文化的核心。歐洲中古的文化和現在回教民族的文化，就是代表這種宗教核心的文化。

現代歐美的社會，已實行宗教與政治脫離，也漸進到社會生活和宗教信仰相脫離；可是宗教信仰在他們的文化傳統裡，影響力仍舊很高。

二、在歐洲的歷史中

文明史家杜蘭夫婦（Will and Anel Druant）出版他們的名著十卷《文明史》（The Story of Civilization）後，對全部文明史，作了深入而概括的觀察，寫了一本小書，名叫「歷史的教訓」，（The Lesson of History）。在這本書的第七篇論宗教與歷史，他在開端寫著：「就是懷疑論者的歷史學家，對宗教也有很高的評價，因為他看見宗教是有功能的，並且顯然地是不可缺少。在每一個地方和時代中，對那些鬱悶不樂者、苦難者、遭受損失者、年老者，它帶給上百萬的靈魂超自然的慰藉，比任何自然的幫助更珍貴，更有價值。它曾幫助過雙親和教師們，來訓練青年人循規蹈矩。它對最謙卑的存在賜予了意義和尊嚴，並且藉轉移人際契約爲與神間的莊嚴關係，它的洗禮，對社會的穩定做了許多貢獻」㈥在篇尾他結束說：「只要有貧苦，就有宗教。」㈦

在他夫婦所著的十大卷「文明史」，第一卷論東方的傳統，第二卷論希臘的生命，是講述東西古代的文明，和歐洲的文明沒有直接關係，第三卷以後，一直到第十卷，都是講述歐洲的文明。第三卷「凱撒與上帝」，第四卷「信仰的時代」，則全部講述歐洲的文明和天主教的關係。閱讀這兩厚冊書，就可以知道天主教信仰乃是歐洲文明的核心。

從歷史的過程中，我們知道在第一世紀到第四世紀的階段，古羅馬帝國在爲存在的鬥爭中，認定天主教信仰爲帝國崩潰的首惡，盡力予以摧殘，天主教信仰則予教徒進入永生的信心，勇敢地爲這種信心而犧牲現生的性命。然而摧毀羅馬帝國的惡力，乃是北方和東方的蠻族。在第六世紀和第七世紀，歐洲已被蠻族瓜分。建立了多數王國，同時，歐洲也是呈現出舊文化被摧毀，一片野蠻無文的現象。天主教負起了建立歐洲新文化的重大責任，教蠻族子弟讀書，教導蠻人耕種，修士抄寫古籍，製定倫理規律，規劃社會生活儀典，一切以宗教信仰爲依據。宇宙人物爲天主上帝所造，人類有罪得救主耶穌的救贖，人生的目的在於來生的永福，生活的價值以心靈爲重。倫理誡律以兩條最重要：愛天主上帝在萬有之上，愛別人如同自己。

新的文化在第九世紀和第十世紀，已漸建立，法國、英國、德國、義大利，設立了大學，研究人文科學，以哲學與文學爲主。由哲學上達到神學，神學高於一切學術。希臘亞里斯多德的思想系統，作了歐洲哲學的導師，宗教信仰作了歐洲哲學的根據。這種哲學稱爲士林哲學，和神學相連，以哲學觀念和方法，解釋信仰的意義。聖奧斯定和聖多瑪斯前後奠定了士林哲學的系統造成歐洲的經典哲學。自然科學發展以後，形上哲學受了嚴重打擊，歐洲各派多元化哲學興起，和神學分裂。但是康德、黑格爾，以及當代的存在論和懷德海等哲學家，莫不以上帝的觀念，作思想的基礎。

藝術爲希臘文明的遺產，古羅馬繼承了希臘的雕刻藝術。天主教儀禮需要繪畫和音樂，歐洲新文化的繪畫、雕刻和音樂，開始時都是宗教藝術，藝術的內容常取自宗教的人物和事跡。

社會生活的慶節和禮儀，也按宗教信仰而定。不僅宗教慶節和禮儀，成爲社會的節期和儀式，家庭的婚喪，鄉鎮的集會也都以宗教信仰爲規範。

政治生活，也和宗教結合一起。教宗的神權，高於一切，控制神聖羅馬皇。皇帝和國王則因政教不分，便干涉教會行政，派遣主教。這樣造成了歐洲中古政治上的「任命教會聖職員的爭端」。天主教教義信宇宙萬物爲天主上帝所造，供人使用，刺激學者研究自然界現象，自然科學逐漸發達。但在開始時，天文學的發明和教會的古代傳統不合，教會怕傷害教義，乃予以禁止。因此，發生所謂「科學反對信仰」和「教會反對科學」的傳說。實際上兩都都是誤會，教會大學研究科學，科學家相信宗教。

歐洲文藝復興，希臘的人文主義復興了希臘的裸體藝術，米格安棋洛（Michelangelo）集雕刻、繪畫、建築的大成，成爲文藝復興的大師。他的作品則屬於宗教作品。同時的著名畫家，都以宗教題材作畫，在梵蒂岡、翡冷翠、威尼斯的博物館，可以盡量欣賞這些美術作品。羅馬聖伯鐸大殿（彼得大殿）由米氏開工，經過兩世紀才完成。哥德式的建築興起了，法國、德國、義大利建造了幾座壯麗的教堂。近世紀歐洲的音樂作曲家，創作了雄壯幽雅的音樂，也都和宗教儀禮有關。

目前，到歐洲的觀光客，所見所欣賞，都是表達宗教信仰的藝術品。

我常說：爲懂中國文化，必須懂儒家思想；爲懂歐洲文化，必須懂天主教教義。這種事實的價值，評論的人各有各的意見。

歐洲科學發達，牛頓等學者建立了「理性主義」或「唯理主義」，認爲理智可以解釋一切，黑格爾且主張凡是合理的，就是實在的；因此歐洲思想界逐漸脫離宗教信仰。浪漫主義繼承理性主義，法國大革命宣傳自由民主，歐洲傳統文化進行深度的改革。政治、學術、社會生活走上「世俗化」的路，和宗教信仰「分道揚鑣」，歐洲近代和現代文化已經不以宗教信仰為核心了，而以現生享樂為目標，發展成為物質享受文化，或消費文化。但在每個人的生活中，尤其在每個人的心靈中，宗教信仰仍舊「根深蒂固」。湯恩比所以說人類文明將來的路途，在於世界大宗教的融會，懷德海也有同樣的主張。

三、在中國文化中

可是中國學人研究文化和宗教，卻有不同的看法，他們常對宗教抱著鄙視的態度，雖不像列寧以宗教為人民的毒物，他們以為宗教對於人可有可無。

宗教是什麼？中國人認為宗教是對神靈的崇拜。人類崇拜神靈，因為有恐懼自然力量的心理，以神靈乃是自然力的主管，便向神靈求福免禍。孔子卻教訓人自己操持禍福的根源，自己行善有福，行惡有禍，人所最要的在行善避惡，儒家人生之道，因此便是倫理道德，而不是宗教信仰。中國哲學不談宗教，中國文化不呈現宗教色彩。

但是《尚書》的〈舜典〉已經就說到祭天，祭上下神祇，《詩經》有祭文王的詩篇，屈原作《九歌》，孔子《論語》說到祭龕，這些祭典是中國三代時宗教儀式。若再往考古的遺跡去研究，甲骨文表示卜辭運用很高，後來《左傳》書中記載了多次卜筮的事跡，《易經》

則本是卜卦的書。春秋戰國的諸侯，歃血爲盟，以神靈作證。禮記書上的月令標明各季的神明。這些儀典，乃國家大事，表現宗教信仰。

漢朝末年，佛教傳入中國，道教也隨之建立，中國民間的家庭的社會，充滿了宗教氣氛。廟宇林立，僧尼道士遍天下。喪禮按佛教道教儀式，追思用法會超渡亡魂。社會有廟會，有迎神，有拜拜。天旱求雨，淫雨求晴，政府官員主祭。擇日、擇地、算命看相，儒家學者也執行不誤。

皇帝奉行最隆重大典爲祭天的郊祭，還有封禪。儒家聖賢的最高目標，爲「天人合一」，「贊天地之化育」（中庸 第二十二章）。因爲「天地之大德曰生」（易經 繫辭下第一章）生爲仁，儒家以仁貫通全部倫理。天地爲上天所造，遵行上天的規律，天地運行的目標爲化生萬物，宋朝理學家認爲天地以生物爲心，和老子所說天地不仁相反。天地以仁心乃是上天的仁心，儒家倫理道德的總綱爲仁，仁爲天心，天心爲上天的心，儒家全部倫理建立在「上天」的觀念上。

儒家的仁，在實際生活上的表現爲「孝」。儒家的「孝」之意義爲「愼終追始」，以父母爲生命的根源，父母的生命最後要追到上天。

儒家的哲學號稱人文哲學，以人爲中心。人的生活之道則人性，人性來自天，「天命之

謂性，率性之謂道。」（中庸 第一章）

天命的思想，從孔子、孟子到後代儒家。一直懸在中國人的心中，就是不懂天命的販夫走卒，也是心中懸著命字。命是要歸到上下。皇天說自己是「奉天承運」，孔子自知有傳文王之道的天命，孟子也說不遇魯候乃是天命，一般的人都也知道貧富壽夭是命。

儒家的人文哲學，所有的基礎和總綱，在於「上天」的信仰。這種信仰按中國人對宗教的定義來說，不是宗教信仰，按通常的宗教定義說，則是宗教信仰，因爲是起於對於一位宇宙的神明的信仰，給予人生活一個高尙的理想目標。祇是儒家沒有明白標出上天信仰的意義，也沒有講明上天和人生的密切關係，僅有關於「命」的信念，不曾對於人心的憂鬱多予慰藉，也不曾幫助人心超越物質，更沒有穩定遵守良知的責任；因此，儒家學者，以孔子所講的仁義之道，作爲人生理想，寧肯「殺身成仁，捨生取義」。又以藝術家的心靈，從自然界美學中求安慰，求超脫。一般人則從向佛家以求痛苦的解脫，又信輪迴報應以免作惡。中華民族上層文化正式代表民族的儒家文化，爲人文文化，不呈宗教色彩，然而內容則以上天信仰爲根基。下層鄉土文化，爲農業社會的文化，則充滿宗教信仰，十足地顯出宗教文化的面貌。因此，中國大陸在外表上因中共的反對宗教，實行無神主義。根本沒有宗教的文化；然而民間卻仍繼續宗教的生活。目前，台灣的城市和智識階級的生活，較比以往的儒家文化更沒有宗教色彩，鄉間卻加深了宗教的信仰，和宗教的活動，社會呈現兩種的文化層面。

重建的中華的新文化，要能結合這兩層面的文化，以往鄉間和城市的分別很大，士大夫階級的生活和平民的生活距離也很遠，目前和將來的社會，城市和鄉間連成一片，中產階級的生活將爲社會生活主幹。中華新文化將是中產階級的文化。宗教信仰在新文化中要有顯著的地位，上天的信仰將更顯著，「天人合一」的生活理想將更具體，超越的情緒將能淨化內心，仁的倫理將使社會和諧，安貧樂道的勇氣，將淡化金錢的價值。宗教信仰向上的創造力，將使中華民族改變傳統的保守風氣，造成節節進取的文化。

註：

㈠ 李亦園　信仰與文化　巨流圖書公司　頁一一二。

㈡ 懷德海，A.N. Whitehead. Religion in the Making. 1926.P15

㈢ 同上，P.16。

㈣ Bronstein and Schulweis: Approaches to the Philorophyof Religion 1455-69.
(Science and Religion. by A. Einstein)

㈤ 馮滬祥　文化哲學面面觀　先知出版社　頁一六〇。

㈥ 威爾・杜蘭　歷史的教訓　鄭偉民譯　巨流圖書公司　頁三七。

(七) 同上，頁四五。

亞洲的宗教

一、

我們閱讀「世界瑰寶」（Our World's Heritage）一書，人工所造的「瑰寶」，都是教堂和王宮（Realms Royal and Sacred），在歐洲有希臘、羅馬和中世紀的建築，在亞洲有波斯、印度、泰國、日本、中國的寺廟。這些世界瑰寶不僅供遊客欣賞古代的藝術，尤其提供世界文化的資料。「在羅馬的萬神殿與土耳其伊斯坦堡的哈加蘇菲亞神殿中，宏偉的圓頂係摹擬天空的模型而建造的，圓頂是建築技術運用到宗教上最壯觀的例子。走進羅馬的萬神殿或伊斯坦堡的哈加蘇菲亞神殿，馬上就會感受到一種難以抗拒的敬畏感。以自然界爲喻，就好像在萬籟俱寂，群星爭輝的夜裡佇立山頂。」㈠同樣，遊客走到中國五大名山的寺廟和日本稻荷的神社，也有登山脫俗的感覺。印度和泰國的寺廟則使人感受宗教的氣氛，深透入每個人的生活。

亞洲人的生活，確實浸潤在宗教氣氛裡；因爲亞洲本是世界各大宗教的搖籃，不必說古代波斯的宗教，祇說現在還流行的大宗教：猶太教、天主教、印度教、佛教、回教、道教、神道教，都產生在亞洲，形成了世界的大文化圈。歐美各國包括在基督信仰的文化圈內。小亞細亞和北非東南亞巴基斯坦包括在回教文化圈內。錫蘭、緬甸、泰國、中國、越南、日本則都在佛教文化圈裡。印度卻自成一系，爲印度教文化系。宗教在這些文化圈裡並不是古代的遺跡，還仍舊是人民生活的一部份，而且在一些民族中，宗教信仰乃是生活的核心。

印度的宗教爲一古老宗教，吠陀文獻的《吠陀經本集》（Sammitas）和《婆羅門書》（Brahmanas）都是紀元前一千多年的文獻。愛羅拉（Ellora）的開拉薩（Kailosa）等，約在紀元後七、八世紀時，由岩崖鑿成一大寺院，內外都有雕刻，可是在現代的印度人生活中，「印度教仍然在社會和宗教的多項型態中，代表百分之八十五的印度共和國人民的信仰，而且絕對沒有爭論地代表民族生活的文化基礎。」㈡

佛教出生在印度，在印度留下許多古代的石窟和塔廟，阿占塔表現了佛教的古代藝術，然而佛教的宗教生活卻盛行在印度以外，錫蘭、泰國、西藏，乃是佛教的核心。泰國國都曼谷大小寺院的屋頂，在太陽下閃耀，有「金色都城」的美名，穿著黃色袈裟的僧侶隨處可見。男子滿了二十歲，便要離開家庭，進入寺院，出家爲僧，在寺院最少要住三個月。國家社會的連繫，是以佛教爲繫繩。西藏更是政教合一，由活佛達賴和班禪統治，中共雖然用盡政治壓力，還不能改變西藏人的心理。

佛教在中國和日本，則是民間宗教，影響人民的各種生活，輪迴報應支配一般人的心理。寺院的幽靜氣氛，佛典的哲理誡律，吸引智識人士的心靈，在目前的經濟繁榮生活裡，沒有失掉而使人嚮往。禪宗的虛靜冥坐，還是追求內心平安的人所實習。

回教在小亞細亞出生，到了極盛的時候，曾經征服了義大利和西班牙南部，現在仍舊是阿拉伯人的宗教，也又是印尼和巴基斯坦的宗教。麥加朝聖地，每年可以有百萬千萬的信徒。古蘭經爲國家和人民生活的大法典，每天五次祈禱，每年九月守齋也是生活的慣例。回教信徒的宗教感很強，團結力也緊，很難改信他種宗教。

猶太教爲以色列人的信仰，從第一世紀滅國以後，天主教和回教爭奪耶路撒冷，猶太教幾乎滅跡，後來在美國、俄國卻保留不絕。以色列建國以後，猶太教又回到巴基斯坦。猶太人不和別的民族同化，兩千年來用自己的宗教作民族的精神繩索。

天主教是繼猶太古教而起的，從耶路撒冷進入羅馬，成爲歐美人的宗教。近世紀分出耶穌新教，耶穌新教再分成多數的派別，天主教和耶穌新教在亞洲人心目中，反倒被認爲西方的宗教，因爲和西方的文化結成了一體。

在東亞的中國、越南、日本、韓國，則受儒家思想的影響。儒家思想以哲學爲主，把宗教信仰隱藏在裡面，儒家祇「祭天敬祖」，沒有一定的宗教信仰，在宗教間不置鴻溝。佛教、道教、神道教的宗教儀式，可以同由一個人或一家人按生活的機會去參加。但是，在另一方面，對於宗教信仰沒有必要感，不反對宗教，也不相信宗教，在儒家的文化裡，宗教的色彩非常淡薄。

二、

簡略地，我描繪了亞洲宗教信仰，我再要加以說明的有下列兩點。

第一點，亞洲的宗教已經和亞洲的文化結成一體，而且是古老的文明。亞洲有印度教的文化，有佛教的文化，有回教的文化，有儒家的文化。亞洲的宗教在所有信徒的民族中，已成爲人民生活的日常方式，在個人生活的重要時刻，出生、結婚、病痛、死亡；都有適當的宗教儀節，社會的群體活動，也常有宗教節目。政治的大事，由宗教信仰指導，而且各民族的文化遺產，哲學思想，倫理規律，藝術作品，沒有一種不是由宗教信仰結晶而成。祇有儒家的文化，則缺少這種現象，亞洲在地理上「雖屬一洲，在文化上則易成多種不同的文化，因爲民族不同，宗教不同。」

基督信仰的天主教和基督新教，在西洋和文化也建成了一體。歐美的文化乃是基督信仰的文化。歐美各國的文化在基本上是相同的，祇是在現代的兩個世紀，西洋社會生活逐漸脫離基督的信仰。基督的信仰到了亞洲，和亞洲的各民族相接觸，首先是不同文化的接觸，而且在各國還因政治的關係，被形成爲文化的侵略，在中國的智識階級中，不起反感。基督信仰的教會在亞洲，乃採取宗教和宗教的接觸，可是亞洲的宗教都是古老的宗教，有了長久的歷史，又有高度的文化，不是如非洲的土著宗教信仰，文化的程度低，容易被文化程度高的基督信仰宗教所淹蓋，就如台灣原始住民的宗教，又如歐洲羅馬帝國崩潰時，各種蠻族的原始宗教。基督信仰的宗教和亞洲的宗教，不能是宗教的接觸，亞洲各民族的宗教必會抗拒，菲律賓當西班牙佔領時，人民還沒有進入亞洲各大宗教的文化區內，便接受了天主教信仰，成爲亞洲唯一的天主教信仰的國家，基督信仰的教會和亞洲人民的接觸，採取了各個人的單體式接觸，接受這種信仰的是單人的行動，不是社會團體的行動，也不是家庭式的行動。在台灣大多數的基督信徒，在自己的家庭裡祇是自己單人。這樣經過三或四百年的接觸，信徒的數目很少，在各民族中的百分比非常低。

第二點：天主教教廷的政策，則想採取文化式的接觸，不是採西洋文化和亞洲各國文化的接觸，而是以天主教會的本體，解脫西洋文化的外型，以進入亞洲各國的文化，而合亞洲各國的文化結成一體。羅馬教宗屢次指示輔仁大學要擔任這種文化造型工作，有如天主信仰曾經融會了古希臘羅馬的文化，造成了歐洲的文化。可是這種工作的形式並不一樣，歐洲中古時，蠻族已經摧毀了古希臘羅馬文化，歐洲的人民都信了天主教，天主教的信仰乃能吸收古希臘羅馬文化的遺落，造成歐洲的新文化。目前亞洲各國的文化，正在復興重建，不但沒有被摧毀，還有新生的光芒，而且各國信基督的人還是少數，怎麼可以在亞洲各國建立基督信仰的文化。

但是，基督信仰爲能在亞洲生根，信仰基督的人不生活在自己祖傳文化的邊緣，則不必須爲自己的信仰生活奠定文化的基礎，這就是天主教本地化和本地神學的問題。

在神學方面說，亞洲的宗教：印度教、佛教、道教、日本神道教，對於天主上帝的信仰非常薄弱，非常含糊，沒有清楚的觀念。印度教的Visru和Chrishna佛教的佛，含有創作力和超越性，中國儒家的上天則具有唯一性，精神性，也是造物主。這些宗教成素可以融會到基督信仰的神學內，但是亞洲宗教信仰由民族思想去看至上神靈，相信神靈爲永恆的變易。這種永恆變易的思想，提昇到超越的境界，造成一種神祕生命，不動而動，無爲而成，寧靜而靈活，無限又永恆。印度教的神祕生活，產生瑜珈的修練，中國佛教的禪，產生禪觀的靜坐，建立了亞洲宗教的特徵，修養了亞洲人的人格。目前，歐美的學者，留心研究這種神祕的宗教特徵，而且歐美的青年，醉心瑜珈工作和坐禪，造成東方神祕生活的風尚。這種神秘生活也吸引了基督教和天主教的神學者，著作和目前基督信徒中新興的神祕運動相連，這種運動以聖神（聖靈）爲動力，發動人的心靈，舉行神恩的禱告，心靈神祕地結合，發出神祕的感召力。因此．在精神生活上，亞洲宗教可以貢獻許多寶貴的成素，給予基督信仰的精神生活。

若從倫理方面去研究，則印度教、佛教、道教，尤其中國儒家哲學，更可以融會它們的倫理到基督信仰的倫理內。

從宗教的生活，從文化的成份中，基督信仰和亞洲宗教相接觸，以求信仰的本地化，進而走入建立亞洲各國的基督文化，應走的路很遠，須有適當的領路人，還須要天主上帝的指示和助祐。

註：

(一) 世界瑰寶　中文版　錦繡出版社　頁九三。

(二) Nancy Wilson Ross. Three Ways of Asian Wisdom P.14 Simon and Schuster.1966

(三) 參考Ninian Smnart. The World's Religions. Cambridge University Press.

基督信仰的來世觀和中華傳統文化的現世觀之衝突

一、前言

從利瑪竇進入中國已經四百年，基督信仰的宣傳從來沒有間斷。雖然大陸受共產黨統治四十年來打擊宗教，基督的信仰在天主教會內，越打越堅強。然而基督的信仰還不能進入上層智識階級，這些人士常稱自己爲無宗教信仰者；也又不能流行在民間，民間的宗教信仰仍舊是佛教和道教。原因不能歸之於政治，因爲清朝皇帝雖曾經幾度禁止傳教，在南京條約（一八四〇年）以後，禁令便已取消。中共雖繼續反對宗教，在所規定範圍內，宗教還有活動的空間。對於基督信仰的天主教和基督教，民國初期大家反對帝國主義的心情很強，因著清朝教案的侮辱，指斥兩教會爲帝國主義工具，予以排斥。近年，這個心情已經冷淡下去，連接幾位總統又都是基督信者。從政治方面不能找得基督信仰不能盛行於中國的原因，學者們乃從文化方面去追求理由。

普通的一個顯而易見的文化理由，是中國智識階級的人士，傳統地不信宗教，最近「新新聞週刊」的六月末一週的刊物上，討論政界人士的宗教信仰，還標一段小題目「中國儒士不近鬼神」。這種態度說是來自孔子，孔子曾經說過「敬鬼神而遠之」（論語 雍也）然而孔子並不是不信鬼神，而是非常信上天，只是他不贊成春秋戰國時代的占卜風氣，事事都要求神卜卦，他仍說敬禮鬼神則不要事事去麻煩他們，否則就失敬，何況禍福爲善惡的賞罰，人祇要行善避惡，何必去問鬼神。中國儒家從古以來就認宗教是敬拜鬼神的敬禮，他們不實行這些敬禮，祇遵守孔子所講的倫理規律，佛教和道教在中國盛行以後，儒家人士常不信從，有些人還公開闢佛。

又有學者說基督信仰不受中國智識階級的接納，因爲中國人不相信人類有罪，需要救贖。耶穌基督降生成人，爲救贖而捨生，中國儒士看來爲空談，和人性的尊嚴不相符合。

上面這兩層理由，根由出之中華的文化傳統，儒家的人文主義哲學，常有這種思想，也常見諸歷代的士人生活。然而這種思想並不是基本的思想，儒家從孔子以來都「敬天祭祖」，具有最單純的宗教信仰，儒家文化和基督信仰相衝突的根本點，在於儒家的人文主義為現世的人生觀，基督信仰則是來世的人生觀。這兩種不同層次的人生觀，構成兩種不同的文化傳統。

二、基督信仰的來世觀

耶穌基督聲明自己降生的目標：「我來，是叫他們獲得生命，且獲得更豐富的生命。」（若望福音 第十章第十節）耶穌所說的更豐富的生命，即是永遠的生命。他又說：「正如梅瑟（摩西）曾在曠野裡高舉了蛇，人子（他自己）也應照樣被舉起來，使凡信的人，在他內得永生。」（若望福音 第三章第十四節）「耶穌講完了這些話，便舉目向天說：父啊！時辰來到了求你光榮你的子，好叫子也光榮你。因為你賜給了他權柄掌管凡有血肉的人，是為叫他將永生賜給一切你所賜給他的人。永生就是：認識你，唯一的真天主，和你所派遣來的耶穌基督。」（若望福音 第十七章第一節—第三節）

永生不是現生，而且和現生相對待。耶穌對尼苛德摩說：「我實實在在告訴你：人除非由水和聖神而生，不能進入天國。由肉生的屬於肉，由神生的屬於神。」（若望福音 第四章第五節）又對宗徒們說：「誰獲得自己的性命，必要喪失性命；誰為我的緣故喪失自己的性命，必要獲得性命。」（馬竇福音　第十章第三九節）喪失現生性命，可以獲得永生性命。

聖保祿後來特別強調這種對待的精神，而且標明兩者的衝突。「你們原已脫去了舊人和他的作爲，且穿上了新人，這新人即創造他者的肖像而更新，爲獲得知識的。」（哥羅森人書　第三章第九節）「如果你們真聽從基督，按照在耶穌內的真理，在他內受過教，就該脫去你們照從前生活的舊人，就是因順從享樂的慾念而敗壞的舊人，應在心思念慮上改換一新，穿上新人，就是按照天主的肖像所造，具有真實的正義，和聖善的新人。」（厄弗所書第四章第二十一節）。

人由天主（上帝）所造而且按照天主的肖像所造，具有靈魂和肉體。肉體和靈魂合成一個生命，這個生命是永久的，因爲靈魂爲精神體，永久生存。在創造人類的天主理念中，人的靈魂肖似天主，將以欣賞天主的真美善爲永生的快樂。不幸，人類的原祖違背天主的訓令，成了天主的仇敵，失去了欣賞天主的真美善的資格，又因反背天主的心理，常隨慾情而傾於惡，作惡便要受罰，因罰而脫離天主的永生，成爲一種永死。快樂永生的象徵，稱爲天堂；痛苦永生的象徵，稱爲地獄。因爲地獄象徵永死，永生的名詞，便祇代表天堂的快樂永生。耶穌訓誡門徒說：「倘若你的眼睛使你跌倒（作惡），剜出它來，從你身上扔掉，爲你有一隻眼進入生命，比有雙眼而被投入永火中更好。」（馬竇福音　第十八章第九節）

基督降生，用自己的現世生命作犧牲，被釘死在十字架上，贖人類的罪，把欣賞天主的真美善的快樂永生，重新賜給人類，凡是信從他的人，接受他的洗禮，就分有這種永生。所以基督說他來給人豐富的生命，分有這種生命的人，就是聖保祿所說的新人。

領受洗禮的人，並沒有就死而進入身後的永生，仍舊活在現世的人間，還繼續領洗以前的現世生命。但是在心理上要有一番改變，聖保祿稱爲一種心理的死亡，在心理上要脫去現世生命的舊人，穿上永生的新人。把生活的目標，定在和天主相結合一點上；把生活的價值觀，放在精神的道德上；把生活的欲望，傾向於真美善上。聖保祿說：「爲此，你們要致死屬於地上肢體，致死淫亂、不潔、邪情、惡慾和無異於偶像崇拜的貪婪……你們該當如天主所揀選的，所受的聖者，穿上憐憫的心腸、仁慈、謙卑、良善和含忍。」（哥羅森書第三章第五節——第十二節）

永生的信仰構成了來生的人生觀，永生爲精神的生命，永生的人生觀以精神生活爲主，精神生活的實質是和天主相結合，即是天人合一；精神生活的方式則是遵守倫理規律，執行宗教儀典。

這種以來生爲目標的精神生活，爲來生的快樂永生之預備。在現生度這種精神生活的人，身後的來世便有永生；永生的快樂，在於欣賞天主的真美善，欣賞的程度就是快樂的程度，欣賞程度的決定，決於現世所行善事的多少。

「你們不要在地上爲自己積蓄財寶，因爲在地上有蟲蛀，有蟻蝕，在地上也有賊挖洞偷竊；但該在天上爲自己積蓄財寶，因爲在那裡沒有蟲蛀，沒有蟻蝕，那裡也沒有賊挖洞偷竊。因爲你的財寶在那裡，你的心也必在那裡。……沒有人能事奉兩個主人，……你們不能事奉天主而又事奉錢財。」(馬竇福音 第六章第十九節——第廿四節)

不僅不能縱慾作惡，就是世上合理的錢財，也不要貪，自己的心要歸於天主。這種人生觀構成了天主教的出世生活團體，歷代有人，或男或女，遵從了耶穌的教訓：「你若願意是成全的，去！變賣你所有的，施捨給窮人，你必有寶藏在天上，然後來跟隨我！」(馬竇福音 第十九章第二十一節)，這種出世生活的團體，即是天主教的各種男女修會。

但是，人是心物合一的，人又是活在物質的世界，人的身體有生活的要求，又有享受的慾望。物質的世界爲天主所造，應該是美好的，人身體的要求，發自人的天性，不能說是惡的，從基督信仰的來世觀，人怎樣使用物質世界以滿足自己身體生活的需求；天主教本世紀的最大集會；第二屆梵蒂岡大公會議，討論了這種問題，並指示答案：「人是由肉體、靈魂所組成的一個單位，以身體而論，將物質世界匯集於一身。於是，物質世界便藉人而抵達其極峰，並藉人而高唱頌揚造物主的聖歌。故此，人不應輕視其肉體生命，而應承認其肉體的美善而重視之；因爲肉體爲天主所造，末日又將復活，但因罪惡的創傷，人才體驗到肉體的抗命不從。所以人性尊嚴要求人在肉體內光榮天主，不允許肉體順從心靈的惡劣偏向。」

（論教會在現代世界牧職憲章第十四節）

來世觀的精神生活，乃有兩種層次：基層的精神生活是在物質世界的日常生活，確守倫理的規律，使用並享受物質世界的物品；然要以天主為最高目標，「在肉體內光榮天主」；這是入世的精神生活。上層的精神生活則是修會式的生活，捨棄對世物的享受，割斷世物的牽掛，宣誓絕財絕色絕意的生活。祇在生活的需要上，使用物質物。這種生活是出世的精神生活。

入世或出世的生活，都在現世，生活的目標則都在來世，行善避惡以求來世與天主結合，度快樂的永生。

人要經過死亡，才能進入常生；善人，進入快樂的永生；惡人，進入痛苦的永生。死時，靈魂和肉體相分離，進入永生者為靈魂，等到世界末日，肉體要復活，和靈魂再相結合；於是整個的人進入永遠生命中。

天主教的「信經」，聲明天主的信仰，在最後兩句說：「我信肉身的復活，我信常生」。

三、中華傳統文化的現世觀

中華傳統文化的宇宙觀，常以宇宙爲一整體，《易經》爲這種思想的根源。《易經》講宇宙，以宇宙爲一變易的宇宙，變易的因素爲陰和陽，變易的實體爲天地人，變易的原則爲天道地道人道。天地人稱爲三才，代表整體宇宙。宇宙的變易，爲化生萬物。《易傳》說：「生生之謂易」（繫辭上 第五章）漢朝易學更以一年四季象徵宇宙變化的循環，四季乃是：春生夏長秋收冬藏。全部農家的生活，都表現出來。《易傳》乃說「天地之大德曰生，聖人之大寶曰位，何以守位？曰仁。」（繫辭下．第一章）生和仁的思想，貫穿又總括了儒家的人文哲學。

漢儒創始氣成萬物的思想，整體宇宙的氣，天地人物都由氣而成，氣分陰陽，再分五行，變化不停。人由氣而成，自少到老，常在變易。人的生命和宇宙萬物相連，生命爲氣的變化。氣的變化由於陰陽兩氣的消長，到了終極。陰陽分離，陰爲魄，歸於地，陽爲魂，上升於天。陽魂歸到天的氣中，回復原先的散漫狀態。因此，儒家主張人的生命在宇宙以內，生自宇宙的氣，死歸宇宙的氣。

《詩經》雖有祭文王的詩，歌頌文王的魂在上帝的側邊；那是商朝和周朝相信先王死後登天，乃祭祖宗。祭祖的典禮，後代成了孝道的習俗；然而祖先身後是否尚有魂在，在中華民族中常是一個疑問，通常也流行一句話：「若是先人在地下有知！」

佛教到了中國，就想填滿這個缺洞。佛教人信死後要輪迴轉生，要受報應。按照現生人的行爲善惡，死後有五趣，即五條路可走：西天，人，地獄，餓鬼，畜生。生命輪迴著，及到人能絕慾入涅槃。生命的輪迴，仍舊是生在這個世界裡，成了佛而入涅槃，涅槃的佛世界則超出現世界。不過成佛的人，少有聽說，一般人都在輪迴裡旋轉。所以常是在現世生活。雖有來世，佛教的來世祇是種生命的過程。

道家莊子主張至人或真人。莊子的思想以至人能和天地的元氣相結合，元氣爲宇宙的元素，長久不滅，至人便能「與天地而長終」。道教便相信有仙人；仙人不吃人間煙火，參天地的真氣，乃長久不死。至人和仙人，是現世生命的延續，不是來世的生命。

中華傳統文化的各家生命思想，都留在現世的範圍內，佛教雖有來世的思想，卻是過去，現在，將來，三世的延續。

通常中國人所追求是得生命的福，避生命的禍。最古的書經說明了人生的禍福爲五福六極，「五福：一曰壽，二曰富，三曰康寧，四曰脩好德，五曰考終命。六極：一曰凶短折，二曰疾，三曰憂，四曰貧，五曰惡，六曰弱。」（洪範）這些禍福都是現生的遭遇，有些是身體方面的，有些是精神方面的，然都不出乎現世的生活。孟子曾經說：「君子有三樂，而王天下不與存焉！父母俱存，兄弟無故，一樂也；仰不愧於天，俯不怍於人，二樂也；得天下英才而教之，三樂也）」（盡心上）孟子的三樂也是現世人生的精神快樂。

中華文化的傳統人生價值，以精神爲重，注意在心靈的生活。人的心，虛靈不昧，爲精神體，而人的心，反映天地之心。儒家相信天地有好生之德，以生物爲心，人得天地之心爲心，人的心乃是仁的，宋朝朱熹便說：「天地以生物爲心者也，而人物之生，又各得夫天地之心以爲心者也，故語心之德，雖其總攝貫通，無所不備，然一言以蔽之，則曰仁而已矣。」（朱文公文集 卷六十七 仁說）「仁是箇生底意思。」（朱子語類 卷二十）「仁是體，愛是用。又曰愛之理，愛出自仁也。然亦不可離了愛去說仁」（朱子語類 卷二十）儒家的倫理，便以仁爲中心。仁的發揚，在於中庸所說：贊天地的化育。「唯天下至誠，……則可以贊天地的化育。」（第二十二章）倫理道德的模範乃是聖人，聖人的特點便在「贊天地的化育。」《中庸》說：「大哉聖人之道，洋洋乎發育萬物，峻極於天」（第二十七章）聖人之道的表現，就是孟子所說：親親，仁民，愛物。（盡心上）

在現世的生命觀，中華民族的傳統文化爲生命的文化。人的生命既透不過死亡，便求能長久存現世裡。中華民族的孝道，爲生命的文化，父母子女以生命相連，父母爲子女生命的來源，子女的生活乃爲孝順父母的生活。孝道的重點，要能爲父母留後，留後則父母的生命延續不絕，有後人獻祭祀。人的善惡所有賞罰，也由後人承受，「行善之家，必有餘慶。」人的生命不能突破死亡，人爲不朽，乃有立德立功立言，以求名譽存留在人間。中國人怕歷史的定論，從孔子以春秋立史事人物的褒貶，「蓋棺定論」便成爲一個人能否有「不朽」的判詞。

中華民族的傳統文化，爲實際生活的文化。中國人一生所注意的，在於日常的生活；儒道佛的人生理想，也都以實際生活爲根基，沒有像印度人的妄想，便沒有像印度的神祕生活，佛教的禪宗雖以禪道不可言宣，禪師的語錄又反理性而不易懂，然而坐禪的生活和得道的禪師生活，仍舊如同常人的生活，祇是要消除定慮，六根清淨。中華民族的傳統哲學，講論人生之道，不談抽象的世理，老莊和宋明理學雖有形上的理論，目的仍舊歸結到具體的人生之道，中國哲學，是實際的人生哲學，但是不是唯物論的人生哲學。中國哲學的人，爲現世界的人，和宇宙萬物相連，元素都是氣，氣不停變化，因變而化生萬物。人因此追求「與天地合其德」，以「贊天地之化育。」

四、衝突與融會

中國傳統文化的現生觀和基督信仰的來世觀，在當代中國社會智識階級的衝突，以民國初期為最盛。信共產主義的陳獨秀主張「人生在世，個人的生滅無常的，社會是真實存在的。……一切宗教，法律，道德，政治，不過是維持不得已的方法。」㈠吳稚暉更是不信有上帝有神，他說：「故爾，那種駭得人的顯赫的名詞，上帝呀，神呀，還是取消了好。」㈡他認為宇宙是物質和精神的混合體，變化無窮，由人由腦筋想出「科學萬能」去處置。稱為中國當代思想的導師胡適則說：「根據於生物學及社會學的知識，叫人知道個人——「小我」——是要死滅的，而人類——「大我」——是不死的，不朽的；叫人知道「為全種萬世而生活」就是宗教，就是最高的宗教；而那些替個人謀死後的「天堂」「淨土」的宗教，乃是自私自利的宗教。」㈢又一位號稱中國現代教育導師的蔡元培說：「夫宗教之為物，在彼歐西各國，已為過去問題。蓋宗教之內容，現皆經學者以科學的研究解決之矣。吾人遊歷歐洲，雖教堂棋布，一般人民亦多入禮拜堂，此則一種歷史上之習慣……。所可怪者，我中國既無歐人此種特別之習慣，乃以彼邦過去之事實作為新知，竟有多人提出討論，而誤聽教士之言，一切歸功於宗教觀，遂欲以基督教國人。」㈣

這種趨勢從民國初期一直繼續了五十年，原因在於當時中國智識階級急於要把歐美的自然科學傳入中國，改革中國的社會，他們相信「科學萬能」，也相信「科學反對宗教」。但是中國大陸經過中共四十年的統治，國民生活愈來愈困難，共產主義的錯誤越來越明顯，追求民主的思想隨著日漸增高、研讀中國古書和儒家思想逐日普遍。物質生活既然簡陋，言行又遭到各種桎梏，年輕人乃轉向宗教，以求精神的安慰。中共無論對宗教怎樣施行壓力，宗教信仰卻越傳越廣。大陸思想今後的趨向，將是所謂中國式的社會主義，馮友蘭曾在這方面努力，企圖指出跨線，但是他過於困在馬列的社會階級思想裡，錯誤解釋中國思想發展的途徑，跨線過於偏左。一輩年輕的哲學人則在細心地提倡新儒學。

台灣的社會今日呈現經濟繁榮的社會，和大陸恰成對比。但是在精神方面，感到另一種空虛—物質富裕中的空虛。在社會上呈現倫理道德的空虛，在個人心靈上呈現受物質壓迫的苦悶，大家都感到必須回到中華傳統文化的精神層面，提高生活的品質。學者們便研究儒家思想的革新，個人則追求宗教的寄託，因此新儒學和宗教信仰將是台灣社會的思想將走的趨勢。

大陸和台灣兩方面，在趨向新儒學和宗教信仰，內容有所不同，大陸人民信仰宗教，一心接受宗教的信仰，盡力保全宗教的傳統和組織，以能抵抗中共的壓力，因此加入天主教和基督教者頗多，台灣人民追求宗教，希望宗教的精神生活能夠平衡物質生活，不注意宗教的信仰和組織；因此，加入佛教者不少，台灣的新儒學的傾向，將提倡儒家的仁道，以仁愛貫通私人和社會生活，然而對物質生活的享受必予重視，民主和科學將爲兩種重要的實踐方式。

兩方面的生活思想的趨勢，雖可避免許多對基督信仰的衝突，但是對於「永生」，則仍舊並不融洽，昔日王充的無神論，根深柢固底存在智識的腦中，他們不信鬼神，祇可以信上天。人死後，魂魄都消散，不能成鬼成神。若講肉身的復活，他們可以如同雅典人第一次聽到聖保祿講復活，報以譏笑。

在另一方面，歐洲社會也在經過巨烈的變動，兩次世界大戰，改變了歐洲社會的面貌。史賓格勒（Oswald Spengler）在一九一八年出版了他的《西方的沒落》，在全書結尾時他說：「在浮士德文明中，也如其他每一文明一樣，金錢的獨裁勢力不斷挺進，而抵達其實質上之頂點。但是到了這一地步，便發生了另一變化，這是只有已透視金錢的本質的人，才能理解的事。概略言之：如果金錢是具體的事物，則它的存在可以永垂不渝—但，金錢只是一種思想的形式，故而，一旦由金錢所支撐的經濟世界，已走向終局，則金錢本身也隨之而萎退。……然而金錢也開始失去其權威，而最後的衝突已經接近，在這一衝突中，文明便達到了最終的形式—金錢與血液間的衝突。」(五)

近世紀歐洲的社會，以金錢爲目的物，凡是國家政治和私人生活，都在追求金錢。科學的研究，用爲使用宇宙物質，賺取金錢，國家的政治，所有目的，在拓廣市場，攫取原料，到了今天，歐洲的科技和政治勢力，已退居美國以後，金錢主義的文明逐漸衰落。

金錢主義所造成的社會，是俗化的社會。一位歐洲學者在一次研究聖奧思定的學術會議上說歐洲的社會，今天的情形，好似聖奧思定時代的黑暗社會，野蠻的思潮，淹沒了傳統的文明。㈥

天主教的第二屆梵蒂岡會議在討論教會在現代世界中的工作時，深刻地表述了目前歐美社會的情狀。「今天的人類處在歷史的新時代，……猶如在一切進展中所遇到者，上述演變帶來不少困難。譬如：人們的技能是擴大了，但是苦於不能使這技能常爲人類服務；對自己心靈的祕密，正在努力探討，但對處理自卑問題，又往往感到彷徨無主；對社會生活定律，逐步有所發現，但又對這生活應趨的方向，猶豫不定。」㈦

「思想及社會體系的演變，多次令人對過去接受的種種，感到懷疑。尤其青年人是如此。……祖先傳下來的制度，法令，思想與情操，似乎不常適合現代情形，於是對處事方式及規律發生嚴重的混亂，最後連宗教生活亦為這新的局勢所牽連。一方面，人們所有的尖刻的批判精神，清除了對世界的幻術觀念及尚在蔓延的迷信,而日益需求以更為位格化與更為主動的方式,信仰宗教。結果,不少人對天主教的信仰更為活潑。但另一方面,有日形增多的人們,至少事實上已離棄了宗教。否認天主,否認宗教,……往往為人視作科學進步和新人文主義的必要條件。」(八)

東西的文化傳統都在變動,都在攻擊和破壞傳統的痛苦和混亂的過程中,尋求一種以傳統作根基的新人文文化。西方社會打破了事事和宗教信仰相連的鎖鏈,把現世的事看爲世俗的事,走向世俗化的生活;然而在骨子裡仍舊要保全世俗事務的根基,有造物主天主(上帝)的信仰,使世俗化生活有最終的目的,回歸生命的根源,進入快樂的永生。中國社會摧毀了傳統的禮儀和家庭制度,邁向個人位格的尊嚴和自由,享受現世的福利生活;然而尋求傳統的人性作爲福利生活的根基,由人性而到人心,由人心而到「仁」,由仁而到「與天地合其德」,實現傳統文化的「天人合一」。

從這兩方面文化的趨勢,現生和來生的衝突仍舊存在;但是西方來生的信仰,在俗化的生活裡,已經是隱而不顯,不僅不阻礙現生的享受,而且在善用造物主的恩賜之原則下,鼓勵人們的科學研究。中國的「天人合一」的目的,天乃是造物主上天,上天在天地的變化裡顯出「好生之德」。我們若予以解說上天爲精神常存者,和天相合,則必進入精神的永生。

這種永生不是幻想，又和現生不相對抗，而是「天人合一」的合理進展，在中國新文化的成份裡，必定有許多西方文化的成份，科學技術與位格尊嚴和自由，必定佔重要的分量，這些成份和來世觀原是相連的，就可以相幫中國智識份子接納來世的信仰。我們不妨對基督信仰和中國文化的接觸抱適當的樂觀態度，樂觀態度的實現，則須基督信仰進入中國文化，以中國文化表現信仰生活。

註：

㈠ 獨秀文存　人生真義　上冊　頁一八三。

㈡ 吳稚暉　一個信仰的宇宙觀及人生觀　見科學與人生觀　（科學與玄學論戰集）　下冊　頁五〇〇。

㈢ 胡適　科學與人生觀序　上冊　頁二十七。

㈣ 蔡元培　以美術代宗教說　中國哲學思想論集現代篇（一）　頁三五九。

㈤ 史賓格勒　西方的沒落　陳曉林譯　頁五三二　華新出版社。

㈥ Lyndon H. La Rouche. Jr The Lessons of Augustinian Statecraft for the Contemporary Dark Age of Civibizat Saint Augustine-Schiller Institute Conference. Romenor 1-

3.1985.Nen Benjamin. Franklin House. New York 1985.

(七) 論教會在現代世界牧職憲章　第四節。

(八) 同上，第七節。

第一屆　天主教與佛教國際交談會

般若爲梵語，意思是智慧，智慧在觀萬物爲空，般若也解釋爲空。佛教以人生的痛苦煩惱，來自人心愚昧，誤以萬物爲有，心生貪欲，貪欲帶來一切煩惱痛苦。爲解脫人生的煩惱痛苦，須人心有智慧，看清楚萬物爲空爲假。

佛教《大般若經》，由南北朝時鳩摩羅什譯成漢文。在鳩氏以前已經有部份譯文，中國佛教道安法師也早講般若空論。《大般若經》有印度龍樹的〈大智度論〉作爲註解。

般若的主要思想爲「蕩相遣執」，就是說「一切法皆不合不散，無色無形，無對一相，所謂無相。」意思是一切事物，都爲因緣所生，沒有自己的本性也沒有實體，因此都是空的。所以人心不要執著事物爲有爲實；但也不要執著事物是空，否則人心就偏在空一點上，心就不空了。大般若經講空，分爲十八空，龍樹加以解說經的十八空和龍樹的解說，都沒有多大意義，十八空裡許多是重複的，真切地講般若的空，應該是「三種智」：「一切智」、「道種智」、「一切種智」。

「一切智」，是一切聲聞與辟支佛的智，聲聞爲佛教小乘的弟子，聞佛的聲教，悟四諦的理，四諦爲若集滅道。辟支佛爲悟十二因緣，也稱爲緣覺。聲聞和緣覺都是初得道的人。這些人所有的智慧，在於知道一切東西都是因緣所合成，沒有本性本體（相），所以是空。這種知，祇是一種籠統的知識，也是普通的抽象知識，知道一切物都是空，也是相等，即空如性和平等性。因而人自身也是假的，人應知道無我，不要貪求享樂，應克一切貪欲，守持佛戒。

「道種智」，爲菩薩的智慧。菩薩是求佛果的大乘人。聲聞和辟支爲小乘人，往上則有大乘人。菩薩的智慧，在於知道一切相應以解脫痛苦的善行，即知道一切種種差別之道法，行六度自利利他圓滿佛果之善行。六度爲六種善行：布施、持戒、忍辱、精進、禪定、智慧。先行散財，隨即持守戒律，雖被侮辱譏笑，務必忍耐，不顧人間榮辱，堅持修習佛道靜坐，使五根調伏，得有禪定，人神安定，對世物沒有貪念，對自己的智識也認爲假，然後乃有菩薩果，知道真法界，即知道佛。

「一切種智」爲佛的智慧，直接透視一切法的實相，實相爲無相。一切法雖有差別，但實際上一切法的實相都同是一實相，即是佛，故差別消失，名爲寂滅相，萬物完全平等，而且祇是佛的實在，人自身也不存在，沒有知識，沒有有意志進入涅槃，和佛融而爲一。

天台宗智顗根據「中論」的空假中三諦，說「一切智」觀空，爲慧眼；「道種智」觀假，爲法眼；「一切種智」觀中，爲佛眼。「一切智」的慧眼，觀看萬物爲空，既不實際存在，更不值貪愛。慧眼人守戒，戒除貪心。「道種智」的法眼，觀看佛教的道法，知道痛苦的根由，又知道破滅痛苦根由的相應法。一切名言是假，一切知識是假，連自身的我也是假我，不單克除一切貪欲，也克除一切知識。慧眼人空了對外物的貪念，法眼人克除了精神方面一切念慮。人的心身內外都空，了無一念；但是心是執著「一切是假」。「一切種智」的佛眼則觀看一切爲一，亦空亦假，不空不假，不生不滅，一切平等，萬物爲佛，佛爲萬物，圓融爲一。

聖十字若望爲天主教靈修生活的導師，他教導人以祈禱同化於天主，同化於天主過程，則在犧牲和刻苦中進行。人有身體和心靈，身體有感覺，心靈有念慮，爲走向天主，必須克制感覺和念慮。聖十字若望稱這種刻苦爲「黑夜」，使人心靈虛空，像是一個漫長無光的隧道。「黑夜」分爲感覺和精神方面；兩方面又各分爲主動和被動方面。

在感覺方面的主動黑夜，人自動克制感覺的貪念，凡是有意識的貪念都克除，努力追求空虛對一切事物的想望。

主動黑夜的意義，是人靠天主通常普遍聖寵的助祐，自動克制自己。對於感覺的感官，首先加以克制，飲食和身體的動作，凡不合誡律的都不能行。進而克制感覺的情慾，克制貪慾，克制想像，克制記憶，克制快感。使人的心身內外，都能清潔純淨，心中沒有一項不合倫理的想念，外面沒有一種不合倫理的舉動，在祈禱方面放棄語言祈禱和思考的默想，採用無言而一念的默禱。這種對於感覺的內外克制，是一種整理，一種清除，一種聖化的工作。人心經過這一番整理、清除、聖化的工作，適當地預備和天主相結合。但是必須經過另一番同化的工作，人心須要靠天主特別的聖寵，由天主來整理、清除和聖化的工作。在主動黑夜裡，人自己作主，人的意志是主人。爲能同化於天主，人的意志要消失，要溶化在天主的愛內，以天主的聖意爲意志，天主作爲人的主人。這是被動的黑夜。被動的感覺黑夜，天主撤去了祈禱或默禱時，心神所感受的安定甜蜜感，反而感到乾枯、苦悶、疑慮，似乎天主遠離了他。但是心中不亂，堅持願意和天主結合的愛心。天主乃恩賜默觀的聖寵，人心體驗自己的卑微，自己的罪污，自己在精神方面一無所有，同時體驗天主對自己的無限愛心，心中愛天主的愛，越往上升。越體驗天主的愛，自己越體會自己不敢當，自己不配，心中深感痛苦。因痛苦而深惡罪，而深願愛天主，把自己的意志，完全毀了，完全憑聽天主的定奪。這樣達到和天主的圓滿結合。

佛教般若的空和聖十字若望的黑夜，都爲空虛人對事物的想念。佛教在信仰方面，信仰有佛，在哲學方面認定佛爲唯一的實體(實相)，實體向外表現乃有萬物，實體即是佛，在每一物件內，人心便有佛，稱爲佛性。人心因無明(愚昧)掩蔽了佛性，傾向外物；般若救人以各種方法，除去無明，以得智慧。得一分智慧，多一分清淨；人心清淨增多，心的智慧隨著上升，及到得道成佛。般若的空，一方面是認識的空，一方面是意願的空，達到圓滿的境界，則佛是一，又是一切萬有，萬有是空又是不空，佛是一又是多。人心的佛性呈現，人便成佛。

聖十字若望的黑夜，克除人的私心，完全以天主的心作爲自心，這種克除私心工夫，是用意志的努力，不用理智。人知道自己和萬物都是實在的，人和萬物的關係也是實在的；人要努力使這種關係的影響反乎尋常，引起痛苦的要引起愉快，引起快樂的要引起痛苦；使人的行爲不受理智的領導，而受信仰的引導。再向前廢棄自己的意志，以天主的意志爲意志，自己完全被動，因著信仰把自己的意志融會在天主的意志內，一切聽憑天主的定奪。

般若和聖十字若望都引人最後空虛了理智和意志，由般若而入涅槃，人自己消失了，存在佛身中。聖十字若望引人到和天主圓滿的結合，人的自我存在而提升超性界，理智和意志的功能達到最高點，靜對全真全善全美的天主。

天主教如何叩啓中國大門

在明朝閉關政策最嚴厲，不許外人入境的時代，和儒家學者自視最高而鄙視漢人以外的人爲野蠻人的風氣下，利瑪竇能進入中國而安住北京，他計畫了傳教方策，向三方面進行，一生貫徹，奠定了天主教在中國的基礎，後來傳教士改變其方策，幾乎使中國天主教會被摧毀，該會之所以仍然存在而且實力日強，還要歸功利氏傳教方策之遺澤……。

三方面進行的傳教方策奠定穩固基礎

明末的中國天主教，是奠基的教會，是具有深遠而又活潑生命力的種子，是中國天主教的搖籃。元代蒙高味略所建立的中國天主教會，已經成了歷史的遺跡。蒙高味略向在中國的蒙古皇朝傳教，蒙古皇朝在中國消失了，元朝的天主教會也隨著消失了。明末的中國天主教會由利瑪竇建立，向中國文化界傳教。

利瑪竇在北京時，交遊往來的人都是文化界人士，其中好幾位是有名的學者和政治家，翻譯科學書籍，撰寫天主教教義專書，使外來的天主教，竟能被看爲「可以補儒學之不足。」減低了儒家學者對於天主教的忌視，安定了傳教士在京師居住的信心。在萬曆三十八年（一六〇八年）三月八日，給總會長阿桂委瓦神父報告書說：「我們在四處聖堂已付洗兩千人，我們在各處的聲望，日益增高，特別在北京和南京，聲譽更好。」

在明朝閉關政策最嚴厲，不許外人入境的時代，和儒家學者自視最高而鄙視漢人以外的人爲野蠻人的的風氣下，利瑪竇爲能進入中國而安住北京，他計畫了傳教方策，向三方面進行：第一個方向，朝向皇帝，先與禮部官員結交，以皇帝需要的禮物進貢，取得皇帝的信任。第二個方向，朝向儒家學者，以中國所缺乏的學術，引起學者的重視。第三個方向，向中華文化，使天主教信仰融入中國文化中，利瑪竇一生進行他的傳教方策，乃能夠奠定天主教在中國的基礎，雖然後來的傳教士改變了他的傳教方策，幾乎使中國天主教會被摧毀，但是在遭遇清朝的迫害、中國智識界的排擠、中共的撲滅三大災難，中國天主教會仍然存在，而且實力日漸強壯，這一種事實，還要歸功於利氏傳教方策的遺澤。

科技進貢取得皇帝信任

在君主專制的時代，國家大權操在皇帝手中，外國人要進入中國居住，不祇一二個人，而是繼續進入，更要在中國傳教，這乃國家一件大事，一定要由皇帝決定。在明朝中葉以後，耶穌會和道明會決定向中國人傳教，因爲遠東各國民族都受儒家文化的薰陶，都景仰中國的政治設施。傳教士便用葡萄牙和西班牙國王的名義，向中國皇帝進貢禮物。可是中國皇帝歷代習慣接受外國使節的貢物，對進貢使者予以禮貌待遇就完了，達不到留在中國傳教的目的。

利瑪竇在進貢的方法上，加了兩個新點：一點，進貢的禮物，要是皇上所需要，而且常需要有傳教士照料。一點，進貢的禮物是一種學術性工作，需要傳教士領導。關於第一點，利氏進貢了鐘錶，鐘錶在中國從來沒有，皇宮計時是用水漏器，鐘錶便非常有利。萬曆皇帝高興地接受了貢物，還令利氏派人按時進宮照顧鐘錶。利氏在致德、法、比神父書上（一六○八年八月二十三日）「我們可以自由進入皇宮，當然應當有理由才可，例如去檢查我們呈獻給皇帝的兩架鐘錶。」這一切事，都要經過禮部，利氏給遠東副區會長巴範濟神父報告書（一六○九年二月十五日）上說「洋人呈遞奏疏是行不通的，因爲洋人根本禁止居留，當然不能直接上疏了。我到北京時，便知道朝廷有這種規定，於是便由管理我們的禮部，爲我們向皇帝請求恩准在京師居住。先後上了六道奏疏，可惜皆無回音。（按為太監截留不報——譯者）；不得已再透過一位大官，也是我的好友，代我上疏，……奏疏中，我不要求別的，只希望能在北京居住，或返南京，不過我們也知道，通常皇帝不會自批，是由禮部處理。幸虧我們和禮部已交上了關係，他們對我們很了解，否則不但不會代我們呈遞奏疏，反而會把我們驅逐出境呢！」

進貢學術性的工作，是替皇帝作一種學術性的工作。中國學術界傳統地不看重自然科學，認爲都是技術；但是傳統地從書經時代就看重天文，尤其注重曆法；因爲皇帝治國要和天時相配合，又因信「天人感應」學說，以日蝕月蝕爲政治大災難。明末，欽天監推測日蝕或月蝕常有錯誤。利瑪竇去世的次年，萬曆三十九年，徐光啓奏請改革曆法，推薦龐迪我、熊三拔、龍華民三位神父參加改曆。崇禎二年（一六二九）徐光啓奏疏在北京設「曆局」，熊、龐二位已經去世，光啓疏薦龍華民和鄧玉函兩位神父助修曆法。崇禎二十六年，皇上下諭以西法行於天下。後來滿清入關，順治元年八月，睿親王令用西法，十一月著湯若望掌官欽天監，湯若望以後有南懷仁。

在清廷以科技供職的耶穌會士，有張誠和徐日昇、雷孝思、杜美德、費隱、白進，爲康熙皇帝測繪全國地圖，有蔣友仁，郎世寧，爲乾隆皇帝修造圓明園，有郎世寧爲乾隆皇帝作畫，有徐日昇爲康熙皇帝指揮西樂團。

這一點是利瑪竇傳教方策爲能保持居住北京的策略，在明末和清朝初葉都能有效，雖然祭祖禮儀問題使教士被驅逐，但是在皇宮供職的教士仍然安居北京，保持了天主教在中國的傳教工作。

一、交結文士引起學者重視

中國人普通常說「文人彼此相輕」，誰也看不起誰；這也是基督所說：「先知在本鄉不受尊重」。然而在同時，中國文人，而且也是一般人都尊重「品德」和「學術」，對於品德很高的人和真正有學術的人，大家都敬重，不分思想，不分宗教。在漢末，魏晉南北朝，到中國來的佛教僧人，有好幾位，因品德高，被尊爲「國師」；又有好幾位對佛教教義深有研究的僧人被視爲法師。唐代以後，僧尼遍居全國，規律不嚴，學識不高，社會人士便對僧尼失去了敬重。利瑪竇初到中國，以爲仿效佛教僧人可以取得敬重，便自稱「西僧」所住的地方，稱爲僊花寺。後來他發覺事情並不是這樣，反而被人輕慢，他在詔州因瞿太素的勸告，改著儒服，改稱「西士」，仿效儒家士人的服裝，頭戴方巾，身著童生服。到了北京，交結文人學士。中國文人學士素常鄙視外國人爲化外人，即是野蠻人，爲能與他們交往，必定要取得他們的敬重。首先便要潔身自好，謹修品德。利瑪竇和同胞都是耶穌會士，被派來中國的第一批傳教士，受過嚴格的靈修生活訓練，生活非常有規律，操守很高，便得到北京和他交往的文人學士之敬重。徐光啓作「跋二十五言」一篇文章中說：「蓋其學無所不闚，而其大者，以歸誠真宗，乾乾昭事爲宗，朝夕瞬息，忘一念不在茲，諸凡情感誘慕，即無論不涉其躬，不挂其口，亦絕不萌諸其心，務期掃除淨潔，以求所謂體受歸全者。間嘗反覆送難，以至雜語燕譚，百千萬言中，求一語不合忠孝大旨，求一語無益於人心世道者，竟不可得。蓋是其書傳者所無有，而教法中所大誠也。啓生平善疑，至是若披雲然，了無可疑，時亦能作解，至是若遊溟然，乃始服膺請事焉。」李之藻作《天主實義重刻·序》，文中說：「顧粹然不詭於正，至其檢身事心，嚴翼匪懈，則世所謂皐比而儒者，未之或先。」

徐光啓和李之藻同爲利瑪竇的朋友和弟子，都因景仰利子的品德，向利子請益，領洗入教。但是他們和其他文人學士同時也欽佩利瑪竇的學問，徐光啓說利瑪竇「其學無所不闚」。利子本人在羅馬大學受過當時的科學教育，自己又加以研究，在北京他就用西方科學刺激儒家學者。當他初進中國住在廣西肇慶時，在僊花寺中廳掛著一幅輿圖，是一張萬國輿圖，和中國歷來所傳的輿圖不同。中國歷代輿圖都把中國畫在中央，旁邊是西夷南蠻北越的國家。利瑪竇的輿圖卻把中國偏在一邊，中國以外還有許多大國，當時看的人都很驚奇，不肯相信，知府王泮認爲利瑪竇能夠按圖說明自己來華路途，輿圖便該是真而不假，遂請利子在圖上註明中國字，然後刻印。刻印時間約在一五八四年十月間。萬國輿圖刻印後，大家嘆爲奇觀，不脛而走，一傳十，十傳百，翻印多次。利子到南京時，南京士大夫就和他討論地理，就連王陽明學派最疏狂而修禪的李贄和信佛的南京大理寺卿李汝禎也推崇利子的輿圖。

利子到了北京，更因萬國輿圖受到文人學士的重視，李之藻在萬曆三十年，重刻萬國輿圖。這一幅萬國輿圖給利子開了中國大門，讓他能夠登堂入室和士大夫們交遊。

在華受士大夫敬重爲外人中所未見

利瑪竇在羅瑪大學曾從丁氏（Clavio）攻讀幾何學，純習丁氏的教科書。在北京，利子和徐光啓講論數學。數學在中國是惟一的傳統學術，在紀元一世紀戰國時代，著有《周脾算經》和《九章算述》。這兩本書在後代作研究數學的根本，歷代都有註解，也有新的發展。三國時魏末晉初有劉徽撰《九章算述注》十卷，隋時有祖沖之和兒子劉桓共述《綴述》六卷，唐初有王孝通撰《緝古算經》，太史令李淳風編纂《算經十書》。宋朝有秦九韶的《數書九章》，李治的《測圖海鏡》，楊輝的《日用算法》。中國傳統數學已有相當高度的數學境界，學者對數學也有研究興趣。利瑪竇和徐光啓翻譯利子老師丁氏的幾何課本前六卷，又翻譯《測量法義》一卷。徐光啓和李之藻翻譯《圜容校義》和《同文指算》。大陸編的《中國大百科全書》數學篇中國數學史說：「在傳入的數學中，影響最大的是的『幾何原本』。『幾何原本』是現傳的中國第一部數學翻譯著作。絕大部分數學名詞都是首創，其中許多至今仍在沿用。徐光啓認爲對它『不必疑』，『不必改』，『舉世無一人不當學』。……其次應用最廣的是三角學。介紹西方三角學的著作有鄧玉函編譯的『大測』兩卷、『割圜八線表』六卷，和羅雅各的『測量全義』十卷。……波蘭傳教士穆尼閣來華，跟隨學習西方科學的有薛鳳祚、方中通等。穆尼閣去世後，薛鳳祚據其所學，編成「曆學會通」，想把中法西法融會貫通起來。」

二、利瑪竇的傳教方策

利瑪竇以十八年時間，專心學習中文，研究究中國深奧的學問，他明瞭士大夫的心理常鄙視又不相信外來思想，爲了要使天主教的信仰適合中國人的心理，他寫了《天主實義》，講論科學，使士大夫相信他傳道不會虛言。不僅他寫書，和他同時及稍後的耶穌會士都著作書籍，這種以書籍傳教的工作，延續了一百多年，給我們留下一份學術遺產，在當時也爲傳教發生了相當好的作用……。

徐光啓爲《幾何原本》、《同文指算》、《測量法》、《句股義》，都作有序文。在《刻幾何原本序》說：「故嘗謂三代而上，爲此業者，盛有元元本本，師傳曹習之學，……漢以來多任意揣摩，如盲人射的，虛發無效……『幾何原本』著，度數之宗，所以窮方圓平直之情，盡規矩準繩之用也。利先生從少年時論道之暇，留意藝學。且此業在彼中所謂師傳曹習者，其師丁氏，又絕代名家也，以故極精其業。」

利瑪竇自己本人祇和徐光啓講幾何數字，其他耶穌會士則講論多種科學，和當時中國士大夫從事研究。根據方豪神父的《東西交通史》第四冊和第五冊，我們可以看到從天文學、曆學、數學、機械工程學、物理學、生物學、地理學，一直到兵器、音樂、繪畫、建築等等科學的領域內，都有耶穌會士在明末清初時期的重大貢獻。普通一般人所知道的，是天文曆數和繪畫。郎世寧的畫品，目前在故宮博物館還是最受重視的藝術品，郎世寧在皇宮作畫時，乾隆皇帝多次親來看畫，郎世寧兩次乘機面求皇帝恩許教士留住中國。

利瑪竇在北京居住只有十年，認識當時的士大夫頗多。徐光啓在利瑪竇去世後，在墓碑上記載說：「始經肇慶，大司憲劉公旃之，託居韶陽郡。時余奉刺凌江，竊與有聞，隨同儔伴，齎表馳燕。跋庾嶺，駐豫章，建安王挹遘，若追歡篤交誼之雅。宗伯王公洪誨，竟傾蓋投契合之孚，相與訴遊長江，覽景建業。箴尹祝公世祿，司徒張公孟男，淹款朋儕，相杼情愫。……西泰同龐子迪我，號順陽者，僅數教友輩，越黃河，抵臨清，督稅宮官馬堂，持其貢表，恭獻闕廷。……上命禮部賓之，遂享太官廩餼。是時大宗伯馮公琦，討其所學，則學事天主，俱吾人禔躬繕性，據義精確，因是數數奏疏，排擊空泛之流，欲彰其教。嗣後李冢宰、曹都諫、徐太史、李都永、龔大恭、諸公問答，勒板成書。至於鄭宮尹、彭都諫、周太史、王中祕、熊給諫、楊學院、彭柱史、馮僉憲、崔銓部、陳中憲，劉茂宰，同文甚都，見於敘次，衿紳秉翰墨之新，槐位賁行館之重，班班可鏡已。」徐光啓在利子墓碑上詳細紀述交往的人士，用意在證實利子在華受士大夫敬重，爲外國人在中國前所未見。而且在利瑪竇以後，也再沒有這種情景。利子取得中國學者的重視的傳教方策，達到了目的。

三、使天主教信仰融入中國文化

利瑪竇在致耶穌會遠東副區會長巴範濟神父，一六〇九年二月十五日的信上，條陳當時傳教的工作，第七款說：「我們迄今和中國士大夫們交往謹小慎微，他們異口同聲地稱譽我們爲學者、聖賢，我真希望我們能始終保有這個名譽。現在我們有許多品行端正，對神學有研究的神父，大家更勉力學習深奧的中國學問，因爲只知道我們自己的學術，而不通曉中國的學問是毫無用處，於事無補的。神父，你可以清楚看出這點在開始是多麼重要啊！我個人的看法是情願在這樣的情形下歸化一萬人信天主，而不願在其它的光景下使全中國皈依。」

利瑪竇從一五八三年九月初抵達肇慶，一六〇一年正月進北京，中間有十八年的時間，利子專心學習中文，研究中國深奧的學問。他明瞭中國士大夫的心理常鄙視又不相信外來的思想，爲了要使天主教的信仰適合中國人的心理，他寫了一冊《天主實義》，李之藻作《天主實義重刻序》說：「彼其梯航琛贄，自古不與中國相通，初不聞有所謂羲文周孔之教，故具爲說，亦初不襲吾濂洛關閩之解。而特於小心昭事大旨，乃與經傳所紀，如券斯合。獨是天堂地獄，拘者未信，要於福善禍謠，儒者恆言，亦自實理。……信者，東海西海，心同理同。」這本《天主實義》實在就是我們中國天主教的第一本天主教要理書，書中用中士和西士問答，講解天主、靈魂、鬼神、人性、身後賞罰，及耶穌降生各端道理。利瑪竇自己寫了一篇引言，馮應岡作了一篇序。馮序說：「天主實義大西國利子及其鄉會友與吾中國人問答之詞也。天主何？上帝也。實云者，不空也。吾國六經四子，聖聖賢賢曰畏上帝，曰助上帝，曰事上帝，曰格上帝；夫誰以爲空？……利子周遊八萬里，高測九天，深測九淵，皆不爽毫末。吾所未嘗窮之形象既已窮之有確據，則其神理當有所受不誣也。吾輩即有所存而不論，論而不議，至所嘗聞而未用力者，可無憬然悟，惕然思，孜孜然而圖乎！」從這篇序，就可看到利瑪竇講論科學，使士大夫相信他傳道不會虛言，科學是實學，信仰也應該是實。

利瑪竇又刻了《交友論》和《二十五言》、《畸人十篇》。利瑪竇在一五五九年八月十四日致耶穌會總會長的信上說：「交友論是集合我們西方賢哲的名言而成的，中間也採有我們會內的遺訓。但是內中一切我都說合中國人的心理。這冊交友論，爲我和爲歐洲人所博得的名譽，較我們所作的其他一切事都更大。」馮應岡在《二十五言序》裡說「其視蘭台四十二章，孰可尊用，當必有能辨之者。」四十二章經爲佛教在中國最初的一本譯經，馮序認爲二十五言講修身事天，高於四十二章經的說空談虛。

四、書籍傳教持續百餘年

利瑪竇在一六〇九年二月十五日致耶穌會遠東副區會長巴範濟神父的信，述說他的傳教工作第八點，「我切願藉書籍之助傳揚聖教。……就這樣藉我所撰寫的書籍，稱揚儒家學說而駁斥另兩宗教的思想（指佛道兩教），但並非直接攻擊，只是他們的思想和我們的教義相衝突時，才加以駁斥。因此在中國士大夫中我並無什麼仇敵，反之，他們樂意和我交往。」

利瑪竇寫書，和他同時及稍後的耶穌會士都著作書籍，李之藻輯集初期著作，刻《天學初函》，作序說：「天學者，唐稱景教，自貞觀九年入中國，歷千載矣。其學刻苦昭事，絕財色意，頗與俗情相盭，要於知天事天，不詭六經之旨，稽古五帝三王：施今愚夫愚婦，性所固然，所謂最初最直最廣之教，聖人復起不易也。……茲爲叢諸舊刻，臚作理器二編，編各十種，以公同志，略見九鼎一臠。」初函後沒有續編，但我們看徐宗澤神父所編著的《明清間耶穌會士譯著提要》，會士所撰譯的書有一百八十八種，目前分散在北京北堂、上海徐家匯、巴黎、梵蒂岡的圖書館。這些書當時在北京、南京、上海的文人學士中，即士大夫中，發生相當好的影響。楊廷筠在「刻西學凡序」說：「儒者本天，故知天事天畏天敬天，皆中華先聖之學也。詩書所稱，炳於日星可攷鏡已。自秦以來，天之尊始分，漢以後，天之尊始屈。千六百年天學幾晦而無有能明其不然者。利民自海外來，獨能洞會道原，實修實證，言必稱昭事，當年名公碩士皆信愛焉。」西學凡是艾儒略把從羅馬教宗所贈七千餘卷書先作一種概略，預備後來翻譯，但是後來沒有成功。綜合起來，我們可以看到利瑪竇以書籍傳教的工作，延續了一百多年，給我們留下了一份學術遺產，在當時也爲傳教發生了相當好的作用。

五、後代傳教士改變方策

利瑪竇以學術傳教的方策，在當時就受到同會傳教士的反對。反對的人認爲遠道來到中國是爲宣傳福音，而利瑪竇則花費了大半的時間去講科學，傳教的成績很差。龍華民在韶州時，反對利子的方策，自己到鄉下村莊去講道，設講台，捧著像，向村人講天主教要理，引起南華寺僧人和城中紳士的敵視，使黃明沙修士因冤枉在廣州死於獄中，韶州會院乃被關閉。南京會院由王豐肅主管，豐肅性急，傳教心火高，建築新堂，遂引起沈漼的仇教風波。清朝初年，別的修會傳教士進入中國，方濟會士、道明會士、遣使會士，後來又有巴黎外方傳教會士；這些會士不守利瑪竇的傳教方策，他們認爲應爲貧窮人傳報福音，向鄉下人傳道，不必通中國官話，不必讀中國書，只要知道講本地土話。因此，就發生了祭天祭祖問題。利瑪竇和耶穌會士看著祭祖爲社會禮儀，其他傳教士認爲是宗教迷信。問題鬧到羅馬教宗，鬧到清朝皇帝。一七〇六年八月初康熙皇帝在熱河行宮召見巴黎外方傳教會士福建代牧顏璫主教，顏璫開口便奏明自己所讀中國書不多，以前寫書討論中國禮儀常用兩個中國先生，翻譯中國經書。康熙皇帝因他講福建土話，派巴多明充翻譯，隨即問御座後面貼有四個字，他認不認識，顏璫只能認識一個字。康熙便問他帶來的兩個教書先生，兩個先生跪奏，顏璫解釋經書時：不聽他們兩個的話，是聽另一個洋人的話。八月二日，康熙下御批，斥責顏璫：「愚不識中國字，擅敢妄論中國之道」，八月三日，又下御批，諭示教宗所派特使多羅總主教：「顏璫既不識字，又不善中國語言，對話須用翻譯。這等人敢談中國經書之道，像站在門外，從未進屋的人，討論屋中之事，說話沒有一點根據。」這一年十二月中旬下令驅逐顏璫等傳教士出境。根據教宗格肋孟第十一世於一七〇四年十一月十三日的「自登基之日」上諭所規定：天主教人不能參加祭孔祭祖，不能進入孔廟行禮，不許進祠堂行祭祀，不許在家設牌位。

從此天主教人士便放棄秀生和進士等級的考試，也放棄作官，因爲不能進入孔廟行禮，又被外教人認爲不孝。康熙皇帝和雍正、乾隆皇帝都下令驅逐教士，幸而耶穌會士還留在北京供職，可以乘機保護。不幸，在歐洲耶穌會遭了厄運，因葡萄牙、法國、西班牙三國國王的威迫，教宗格肋孟十四世於一七七三年七月二十一日下令解散耶穌會，後兩年在中國的耶穌會也被解散。一七八二年，遣使會接辦耶穌會在中國的傳教事業，北京東南北三教堂遂囑遣使會管轄。但是教士在中國已經不能公開行動，都僭藏鄉下或城中暗處，一旦被告發，便被判死刑。但在這時期，西方國家已經識破清朝沒有軍事實力，便用武力強迫清朝朝廷締約通商。一八四〇年南京條約，准許五口通商，在通商口岸外國傳教士可以居留。一八五八年天津條約，准許外國傳教士入內地傳教，准許中國人信奉天主教，對傳教士和信家人予以保護。

六、化解誤會直接通使

天津條約爲法國政府和清朝所訂，無形中法國政府取得了中國天主教的保教權。但其他各國有駐中國的外交使節則實行保護本國在中國的傳教士，有事和清朝朝廷直接交涉。這樣開啓了在中國由歐美各國政府保護傳教士的時期，傳教士自信心加強，教友中的不肖分子假借傳教士的勢力，欺騙城市鄉村的平民，平民告狀，傳教士保庇不肖分子，官吏怕外國人，多次發生殺害傳教士案件，外國政府使節便造成教案，要求賠款租地。遂造成老百姓恨天主教，智識階級輕視天主教，庚子年拳匪扶清滅洋，攻擊天主教會，八國聯軍入京，要求大量的庚子賠款。於是民國初年，國人都罵天主教和基督教爲帝國主義走狗，發起反教運動，禁止在學校有宗教教育。

教廷爲化解這種誤會，試圖和中國政府直接通使，遭遇法國政府兩次的阻擋，教宗庇護十一世於一九二二年遣剛恆毅總主教爲駐華第一任宗座代表，剛代表於一九二二年十一月八日抵香港，十二月二十七日入北京。到了抗日戰爭時，一九四二年七月，中國政府正式宣布和教廷通使，派遣謝壽康爲第一任公使，教廷於一九四五年七月六日改駐華宗座代表署爲駐華公使館，派黎培里爲第一任公使。後因中共驅逐黎公使出境，教廷使館遂遷來台北，一九六六年聖誕節前夕，教廷升駐台北公使館爲大使館。中國駐教廷公使館在一九六一年六月升格爲大使館。目前爲中華民國駐歐洲的唯一使館，有駐教廷大使。我國社會人士就已經不稱天主教爲帝國主義走狗了。

七、中國哲學天主教化天主教中國化

在學術方面，民國初年，馬相柏和英欽之上書教宗，要請設立天主教大學，剛恆毅到中國後，協助美國本篤會士創立輔仁大學，耶穌會在上海設立了震旦大學，又在天津設立了津沽大學。剛恆毅代表改革了中國修院教育，又派遣修生赴羅馬傳信大學留學，教宗庇護十一世和教宗保祿六世屢次聲明輔仁大學有引起天主教教義進入中國文化的使命。三十五年前輔仁大學和震旦大學、津沽大學聯合在臺復校，命名爲輔仁大學，于斌校長即以哲學研究所作復校的第一所課系，成立碩士班和博士班。最近在大陸出版的「近期臺灣哲學」一書，第四章近期臺灣經院儒家哲學，第一節當代天主教儒學，第二節當代天主教儒學的重要代表，開創者羅光，第四節當代天主教儒學的思想淵源，遠承托馬斯主義，近承利瑪竇等人的主張。今年在台灣出版的《二十世紀的中國哲學》，講述二十世紀的中國哲學的十四位代表，康有爲、孫中山、嚴復、胡適、梁漱溟、熊十力、毛澤東、馮友蘭、金岳霖、方東美、賀麟、唐君毅、牟宗三、羅光。對羅光的論說：「他是要以天主教的宗教哲學結合中國傳統的哲學以建立他的系統哲學。他的系統哲學有使中國哲學天主教化，或天主教中國化（本土化）的趨向。此爲天主教（基督教）傳到中國以來似未曾有的事，亦爲近代中國哲學所未曾有的表現，而爲中國哲學尤其是儒學提出了一新的發展路向。他自稱其系統哲學爲生命哲學。」

我結束這篇論文報告時，我的希望和懇求天主的，是我們的主教和會長，好心培植幾位研究哲學的神父，在士林哲學和中國哲學的融會工作上，繼續已經開啓的路，努力邁進。

懷念當代二賢者——俞大維、鄭爲元

俞資政智慧高、學識富、胸懷廣、人格全。每次看他都是聽他高論；鄭資政性情內向，沉默寡言，簡樸誠實，穩重有禮。我同他們兩交情如水，平淡而久，既無利害往來，也無人情牽拉……。

孔子曾經說：「益者三友；友直，友諒，友多聞，益矣；友便辟，友善柔，友便佞，損矣。」孟子曾經講交友之道：「不挾長，不挾貴，不挾兄弟而交，友也，友其德也，不可以有挾也。……用下敬上，謂之貴貴，用上敬下，謂之尊賢，貴貴尊賢，其義一也。」

本年幾乎每星期都接到訃聞，神父修女接二連三地去世，在去世的神父中，有幾位和我多年交往，如滿濟世神父、畢納清神父、王任光神父。另外我失去兩位社會上的好友，七月八日俞大維資政逝世，八月三日鄭爲元資政逝世，我心情很沉重，內心又很慚愧，沒有能夠以基督的信仰影響兩位生命終結的情緒。

我和俞大維資政交往，已經二十年了。當他的長子和蔣經國總統的女兒在美國以天主教儀式結婚時，美國行婚禮的本堂主任司鐸來信向我索取俞資政長子出生的資料，我那時任臺北總主教，通電話向俞府索取，俞資政接電話，嫌美國神父囉嗦。我便去俞府，當面向資政解釋。我倆見面，大談哲學，而且談歐洲中古哲學。俞資政興趣很高，約我以後再去談。從此，我倆就一個月或再個月見面一次，每次談三刻鐘或一小時，三分之一的時間是我聽資政講話以得教益。資政是有名的退休部長，品德學術，深受國人尊敬，年長我十五歲，但他和我談話，自由坦白，滿臉笑容，一口湖南腔，談到得意時，就用右手腕觸我，喊叫護士小姐找書來對證。我在他家五個房間裏坐談過，五個房間滿堆著書，連狹小的臥房，書堆著不好走路。

俞資政很敬佩聖多瑪斯。也看重士林哲學，談話時，源源本本講述中古哲學的思想，指出特點。對康德和黑格爾，講的很少，對於笛克兒有時提到。他約我常去談，因爲只有我讀過士林哲學又通拉丁文，才可以談一談中古哲學。

俞資政很看重河北獻縣耶穌會出版的法文書籍，另外魏克（Wieger）神父所寫的中國宗教和哲學思想書，他催我在臺灣翻印出版。我每次出版一書，必送他一冊，他說你寫的太專門，普通人不能讀，大陸現在出版平民化的哲學書，你寫一本平民化的中國哲學史罷，大陸出版的書，他有許多，也借給我看，有時送我一冊。

俞資政最佩服天主教當前三位偉人：當今教宗若望保祿二世，波蘭現總統華肋斯，德肋撒修女。當年德肋撒修女來臺北，他和蔣經國總統通電話，請他接見她，給她一個勳章。我後來告訴他總統接見的情形，他卻說，總統府的人真差勁，總統不授勳，卻要內政部給一個獎章，人家得了諾貝爾獎，那在乎內政部的獎章。他又常說共產黨打不倒天主教，天主教是精神體，用槍砲牢獄打不到，也曾經對我說：病重時，請你來；意思是給他授洗禮。後來再不提了，去年底，他聲明拜觀音菩薩，今年我第一次去看他，他解釋說：浙江普陀拜觀音，他小時候在家就拜觀音，現在老了，又回到小的時候了。今年第三次去看他，正是他進病院那一天，我沒有去。他進醫院第二天，我到病房向他說明前一天要同故宮博物院秦孝儀院長來談紀念曾國藩逝世兩甲子事，他說你下次來談。但是已經沒有下次了，他就離開棄世。

鄭爲元資政和我相識已經四十年了。中日戰爭後，他任我國駐義大利大使館武官，我們常見面，也常見他的家人。義大利和我國絕交後，他回到臺灣。民國五十年我來臺灣任臺南主教，他那時在左營任陸戰隊司令官，來臺南看我，約我到左營檢閱陸戰隊表演，參加他們的酒會。民國五十六年，我調任臺北總主教，十二年後調任輔仁大學校長，每年元旦日，他必定到我牧廬，給我賀生，從來不缺。今年元旦他沒有來，祇送了蛋糕，我有點奇怪，不知道他病了。後來我到榮民總醫院看他三次，送他一冊吳經熊翻譯的新經全集，一幅小型精緻的聖母像，他合掌歡喜地接受。最後一次去看他，他不在病房，護士說坐輪椅散步去了，他以爲病勢該是好轉了，不料一星期後就去世了。

兩位好友，都是「友其德也」。俞資政智慧高、學識富、胸懷廣、人格全。每次看他都是聽他高論。鄭資政性情內向，沉默寡言，簡樸誠實，穩重有禮。我同他們兩位交情如水，平淡而久，既無利害往來，也無人情牽拉，在政治界真難得有這兩位不似政治人物的好友，互相尊重，在學術和品德上得收助益。

生命哲學學術會議開幕演講詞

——生命哲學

一、儒家生命哲學

中國儒家的形上學，無論儒釋道，都以宇宙爲一整體，爲一個實有。形上學便以宇宙整體爲研究對象，研究的出發點，不是從宇宙整體的本性去研究，而是從宇宙整體的「在」去研究。宇宙整體在存在方面是動，是變易。儒家《易經》以「太極是生兩儀，兩儀生四象，四象生八卦」（繫辭上　第十一章）道家的《道德經》以「道生一，一生二，二生三，三生萬物」。（道德經　第四十二章）佛家的天台宗講性染緣起論，華嚴宗講性起緣起論，以萬法生從真如。三家形上學所有的本體，都是變易的本體。都有「生生」的變易，《易經》乃說：「生生之謂易」。（繫辭上　第五章）

《易經》以宇宙的變易，由陰陽而成，陰陽的變易繼續不停，「一陰一陽之謂道，繼之者善也，成之者性也。」（繫辭上　第五章）陰陽的繼續，成循環的圓圖形。陰陽的變易，互相結合，合於時合於地，常有中正的調協，以便於萬物的化生。實際上，宇宙的變易，由一年四季而表現，春夏秋冬各有陰陽的適當結合，能有風調雨順，五穀乃能生長。

萬物在宇宙以內，各自獨立，有自己的體和用，萬物也都由陰陽而成，陰陽在物體內繼續運動，繼續變易，造成物體的內在動，使物體的體用繼續發展，儒家常講「盡性」，即盡量發展自己的性；因爲「性不是一成而固定的，而是隨時發展」。王船山以「性曰生，而命曰降」，物性因陰陽相結合而生，陰陽的結合繼續不停，性便繼續在生，繼續生而性的本質不變，人常是人，那是因爲有同一的天命。性的本質不變，性卻要繼續發展自己的本質，所謂「性」，不是抽象觀念的性。而是在實體內的具體實際的性。因此，儒家稱陰陽的變易爲生命的變，因爲是內在的變，是發展自己本性的變。

整體的宇宙爲一個生命體，每個物體又是一個生命體。整體宇宙爲一個生命體，整體宇宙爲一個生命；每一個物體爲一個生命，每個物體爲整體宇宙的一部份，每個物體的生命也是整體宇宙的生命的一部份。萬物結成一個宇宙，萬物的生命結成宇宙的一個生命。萬物的生命乃彼此相連，互相貫通，利害相共。

儒家的哲學思想從《易經》到隋朝理學家，爲一系統的生命哲學。朱熹以宇宙爲一理，萬物則分得這「一理」，萬物的分得，由氣的清濁而決定。「一理」爲生命之理，各物所得生命之理，因所稟氣的清濁程度，高低不同。人得生命之理之全，人的生命乃最高最完全。

儒家既以宇宙的生命爲形上學的對象，在形下的哲學裡，便講實際人生之道，專談倫理道德，形成儒家哲學的特色。儒家倫理哲學以生命之仁一一貫之道，以贊天地之化育，爲人生的至善。《中庸》第二十二章總括了儒家人生之道：「唯天下至誠，爲能盡其性。能盡其性，則能盡人之性；能盡人之性，則能盡物之性；能盡物之性，則可以贊天地之化育；可以贊天地之化育，則可以與天地參矣。」

二、自然科學的解釋

我們正在紀念生辰百週年的胡適，不是唯物主義者，他卻說：「根據於新的物理化學的知識，叫人知道物質不是死的，是活的；不是靜的，是動的。」㈠

海森伯在《物理學與哲學》說：「質量和能量本質上是相同的概念，所以我們可以說，所有基本粒子都由能量組成。㈡「能量轉換成爲物質，使基本粒子的碎片，仍然能夠是同樣的基本粒子。」㈢「基本粒子的確不是永恆的，不可毀滅的物質單位，它們實際上可以互相轉化。事實上，如果兩個這樣的粒子以很高的動能在空間中運動，並且互相碰撞，那麼，從有效的能量可以產生許多新的基本粒子，而原來的兩個粒子可以在碰撞中消失。「在現在量子論中，無疑地，基本粒子最後也還是數學形式，但具有更爲複雜的性質。㈣「對於原子物理學家，「物自體」最終是一個數學結構。但是這個數學結構，是間接地從經驗推算出來的。」㈤

現在物理學講論物體的自體，講論物體的基本粒子，都由能量去講，以能量的計算數字去代表。能量是由實驗去測，爲物體的用，體不可知，便以用代體，體用合一。原子爆炸的能量，不是由質量轉變而來，是由爆炸的靜電斥力而來。基本粒子碰撞時，則由能量而產生新的粒子，是由能量轉化爲質量。因此說質量和能量兩觀念，本質上相同。能量是「力」，物理學以整個物質世界是動，每件物體自身也是動。

海森伯又說：「當相對論剛剛建立時，質量和能量等價性，這個假設似乎是物理學中的徹底革命。在現在，我們從許多實驗中，看到基本粒子能夠怎樣從動能產生。」㈥

「宇宙大霹靂時所發出的物質和能量，經過不知多少時間，這段時間當中，宇宙是無形無狀的……到處是一片無法穿透的漆黑。虛無中有氫原子，到處都有稠密的氣體聚集物在成長，而物質所聚結的球體也逐漸緊縮，一氫氣的『雨滴』比太陽還大。而在這些氣體球體中，最先孕育了潛伏於物質中的核火，於是第一代恆星出世了，使宇宙充滿了光。……巨大的恆星很快用盡了核子燃料，由於巨大爆炸的震動，它們也把部份的物質還原到曾一度壓縮的藻氣體中，在恆星之間黑暗的雲層間，由許多元素所組成的『雨滴』逐漸形成，於是恆星的第二代出生了。附近的『雨滴』長大，但是面積不夠大，無法點燃核子火，就漸漸形成行星。在這些行星中，有一個由石頭和鐵所構成，就是早期的地球。地球逐漸凝結，溫暖。於是釋放沼氣，阿摩尼亞，水和被困在地球中的氫氣，而形成原始的大氣層和最早的海洋……有一天，一個分子很意外去『製造』出一個和它相同的分子。後來出現更多能複製精確個體的分子。……在毫不被察覺情況下，生命終於開始了。……（植物、動物、人逐漸出現）……這些便是氫原子經歷一百五十億年的宇宙演化後的成果。」(七)

我不懂物理學和天文學，所以抄寫了幾段科學者的話，以顯示宇宙的演化，是一種內在力的繼續動，由動力而生物質，即是由能量而生質量，基本粒子由「動能」產生，漸漸形成各種物質。宇宙整體是「力」。

三、生命的意義

宇宙由「力」而演化，產生萬物，中國哲學稱天地的大德曰生，宇宙變化不停，宇宙的「力」形成一道生命的洪流。然而宇宙的演化，並不能如同胡適在我上面所引的那篇文章裡所說：「根據於一切科學，叫人知道宇宙及其中萬物的運形變遷皆是自然的。——自己如此的——正用不著什麼超自然的主宰或造物者。」(八)

一切科學都沒有證明宇宙和萬物的演變，用不著造物主。宇宙和萬物的演變當然是自然的，有自然的規律。然而規律從那裡來？宇宙演化的「力」從那裡來？科學祇告訴我們人知道宇宙有自然律，有演化力，但是並沒有證明是宇宙自生自有的。按照哲學理論去推求，宇宙是物質，不能自生自有本身的自然律和演化力，必然是從超於自然的造物主而來，因此宇宙生命哲學，必定要講造物主，造物主以創造力創造宇宙，給予宇宙一個創生力。

造物主天主爲絕對的精神體，全能、全知、全美、全善。全善的天主，本性就以所有美善向外溢，以自己的全能，使外溢的美善成爲宇宙。天主美善的外溢就是創造。創造由全能而成，創造乃是創造力。

創造力所造的宇宙，爲一活動體，含有無限的質量和能量，稱爲創生力。

這種創生力，稱爲力，因爲所表現的常是動力，常是變易，常是變化，但是它有自己的本體。這個本體是個變的本體，好像老子所說的「道」，也像張載所說的「太虛」，以極大的動力在動。

創生力本體內，含有無限的質量，又有變動之理。創生力按理而動，化生物體。物體的化生，有化生之理，依照程序而進。這種化生之理，就是自然法，乃造物主所定。創生力按自然法而動，逐漸化生各類物體，由低級到高級，最後化生了人類。

創生力的化生，藉著造物主的創造力而動。創造力是創生力的根源，創生力必定要和創造力相結合，才能動。造物主創造宇宙，不是一次創造了就定了，而是繼續創造，就是祂的創造力繼續在發動創生力，創生力繼續化生萬物，創生力化生萬物，即是使本身所含的質和理相結合，如同爲活所說，一陰一陽繼續變易，變而成物性，化生萬物。創生力本身所含的質和理，都由造物主的創造力所造，不是每個物體化生時，臨時造質造理，而是造物主把一切物體之質和理都在造物之始，就造在創生力的本體內。創生力繼續動，在動時，化生適合生存的物體。宇宙的演變，所以是進化的，進化是自然的，自然的來源來自造物主。

造物主天主，超出宇宙以上，沒有時間空間，常是現在。創造宇宙，從造物主天主方面說，是現在的，沒有時空的繼續或延伸，可以說是一次創造；從所造的宇宙說，則是繼續的；因爲所造的宇宙，是變的宇宙，是創造力，繼續變動，化生萬物。創生力的變動是藉創造力而有力而有動，創造力常在，造物主便繼續創造。

創生力的變動爲物體內在的變動，在宇宙內又在萬物內，中國哲學稱這變動爲生命，我採納這個哲學傳統，以形上學的研究對象，爲有生命的存在。生命爲內在的動，發展物體的存在。

生命的內在動，是從「能」而到「成」的「行」。宇宙內的物體都不是自有的絕對體，是由絕對自有體而得到「存有」。既不是自有的絕對體，雖然得到了「存有」，並不能一次得到了就常存在。好比一盞電燈，開了電流就有光，燈光要常有電流才能繼續發亮。相對的自他有的「存有」，要時時刻刻自他體得到「存有」。聖多瑪斯稱天主照顧宇宙，使萬物繼續存在，爲繼續的創造，所以它的「存有」，是常從「能」而到「成」。可是繼續由「能」到「成」是一種動，稱爲「行」，「行」的本體究竟是什麼？

「行」的本體就是「成」，由能到成而有的「存有」。「存有」是本體，在理論上不變，在實際上常在變動，西洋當代哲學討論「我」的同一性（Identity ），必須認定本體不變變者為附體；在實際上，「我」常在變，「我」由本體和附體合成一體，本體也在變，然而本體常是同一的，因為我的本性常是同一的。這是我們人在認識方面的情況，我們的理智，一切都用觀念，觀念則從感官印象而攝出，常受時空所限制，而且也脫不了物質性，所以，祇能看到「用」，而不能看到「體」，常以「用」代表體。因此，我們對於不停而常動的物體，沒有辦法可以講；因為我們所有的觀念是一個一個的，是靜止的，連合起來可以代表動，但不能代表本體。例如電影電視的底片，是一張一張的影片，是靜止的，連起來，表映動的事蹟，觀象所看見的動的影片，事情的本體是什麼，不能看到。我所說的影片和所成的動，便是事情本體。

精神體認識由直見（Intuition），直見本體，不用觀念，則可以認識常動的本體。人的靈魂在身後永生中，乃能欣賞全美善的天主。

四、生命的發展

萬物的生命，以人的生命為最高，為最完美。人的生命的動，都是為發展生命。

人發展生理方面的生命，一切自然進展。

人發展感覺方面的生命，增多感覺印象。累積感覺的經驗，供給理智更多的資料。

人的生命特別是理智的生命，由感覺印象構造觀念，由觀念進行推論，由推論建立系統，由系統而成立思想。理智的發展，沒有止境，由宇宙而升到超宇宙的造物主天主，人的理不能直接認識絕對的精神體，天主自己乃啓示人，擴充人的信仰世界。

人的生命不是孤獨的，也不能孤獨，人乃有情感的生命。人一出生，就和父母相連，由父母和親人相連，組成一個家庭。情感的生命，在家庭中發展。

由家庭到社會，到國家，人和人在生命上彼此相連，彼此相關，須要彼此互助，生命才可以繼續發展。

由社會擴充到自然界，人的生命和動物植物礦物都相連繫，彼此利害相通。目前，全球全國都在實行環境保護，避免污染，禁止濫殺生物，充份顯示人的生命和自然界的關係非常密切。宇宙的生命是合一的，由同一的創生力運轉，創生力在一處受阻，必定反應到另一處。孟子所以說自己有浩然之氣，自己親親，仁民，愛物。儒家以聖人贊天地之化育，朱熹說人得天地好生之心以爲心，天主教則相信宇宙都是造物主所造，人應該對萬物有愛人。

人的情感生命因著信仰而升高而擴展，升到造物主天主，擴展到信仰世界。中國儒家主張人的生命應升到天人合一，道家主張應冥合於道，與天地而長終。佛教則主張和絕對的真如相合，入涅槃而成佛。我們的生命來自造物主天主，要回到天主；因爲不然，或者要歸於烏有，或者要永遠在變。人的靈魂和復活後的肉體亦相結合，回到天主以內，便因天主而由存在，永不再變。天主的生命永遠活，但不變，沒有從「能」到「成」，而是永遠的「一成」。人永生在天主內，也常不變而爲「一成」，生命達到完成。

在現在科學的時代，生命更受重視，社會國家的一切設施，都爲發展人的生命。現代講生命哲學，使儒家的哲學適合時代。而且生命哲學是成全的哲學，不僅將全部哲學連成一系統，也講到哲學的各方面。西洋哲學過於講論智識「奇奇怪怪的思想不斷出現。」標出各種主義，但不講生命哲學，因爲智識不能代表人的整體生命。中國哲學偏於實際，注重在情感，忽略了理論的分析，雖然講生命哲學，又過於籠統，將兩者相結合，求出《中庸》之道，講論整體的生命，才是哲學的合理途徑。

註：

㈠ 胡適　科學與人生觀命　科學與人生觀（一）　頁二十七—三十七　問學出版社。

㈡ 海森柏　物理學與哲學。

(三) 同上，頁三十九。

(四) 同上，頁三十七。

(五) 同上，頁五十四。

(六) 同上，頁七十七。

(七) 宇宙的奧妙　卡爾根著　蘇義儂譯　桂冠圖書公司　頁三百八十。

(八) 胡適　科學與人生觀序　見科學與人生觀　頁二十五。

蔣復璁先生的哲學與宗教思想

（蔣復璁先生九四冥誕紀念學術講演會講演）

蔣慰堂院長去世已一年，他的音容常留在我眼前。當他任故宮博物院院長時，我常去找他談話，他卸任以後，他常到我天母牧廬找我談話。我敬他是前輩，他敬我是主教。但是談話彼此都很直爽，他性急性直，我也是性急性直，互相交談很投契。

慰堂院長對中國四書五經，研究深刻，對於天主信仰，領悟虔誠，他寫文章、作演講；屢屢把兩者放在一起，由四書五經去領悟天主教信仰，互相貫通，且相融會。因此，我今天來講他的哲學和宗教思想，就從這方面講。

一、思想大綱

慰堂院長於一九三〇年赴德留學，在留學時間，他觀察歐洲的藝術，研究歐洲的歷史，處處離不開天主教。他自己說:「我在歐洲觀察的結果,引起了我對天主教會的注意。㈠回國以後,漸漸和天主教人士接觸,在民國四十一年十月三日領受洗禮入教,五年以後,他寫了一長篇的感想:

「我是一個中國人,當然葆愛我們國史上大一統的觀念及儒家修齊治平之道。但曠觀全世界,眞能作到『大道之行也,天下為公』及歷史的悠久,組織的完整統一,除了羅瑪公教會(天主教會)再無其他組織。因為它是從吾主耶穌創立以來,兩千年來,歷久彌新的。因為天主教歷史之久,所以保存了舊的傳統,舊的制度,其儀式的文節之美,與中國的禮樂,彷彿相同,聲音之盛,與宮室之富,相互配合,眞是黼黻文章,滿足了我精神的快感。」㈡

然而宗教信仰不祇是爲滿足快感,而是爲提昇精神生活。慰堂院長馬上就接著說:「我們知道,公教(天主教)的儀式,雖有藝術的成份,但並不是藝術,它雖能聖善地滿足人的感覺性,然而它並不是玩藝及戲劇。公教的儀式是信經對於自己的主宰應當表示的一種欽崇的敬禮,發抒其向天主的愛慕,朝拜感謝、祈求,以及其他基本善情。」㈢

敬拜天主，必須有至誠的心，這和中國經書中所說的敬拜神靈的心情相同。慰堂院長引用《漢書・郊祀志》的話說：「民之精爽不貳，齊肅聰明者，神或降之」又引《論語》《中庸》的話，解釋誠的意義，然後說出自己的經驗：「我從生活中體會到有『洋洋乎如在其上，如在其左右』的天主」(四)

慰堂院長在這篇文章的後一段，論中國歷代思想變遷，漢代雖以儒家爲尊，實際則用道家和法家的思想。後來各朝代，「皆以儒爲外表，另有爲主裡者」(五)裡，就是道家、佛教和法家。歷代的儒家祇是《周禮》所說：「保氏教國子以六藝。」；師，則是傳道 教民。他乃說：

「故吾人今日如以儒家學說為儒說，而以公教教義為師說，亦未嘗不可。孔子固然萬世師表，儒者所宗，但刪訂六經，實以言教，這是以六藝教民；耶穌是聖子，是聖言，是天主，自傳道以至釘十字架為民贖罪，以行其教，這是以德教民。」(六)

經過這種研究，他接受了天主教義，他說：「故吾的信公教，可說是我思想一個徹底的了解，也是一個中國人的徹底了解。」(七)

二、天道

慰堂院長所說的中國人，是了解中國文化，明瞭四書五經的思想的人。他思想的徹底的了解，便是從四書五經去了解天主教。他寫了一篇「中國古籍中的天主教思想」，從古籍中去找和天主教教義、倫理、禮儀相合的思想。古籍中最重要的思想是「天」，天造宇宙萬物，立定法則，人的生活應法天，以達到天人合一。慰堂院長引《易經》乾卦的文言：「夫大人者，與天地合其德。」爲達到天人合一的路途，爲《中庸》的「誠」：「唯天下之至誠，爲能盡其性。」從天主教教義來說，「天主是無始而自有的。易經裡的太極與老子裡的道，都是無始而自有的。……太極就是太一，太一就是北辰，北辰就是北極。北辰是神，太一也是神名，這個天地萬物的基源，最高的一神最無始而自有的，所以周敦頤於太極圖說中說：『無極而太極』，他又說：『太極本無極也。』這就是說太極是極，再無極之可言。照天主無始而自有來解說，非常合適。」(八)他又引六朝吳草廬的話，解釋太極爲道，爲天地萬物的最高之道，然後又歸到道子的道。

「總之先天地生的天主，一切萬物都由此出。若望福音說：「耶穌曰：予即途也，真諦也，生命也。」天主是萬善之源，所以他是道路，真理，生命。如用吾國古籍的名稱，就是

「天道」、「天理」與「天命」。程明道與吳宗廬都是這樣的看法。」（註九）

孔子按《論語》所記載的，不談生和天道，慰堂院長引阮元性命古訓說：「按史記世家，作『夫子之言天道與性命，不可得而聞』。所以與今論語不同者，非所見本有異，此乃太史公傳真孔安國之學以說論語，加一命字，更顯明也。此性字連命字為言，更可性命即關乎天道」。(十)慰堂院長認為孔子並不是不談性命和天道，祇是弟子們有的聽到有的沒有聽到。他不用程明道的話：(十一)

程明道說的好：「性與天道，非自得之則不知。故曰：不可得而聞。」宋儒為補孔子所少說，於是宋代理學家所說，無非性命與天道，然皆演釋孔子所說，據見於《論語》者，皆與天主教教理相合。

在古籍中，慰堂院長很注重《禮記》和《周禮》。因為這兩本書，記述古代中國人生活的禮儀，表演「法天」的規則，追求天人合一的精神。

> 「禮有登降之節，嚴具等次，克己復禮，別以為異，謙以相敬。而敬以致誠，誠以合天，這就是禮記所謂「合敬同愛」；所以禮重於天。天主教的聖事，也以彌撒獻祭為重要，因為信徒接受聖體——超性生命的神糧，而與基督相結合。」(十二)

聖人制禮，禮本於天，聖人按照天理制禮，「這就是說禮出於天，聖人制禮是仰法天降的教命，就是法天。換言之，即是說：一切教儀，都是取法天主的誡命而定的。禮對人爲養，換言之，聖事就是給人聖寵。這是順人情與達天道的要徑，也就是天人結合的方法。」㈠

儒家注重天道循環，《易經》很看重復卦。漢朝儒者把陰陽五行和鬼神相混，以太極爲太一，太一爲神靈。慰堂院長卻欣賞漢朝儒者的思想，以漢儒所說禮使一切復歸太一，講天主教的靈魂復生。天主教信人死後靈魂存在，身體腐化，但最後身體也要復活。不過他也說：「儒家的復，只要向本身求之。天主教的復，是托基督復活之偉功，就是救贖之功，這與儒家的復不同。」㈣

在倫理方面，儒家的復，成爲孝道，孝使子女逾歸父母，父母是子女生命之本。天主教信人是天主的子女，人孝敬天主，就是孝。

「中國以孝為德之本，因孝親而敬其遺體（子女的身體，爲父母的遺體），不敢有所毀傷。天主教認人是天主的肖像，孝於天父，要克肖其像，以孝敬來結合天父，也是以孝為本。」㈤

慰堂院長熟於古書，檢出許多與天主教信仰相同之處，「從上面看起來，中國古籍中的天主教思想，其豐富瀰漫，竟是舉不勝舉。」㈥但是他就「天人合一」的一點，特別加以講述，他說中國文化以天人合一爲特質，天人合一有三點：人法天以合天，使天人合一；人秉天賦之性，天人本是合一；天人合一，是心物一體的根源，他就這三點，加以說明：

「我們了解中國的文化是天人合一的文化，以天為法，所以要知天。人秉賦自天，所以要盡己之性，盡性要誠，做的要盡善盡美。人性皆善所以要知人，要盡人之性……盡人之性要「仁」，做好人與人相處之道。天人合一，就是心物合一，所以要知物，要盡物之性，就是開物成務……中國形上學思想，是認為人與社會的生命是相通的，人的和諧與自然的和諧也是相通的。」㈦

「人和宇宙相通，在天主教的信仰裡，非常明顯，宇宙萬物和人，都是天主所造，一切都是天主的愛的表現，人對天主應孝愛，對於人應愛人如己，對於物也愛為天主的造物，慰堂院長引先總統　蔣公所說：『心即天，心即理，循環而行，即是天人合一，這在宗教方面，聖經所說耶穌是眞理、

生命、道路，人要循此三端以達父所，同一意義。』」(十八)

他又說：「西洋宗教之字義，本爲天主與人之連結，與吾國光哲之『天人合一』之義，適相符合。儒家於天之觀念，概略言之，則爲：『本天』、『信天』、『達天』、『復天』『合天』。其所循經，則由『本天』而『信天』，或爲『下學而上達』以『達天』，或爲『克己復禮，以復天』，其最後目的，皆爲『天人合一』之『合天』，宋儒衍述，雖有異趣，無礙大本。」(十九)在這種意義下，儒家的天人合一思想和天主教的天人合一，皆與溝通。

「天人合一」的實踐途徑，是「仁」。孔子的一貫之道，應該就是「仁」；天主教的「天人合一」也就是仁愛。慰堂院長說：

「天主教用愛來結合天主，儒家固然用誠來上達天道，但是孔子所謂『吾道一以貫之』不外乎仁，『樊遲問仁，子曰愛人。』仁作愛解，最為確當。如以忠恕來解釋一貫，則朱熹說：『盡己之謂忠，推己之謂恕。』忠是積極的愛，恕是消極的愛，不仍是仁嗎？與耶穌愛人如己，完全相合。」(廿)

孔子、孟子、宋朝理學家，都以「仁」爲人心所固有，仁爲愛，愛以孝爲首，所以中國以孝爭天，也是以愛合天。㈡

三、知行合一

慰堂院長對天主的信仰，不僅在學術方面致力研究，從中國古籍裡尋常相同之點，而是實踐上，以虔誠的心情，度宗教生活，爲一虔誠的天主教教友。他曾寫了一篇「聖經與忠孝」，說明天主教的宗教生活，就是儒家的忠孝。儒家的忠孝不是講道理，而是講實行，忠是全心愛國，孝是盡心愛父母。

「儒家的人生哲學是倫理的人生哲學，一切有關的個人都有與人交互的關係，不出五種倫理的情誼，不外乎愛。例如：父慈，子孝，君仁，臣忠，所謂慈、孝、仁、忠，都作愛解，倫理是以愛來交互關係的；但是愛各有不同……中國文字複雜，分別用各字來表達不同的愛。西洋文字簡單，統稱為愛。但在基本上，中國倫理的愛與聖經的愛，並無不同。

」㊂

這種「愛」爲生活的具體活動，是實際的動作，在天主教會裡，耶穌基督爲信徒的模範，耶穌基督實行忠孝，徹底實行。

「耶穌基督，雖以聖父為父，經生孝愛，這是由孝而忠。祂對聖母，也常加孝敬……他服從聖母而行第一個聖蹟，變水為酒，也是無違，雖然他自己說，顯靈的時間未到。祂被釘在十字架的時候，臨終將聖母托給愛徒若望，這是能養。」㊂

在中國人中，慰堂院長所最崇拜的人，是先總統　蔣公。他因爲建造故宮博物院，曾多次親受　蔣公的指教，深深地崇敬　蔣公的精神，在「聖經與忠孝」一篇文章的結尾，他舉出，蔣公的報國思親，然後結論說：

「這是總統　蔣公的大孝，凡吾國人，尤應切記。而總統　蔣公又是基督徒，他信道之篤，亦吾國人所同仰，吾們要體總統　蔣公之心為心，孝敬父母，忠愛國家，而崇信基督的更虔誠奉教，效法總統　蔣公每日虔誦聖經作靈修之生活。」㈣

慰堂院長的一生，也祇有兩個重心：一是國，一是教。他為國家，終生在圖書館和博物院服務，他的服務，不是安定坐在辦公室批閱公文，而是遷運書籍和國寶，建造圖書館和博物院，替國家保存了中華民族文化的珍貴文物。他信奉天主教，也不是自己靜心祈禱，而是口講多寫，宣揚教義，誠心勸人信仰基督。他在民國四十一年受洗進教，在民國七十二年他寫了一篇〈領洗三十一週年感言〉，簡略述說了在台灣建立中央圖書館和故宮博物院的經過，對於建造中央圖書館，開始時，「圖書共有十四萬冊，人員只有從南京來的五六人，經費每月一萬元……我抱定宗旨，與過去一樣再事苦幹。但是我的心情則與過去不同。……現在我是天主教徒，我有天主可以依靠，我可以向祂祈禱。從四十九年起到五十三年……最困難的時候，只有每天看天亮，立刻起身到堂裡去望彌撒，向天主祈禱，一草一木是天主假我手造的。……我辦故宮博物院，與中央圖書館是大大不同，一則規模大，經費多、人員多，幫忙也多，尤其是　先總統與夫人常來巡視，隨時獲蒙訓示……我為什麼交這麼一步好運，這當然是天主的恩典，我除感激　先總統外，我天天於彌撒中向天主感

謝。」㈤

慰堂院長確實是位知行合一的學者和信徒。我和他來往很久，深深知道他生活的精神，今天我作這篇簡短的講演爲紀念他逝世的週年，這是我應該做的一件事，同時我也爲做他行了一分追思彌撒，祈求天主賞賜他早日享受永生的安樂。

註：

㈠ 蔣復璁 訴信 珍帚齋文集 卷四 頁四 台灣商務印書館。
㈡ 同上。
㈢ 同上。
㈣ 同上，頁五。
㈤ 同上，頁八。
㈥ 同上，頁十。
㈦ 同上，頁十一。
㈧ 蔣復璁 中國古籍中的天主教思想 珍帚齋文集 卷四 頁五七—五八。
㈨ 同上，頁五九。

(十) 同上，頁六七。
(十一) 同上，頁六九。
(十二) 同上，頁七三。
(十三) 同上，頁七四。
(十四) 同上，頁七五。
(十五) 同上，頁七六。
(十六) 同上，頁七六。
(十七) 蔣復璁　中華文化復興　珍帚齋文集　卷四　頁九八。
(十八) 同上，頁九八。
(十九) 蔣復璁　天主教與儒家天人合一比較觀序　珍帚齋文集　卷四　頁三五。
(二十) 同(八)　頁五六。
(二十一) 同上。
(二十二) 蔣復璁　聖經與忠孝　珍帚齋文集　卷四　頁一六七。
(二十三) 同上，頁一七七。
(二十四) 同上，頁一七八。
(二十五) 同上，頁一六一—一六二。

王船山思想的體系

一、

本年六月三日到六日，文化建設委員會，在故宮博物院，舉辦王船山學術研討會。由中國哲學會、故宮博物院與輔仁大學聯合承辦，教育部和力霸公司協辦。

去年十一月，大陸學人在湖南衡陽舉行了王船山逝世三百週年國際學術研討會，一百多位學人參加。衡陽是王船山的故鄉；他生在衡陽，住在衡陽，葬在衡陽。但是他不是因爲考試落弟，布衣修身。他一生辭官不做，埋身草莽，反對滿清外族入主中國，去世以前，自題墓石說：

「抱劉越石之孤憤　而命無所從，
希張橫渠之正學　而力不能企。」

王船山的墓在衡陽金蘭鄉大羅山，墓碑刻「明徵仕郎行人王公姜齋府君之墓。」兩旁有兩幅石刻對聯：「前朝乾淨土，高節大羅山。」「世臣喬木千年樹，南國儒林第一人。」

王船山生於萬曆四十七年（一六一九）己未九月初一日，卒於清康熙三十一年（一六九二）正月初二日，年七十四歲。船山先生，名夫之，字而農，號薑齋。晚年居於湘西左右船山，自稱船山老人，船山老農，學者稱船山先生。年二十四，同長兄介之應湖廣鄉試，都獲中舉。次年，張獻忠陷衡州，捉拿他的父親作人質，逼他投誠。船山自己刺傷全身，叫人抬著往見，乃得脫免，走匿雙峰嶺下。築室名續夢菴。二十六歲時（一六四四）李自成陷京師，清兵入關，崇禎帝自縊，船山作悲憤詩一百韻，悲憤數天不進食，遷居黑沙潭雙髻峰。後兩年，明福王被劫，船山續寫悲憤詩一百韻。二八歲，明唐王被執，再續悲憤詩一百韻。次年明桂王至武岡州，船山由湘鄉間道奔赴，因陰雨連月，被阻山中，不果往。清兵克衡州，避居蓮花峰，研究《易經》。桂王遷南寧，船山往奔行在，因著父，辭不受官職。三二歲（一六五〇）船山在梧州，就行人司行人介子職，被王化澄陷害，幾死。往桂林，依瞿式耜。八月，母親去世，清兵陷桂林，瞿式耜殉節，船山乃回鄉，浪遊浯溪，郴州，耒陽，晉寧，漣郡，又匿入常寧猺洞，變姓名為猺人。四十歲時（一六五八）徙歸衡陽，居蓮花峰下。後二年，徙居湘西金蘭鄉高節里，造小屋，名曰敗葉居。一六六二年，桂王被執，又續悲憤詩一百韻。遷居船山，築土屋，號觀生居，稍後，在附近二里許，築草屋，曰湘西草堂，作爲定居的屋。一六七八年，吳三桂據衡陽稱帝，迫船山寫勸進表，船山逃入深山，吳三桂卒，兒子吳世璠繼位，世璠敗亡，船山回湘西草堂，繼續授徒，寫書。一六九二年，清康熙三十一年壬申，正月初二，卒葬於高節里大樂山。

船山著作很多，專精於易學，理學，歷史哲學。在各種著作裡，常流露他心中追念明朝，痛恨外族滿人入主中國的憤慨，在《宋論》書中，評宋朝亡於蒙古元人說：「漢唐之亡，皆自亡也，宋亡，則舉黃帝堯舜以來道法相傳之天下而亡之也。……孰令宋之失道若斯其愚邪！天地之氣五百餘年尙必復，周亡而天下一，宋興而割據絕，後有起者，鑒於斯以立國，應有待乎！平其情，公其志，立其義，以奠其維，斯則繼軒轅大禹而允爲天地之有子也夫。」（宋論　卷十五）

船山在《史論》裡，對於華夷的分別很嚴明。「夷狄之與華夏，所生地異，其氣異矣。氣異而習異，習異而所知所行蔑不異矣。……異種者，其質異也；質異而習異，習異而所知所行蔑不異矣。」（讀通鑑論　卷十四　東晉哀帝）

他看夷狄人有如羅瑪人看奴隸，不承認他們享有人權，祇是主人的所有物，可賣可殺。他說：「人與人相於，信義而已矣。信義之施，人與人之相於而已矣，未聞以信義施之虎狼與蜂蠆也。……故曰：夷狄者，殲之不爲不仁，奪之不爲不義，誘之不爲不信，何也？信

義者，人與人相於之道，非以施之夷狄也。」（同上 卷四 漢昭帝）

華夏和夷狄的分別，由於地域不同，氣質互異，船山說：「天以洪鈞一氣，生長萬物，而地限之其域，天氣亦隨之而變，天命亦隨之而殊。中國之形如箕，坤維其膺也，山兩分而迤，北自賀蘭，東垂於碣石，南自岷山，東垂於五嶺，而中爲奧區，爲神皋焉。故裔夷者如衣之裔垂於邊幅，而因山阻漠以自立。……濫而進宅乎神皋焉，非不歆其利也，地之所不宜，天之所不佑，性之所不順，命之所不安；是故拓拔氏遷洛而敗，完顏氏遷蔡而亡。」（讀通鑑論 卷十三 晉成帝）縱使夷狄入主中國，採用夏漢文物制度，必定失本身的民族性而取滅亡。「夷狄而效先王之法，未有不亡者也。……沐猴而冠，爲時大妖，先王之道不可竊，亦嚴矣哉。」（同上 卷十四 晉孝帝）

他在清朝統治之下，不承認清朝的統治權，作《永曆實錄二十六卷》。第一卷開卷大行皇帝紀，記明桂王即位肇慶，改明年爲永曆元年。按年紀事，永曆十六年，吳三桂弒上于雲南及皇后。其他各卷，爲永曆朝的忠臣叛臣立傳。

船山又著《黃書》，說明他的政治理想。《黃書》共七章，第一章原極，「保我族類洋洋之大，脈脈之傳。」第二章古儀，「深仁大計，建民固本，清族類，拒外侮之謀。」第三章宰制，說明我河山氣概，「濯秦愚，刷宋恥」。第四章愼選，「抑浮燥，登德行，立庠序，講正學，厲廉恥。」第五章任官，「公其心，去其危，盡中樞之智力，治軒轅之天下，族類強植，仁勇競命。」第六章大正，「湔惡俗，極民瘵，創業中興。」第七章離合，「地有必爭，天有必順，氣有必養，誼有必正，道有必反，物有必惜，權有必謹，競有必疆」。「亂極而離，離極而又合，合而後聖人作焉。受命定符，握樞表正，以凝保中區之太和。」船山遵循中國歷史哲學的傳統信念，深信將有眞命天子，結束滿清的變亂，恢復華夏的正統。

二、

「南國儒林第一人」，王船山的墓園石刻對聯的這句評語，可謂非常中肯。從中國學術史去看，在詩賦裡，屈原應是南國第一詩人。從儒學去看，宋朝理學家周敦頤和張南軒應是南國名家，但就學術思想的淵博去說，還是明末清初的王船山，應是「南國儒林第一人。」王船山一生沒有做官，祇有短暫幾年在肇慶爲永曆皇供職，一生讀書寫作，著書八十八種，屬於經類二十四種，史類五種，子類十八種，集類四十一種。其中佚失的頗多。長沙嶽麓書社現正出版《船山全書》，共十六冊，收有著作四十九種。

王船山的哲學思想，以《易經》爲根據，再採納張載的思想，加以發揮，成爲他的形上學。《易傳》講宇宙變化的歷程，以「易有太極，太極生兩儀，兩儀生四象，四象生八卦。」宋朝周敦頤採納漢朝易學的思想作太極圖，以太極而無極，太極生陰陽，陰陽生五行，五行生男女，男女生萬物。張載則以太和和太虛，代替周敦頤的太極和無極，太和爲氣的本體，不分陰陽，稱爲太虛。王船山接受張載的太和和太虛，但以氣的本體已分陰陽，衹是隱而不顯。這是王船山的特點，所以在《易經》解釋上，他主張「乾坤並建」，但不是二元，而是一氣的兩類。宇宙內沒有純陽無陰的氣，也沒有純陰無陽的氣，陽中有陰，陰中有陽。動靜爲陰陽的特性，動中有靜，靜中有動。

氣有陰陽，陰陽有動靜，動靜有聚有散，有進有退，變化無窮，化生萬物。氣變化的理，含在氣中。變化的理，爲繼續變化，循環不已。元氣變化生物，物化回歸元氣。氣在化生的物體內，仍繼續變化，王船山倡「命日降性日生」的主張。人在出生時，因天命而成人性。天命的太虛變化之理，規範氣的變化。人性因天命之理而成，人形則由陰陽五行之氣而成，陰陽五行之氣在人內繼續變化，人性也隨著發展，然而一個人的人性的根本則不變，常是同一個人，因爲天命之理不變。

宇宙整體具有天德天道，天德爲體，天道爲用，天體爲精神性，因而宇宙的變化，神妙莫測，化生萬物。變化的本體爲氣，宇宙變化爲一氣的運行。氣運始生時爲機，氣運已成則成勢，勢有盛衰，盛而衰，衰而盛，循環不息。人類社會事事物物也爲一氣的運行，《易傳》以天道地道人道並列，合爲三才，人道和天道地道相通。

人類社會事物的表現，一爲倫理，一爲歷史。人的生命爲倫理善德生命；倫理善德由陰陽五行的氣所凝聚而成，氣凝聚所成的性，繼續發展，乃成倫理善德生活。人的生活便是發展善德，應常誠於自己的人性。《中庸》講誠講中，誠是率性，《中庸》說「率性之爲道」；中爲人性的天生傾向，一切變代常求平衡，不偏不依，不過不及。《易經》的時候常求中正，中正在人便爲《中庸》。

倫理善德生命的內在意義和精神，在於化育生命，化育生命在宇宙爲天地的大德，乃上天好生之心；在人則爲仁。《易經》以仁爲元，爲生命的資始和資生。生命始生以後，有亨利貞。人的善德生命，開始爲仁，然後有義禮智，但是亨利貞不能脫離元，義禮智也不能脫離仁。儒家繼續孔子以仁貫通一切。孔子曾經說，「吾道一以貫之」。

在實際生活上，仁道即是人心之道。人的倫理生活由人心去活動，活動的進行，爲《大學》所說的正心；正心在於守敬，守敬使心常存於正，正即是仁義。王船山生於明末清初的時際，外族入主中國，他認爲亂世，亂世須重嚴肅，他一生持身非常嚴，窮到沒有紙可以寫作，仍一絲不苟。向親友借紙寫書，寫後歸還所借的紙，自己不存原稿。所以他的著作散失，不易收集。這種嚴肅精神，常表現在他的史論中。最顯著的一個例：他最不滿於三蘇的人格，尤其痛斥蘇軾的浪漫生活，責以宋朝黨禍起於三蘇。

史論，爲王船山學術思想的重要部份。中國歷史哲學有《尚書》的天命史觀，有孔子《春秋》的倫理史觀，有《易經》的氣運史觀。王船山的史論著作，有《春秋家說》，《春秋世論》，有《讀通鑑論》，有《宋論》。他接受《尚書》的天命史觀，以君主由上天所選，在《宋論》的第一篇，說明上天選擇君王，第一選有德的人，例如湯王武王；第二選有功的人，例如漢高祖、唐高祖；第三在沒有上面兩類的人的時際，上天選擇將來可以治國的人，這就是宋太祖。天命的思想，不僅在君王的選擇，在國家的大事上，也是歷史的軌範。對史事的評論，絕對遵循春秋的原則，以倫理爲標準，一個人的功過，也以倫理爲準衡。

對於史事的變化，王船山喜歡借用《易經》的氣運思想，使歷史評論別開生面，提出機字勢字，造成了時機時勢的名詞。一樁歷史史跡在將發生還尚未發生的時候，稱爲史事的機。大的政治家有見機的能力，知道防亂於未然。將發生的事爲好事，則助它發生；將發生的事是亂事，則與以阻止。事既發生，成爲時勢，則因時順勢，若違乎時勢，必被滅敗。王船山在《春秋世論》書中說：「太上治時，其次先時，其次因時，最下亟違乎時；亟違乎時，亡之疾矣。」時勢已成，靜待過去。王船山說：「天下之勢，極則變，已變則因。」勢不能持久，久必變。他在《宋論》第七卷說：「極重之勢，其末必輕，輕則反之易，此勢之必然者也。順必然之勢者，理也。」我們可以舉例如蘇聯共黨的勢力，末後很輕，反倒它便是易事。王船山在《春秋家說》書中第一卷說：「大勝不以力，大力不以爭，大爭不以劇，故曰小不忍則亂大謀。」大勝為想整個事局的勝，是人心的勝，不能用戰爭武力去取得，必須持久以道德愛心才能夠收服。這一大原則正可以作我們大陸政策的標準。氣運是宇宙的變化，有天道地道的規律，天道地道為天命，天命以氣運化生萬物，有利於他生，不有害於萬物。人道遵循天道地道，也必有利於人的心靈生命，故人道為仁道，仁道用於人生，仁道運用於歷史。人和萬物相連，萬物和宇宙相連，宇宙萬物連為一體，在天地大化的流行中，生生不息。王船山在張載《正蒙・乾稱篇下》註釋中說：「天下之物，皆天命所流行，太和所屈伸之化，既有形而又各成其陰陽剛柔之體，故一而異。惟其本一，故能合，惟其異，故必復相成而有合。」

宇宙萬物，人世社會，皆一氣所成，彼此相通；各有本體，本體不同，互相融洽，以得和諧；人世社會乃為一祥和社會，宇宙萬物，成為風調雨順，生氣蓬勃的天地。

湯若望在中國教會史與學術史的地位

（歷史與宗教—紀念湯若望四百週年誕辰暨天主教傳華史學國際研討會）

一、行傳

湯若望（Johann Adam Schall von Bell）德國人，於一五九二年五月一日生於可崙城（Koln），家係貴族，父親亨利・得根哈爾得（Heinrich Degenhard），母親瑪利亞・賽發爾得（Maria Scheiffari von Merode）。兄弟三人，他排行第二。幼年入可崙城耶穌會的三王冕中學（Tricoronatum）。一六〇八年，年十六歲，他到羅瑪進入德國學院，預備到羅瑪大學讀哲學神學，獻身終生作教士。一六一一年十月二十一日進入耶穌會，遷居羅瑪耶穌會院內，同時人會的，有約翰・特倫爵（Johann Terentius Schereck），即後來和他同來中國的鄧玉函。一六一六年一月二日，湯若望上書耶穌會總會長，要求派往中國傳教。因爲那時候在中國傳教的金尼閣神父，正在歐洲宣傳中國傳教工作，招收獻身工作的傳教士。一六一七年湯若望神學畢業，晉升神父。十月十八日辦妥旅行手續，起程往葡萄牙，一六一八年四月十六日由金尼閣率領二十二位往中國傳教的教士由里斯本起程往臥亞、十月四日抵達，但在航行旅途中，船上發生瘟疫，五位傳教士喪生。在臥亞等候往中國時，又有兩位病故。一六一九年七月十五日湯若望抵澳門，當時有被沈漼發起教難，被驅逐到澳門的熊三拔，王豐肅，魯德照。一六二二年十月，沈漼被革職，兩年後去世，教難乃能平息。

湯若望於一六二二年隨耶穌會視察員李瑪諾赴杭州，又於十二月五日，隨龍華民赴北京，於一六二三年一月二十五日進京。徐光啓在這時，正在研究天算數學，主張修曆，這一年十月八日月蝕，徐光啓令湯若望作月蝕計算書，到月蝕時，計算時刻非常準確。次年一六二四年九月又將有月蝕，湯若望又作了計算和說明。在上次計算時，湯若望計算了北京子午線和羅瑪子午線的距離，引起中國天算人員的注意。

一六二七年秋夏，湯若望被派往陝西西安府傳教。一六二九年徐光啓奉旨修曆，翻譯曆書，用龍華民和鄧玉函作助手。一六三〇年，鄧玉函重病，徐光啓薦羅雅谷和湯若望，六月二十九日，皇帝准議，下令由山西詔羅雅谷，由陝西詔湯若望回京，一六三三年十一月八日，徐光啓逝世，由李天經任欽天監正。一六三四年二月二日，湯、羅兩位神父向皇帝呈獻由歐洲帶來的望遠鏡，和自己製作的天體儀和赤道與獸帶合製的圈環儀器，一六三八年四月二十六日羅雅谷神父去世。一六四二年，湯若望受皇帝命令造炮二十尊。一六四四年四月二十三日李自成攻破北京，崇禎帝自縊。十月十九日順治進入北京，十月三十日定都北京。

滿清建國，欽天監即向攝政王多爾袞呈獻曆書，但攝政王詔湯若望入見，詢問治曆工作，諭令製作次年一六四五年曆書。當年一六四四年七月二十五日日蝕，欽天監和回回曆局所作測算皆有錯誤，湯若望所作測算準確，皇帝在這年將近年底時，詔任湯若望爲欽天監監正。

一六五〇年多爾袞去世，一六五一年二月一日，順治帝年十三歲，臨朝親攬大權，湯若望時年五十九歲。

皇帝的未婚妻忽然患病，皇太后遣宮中命婦假稱湯若望所職一王公的郡主有病，請求湯若望治病，湯若望答應特爲祈禱，並呈奉一面聖牌，請命婦帶去掛在病人胸前。五天以後，命婦回報郡主病痛已痊好，又說明郡主乃皇帝的未婚妻，皇太后很感謝湯若望，自願以父執禮敬禮湯若望，湯若望堅持不敢接受。

順治帝對於西洋科學，興趣很高，諭令湯若望對天上現象有奏疏時，可以直接到皇帝所在處，而且時常詔見湯若望，有時又親自駕臨湯若望住所聖堂。皇帝稱呼湯若望爲「瑪法」，意思和猶太人的「拉比」一樣，即是「老師」或「夫子」。七年之久，湯若望對順治皇帝常直言進諫，順治皇帝由童年到青年，性情非常活潑暴躁。暴躁時，沒有人敢勸，只有皇太后和湯若望可以平息怒氣。一六五九年，鄭成功進攻南京，順治帝開始想避往關外，皇太后叱責，順治帝轉而狂怒，決意親自率兵南下。皇太后阻止不成，皇帝奶母勸阻反而增加暴急，群臣趕求湯若望勸駕。湯若望虔誠祈禱以後，入宮面聖跪奏，順治請「瑪法」起立，出征作罷。史書記載順治帝曾收到湯若望的三百多封奏疏，他選擇幾封，藏在自己的文書庫中，到行宮時也隨身帶去。

一六五一年九月十五日，湯若望受封爲通議大夫，太僕寺卿，太常寺卿，官爲三級正品。一六五三年，皇帝賜名「通玄教師」，一六五七年，湯若望授職通政司通政使，官階爲三級正品。一六五八年，又授光祿大夫，爲第一級正品官。

一六六〇年，順治帝的貴妃董夫人生一子，皇帝擬定爲皇太子，但數星期後，病薨。董夫人不久後也薨逝，順治帝痛不欲生，宮女和太監日夜守視，防帝自殺。從這事以後，順治和佛教僧侶接近，湯若望失去影響力。

陳垣曾說「由順治八年至十四年秋，七年之間，爲湯若望勢力。由順治十四年冬至十七年，四年之間，爲木陳等勢力。若望之勢力，係個人獨力支持。木陳等之勢力，係數人接力繼進。所謂數人者，憨璞聰、玄水杲、玉林琇、茆溪森、木陳忞、玉林琇去而復來，故兩出

之。」㈠

一六六一年二月五日深夜，順治帝駕崩，年二十三歲。崩駕前，爲立皇太子，皇帝遣人問湯若望。湯若望奏陳庶出，年齡七歲皇子，已出天花，可立爲繼位人，因爲順治帝正患天花而病危。這位繼位皇子，就是康熙皇帝。

一六六四年四月二十日，湯若望忽患中風，肢體痲痺癱瘓，口舌結塞，右手不能運動。當年九月十五日楊光先向禮部控告湯若望，興起大獄。九月二十六日，吏部禮部開合審庭，楊光先控告湯若望三項罪名，第一，假欽天監之名，宣傳邪教；第二，結合全國教士，大逆謀叛；第三，以西洋新法，侮辱傳統曆法。湯若望和共同被告的七人，監禁獄中，一六六五年一月四日，輔政大臣批准判決文，一月十五日刑部宣佈，湯若望處絞刑，其他被告教士各杖一百，驅逐京外。

這時，以前因董妃生子的葬期和葬地案件，由禮部尙書身上推到湯若望身上，案謂選擇錯誤，湯若望改判斬刑，且將改凌遲處死。

一六六五年四月十三日，天空出現一顆彗星，四月十六日，北京地震，倒塌了許多房屋。四月十九日，皇帝宣佈詔書，赦免全國罪犯，只除罪情重大者不得赦免。和湯若望同被判刑的教士，都被赦出獄，湯若望祇減刑一等。四月二十三日合審庭開庭，宣佈皇子殯葬案，湯若望本不知情，應免死罪。四月二十九日，皇宮發生大火，燒燬房間四十多所，皇太后也以湯若望曾受先皇禮遇，何必老年加害，警告幼主。五月十五日，第十二次合審庭決定釋放湯若望。七月二十一日，湯若望在住所聚集北京教士，宣讀一篇悔過書，「向大家明明白白地承認，我在過去的年數裡，在許多的事件中，都是立了一個惡劣的榜樣，和惹起了眾人的厭惡，尤其是對於我的上司們，他們的注意和勸告，我不曾常常遵守，並且他們的權威，因我不少次以口頭的言語，與筆端的詞句所傷害了。我尤其要自彈自劾的，是因為我對於我的僕人，過於縱容寬待了。他是差不多為一切的人們，尤其是同在寓所中，同在城內，所居的耶穌會會友們之所以特別厭惡，並且因為他的蠻橫無恥，是我應負有大部份責任的。……我覺悟過繼我的僕人的男孩為我的孫子，是犯了一種不智的與醜惡的過失的。……」(二)

一六六五年十一月十一日，湯若望遷出西堂，楊光先遷入居住。一六六六年八月十五日，湯若望在北京東堂去世，享年七十四歲，八月二十九日安葬北京。

次年，一六六七年八月廿五日，康熙皇帝親攬政權，年十四歲。處死三位輔政大臣的蘇克薩哈，一六六九年，又處決另一輔政大臣鰲拜。皇帝不用輔政大臣，自掌實權。同年二月底，南懷仁受命任欽天監正。皇帝又諭定禮部吏部重審楊光先控告湯若望案，楊光先被處死刑，皇帝念他年老，赦免一死，兩個月後，楊光先病歿。湯若望恢復一切官職，皇帝遣官賜祭，一六六九年十二月八日（康熙八年十一月十六日）致祭官恭讀皇帝祭文：

「皇帝諭祭原任通政使司通政使，加二級又加一級，掌欽天監印務事，故湯若望之靈曰：

鞠躬盡瘁，臣子之芳跡，卹死報勤，國家之盛典，爾湯若望來自西域，曉習天文，特畀象曆之司。爰錫通微教師之號，遽爾長逝。朕用悼焉。特加恩卹，遣官致祭。嗚呼！聿垂不朽之榮，庶享匪躬之報，爾有所知，尚克歆享。」㈢

二、對曆算的貢獻

「西元一六四四年五月，清兵進入北京，湯若望乘亂中自奉爲曆局首腦，向清政府上表投降。從此，曆局的領導權就落入湯若望手中，開外國人控制司天監的先例。」

這段文字是抄寫明文書局所編的《中國天文史話》書中第二七七頁第一一〇條的話。這冊天文史話沒有著者的名字，書中考證非常多；但是書中談到西洋曆法，曝露大陸中共制度下學者反外的心理。當滿清入關時，曆局尚是三個，中曆局，回回曆局，西曆局。西洋曆局先由徐光啓任欽天監正指揮。徐光啓逝世前，薦李天經任欽天監正。湯若望由徐光啓薦同羅雅各神父同入西曆局工作，從未自充局長向清廷上表投降，祇是照舊在曆局和別的人員一樣，繼續工作。楊光先後來控告湯若望自充欽天監正，湯若望拿出皇帝的任命詔諭作答。欽天監的領導權由湯若望起，一直由傳教士擔任欽天監正，直到道光十八年畢學源任副監止，共曆九朝，共一九四年，教士十五人。(四)

中國古代科學最有成就的，應該算天文學。從堯舜開始，皇帝行政，就要配合天時，堯典中已經有「期三百有六日，以閏月定四時成歲。」《禮記》書中有十二月令，記述皇帝按照天時季節，行使政令。漢朝又流行「天人感應」學說，天地的特殊自然現象，如日蝕月蝕地震，都預示將有災殃。古代對於星辰的移動，和日蝕月蝕的推測，便早已盡力研究。史書裡面，也有天文志，司馬遷《史記》有曆書。秦朝使用「顓頊曆」，漢初沿用不改。漢武帝太初元年（公元前一〇四年）頒佈「太初曆」、「太初曆」使用一八八年，到後漢（公元八十四年）改用「四分曆」，漢晉南北朝以後，研製曆書的學者頗不少，其中最著名的，爲南北朝時祖沖之的「大明曆」。唐玄宗制定「大衍曆」。「古代的一百多種曆法中，絕大多數是陰陽合曆。即以太陽的運動周期爲年的單位，以月亮圓缺周期爲月的單位。」由於兩者沒

有整數倍數，所以要採用一定的調整措施，這是陰陽合曆不可避免的問題。㈤

元朝世祖至元十三年（公元一二七六年）成立「太史局」，專門編制新曆。郭守敬主持制曆事務。至元十七年，新曆制成，名「授時曆」，於至元十八年，頒行全國，這就是著名的「至元曆」，採用回回曆法，在中國沿用了四百年，一直到湯若望的時代。

在南京紫金山天文台，現在保存郭守敬製造的兩件大型的天主儀器仿製品，即渾儀和簡儀，仿製品爲明代作品。

李約瑟在他的《中國之科學與文明》書中，講述中國的天文學的成就，有拱極星和赤道的標點，星體的命名，天文儀器的製造，曆書的製造和行星的運動。李約瑟在最後講到耶穌會士對中國天文學貢獻的優點和缺點。他說：「第一，歐洲的日蝕推測法，遠比傳統的中國法爲優。……第二，耶穌會士引進行星運動的幾何解析的清晰說明以及必須應用的歐幾里幾何學。第三，這幾何學具有許多其他用處，如用於日晷儀法，和簡平儀的球面投影法，以及測量學。……第四種貢獻爲地爲球形的原理，以及表面爲子午圈和平行圈的區分。……第五，費他（Viete, Franccis）時代數學有許多新的計算方法，和機械的創作，如計算尺，均用之於中國。第六，歐洲的儀器製造，尺的刻度法，測微器螺旋，及其他技術的傳入中國，其價值殊大。望遠鏡的傳入爲這時期的最高峰。」

「在另一方面，耶穌會士所傳入的世界圖象，乃是閉合的托勒米—亞里斯多德的固體同心水晶球的地心宇宙。所以他們反對天體浮於無限空間的『宣夜說』。……第二，他們阻礙了哥白尼『太陽中心說』在中國傳布，直到後來加力略被判有罪一事發生方才覺悟。第三，他們以春分點歲差的一個錯誤說代替謹愼將事的中國人不作任何理論。第四，他們完全未覺悟傳統的中國天文學的赤道和極的特性，所以對宿的區分和黃道帶混淆不分，將赤道上宿的區分十二等分之，實在無此必要。第五，這些耶穌會士不理會正由弟谷所改用的赤道坐標，而將不完全適合希臘黃道坐標放於向用赤道坐標的中國天文上，並在北京實體構造了一個黃道渾天儀。」(六)

我抄了上面一長段文據，因爲李若瑟研究中國科學史，沒有反對耶穌會士的心理，說批評話可以有客觀性，不像《中國天文史話》居心反傳教士而妄以輕蔑。(七)

明末自利瑪竇在北京開始和徐光啓講論西洋哲學，耶穌會在華傳教的神父有幾位專門講究天算科學的人，在皇宫供職。因爲中國皇帝特別注意月蝕和日蝕，那時欽天監的官員卻推算不出月蝕日蝕的正確時間，傳教神士天算學者卻能推算，崇禎皇帝乃著令徐光啓創曆局，翻譯西方天文書籍，湯若望參加了譯書工作。清人入關，順治元年（一六四四年）九月一日日蝕，中國曆局，回回曆局對日蝕時刻都推測不準，湯若望則測驗準確。次年（一六四五年）二月十日月蝕，湯若望呈報月蝕時刻，順治帝滿意。這是湯若望被任命為欽天監正的原因，湯若望曾六次請辭，皇帝不批覆。湯若望在欽天監的職務，在於製造曆書，報告星辰的流動和一切天象。同時，湯若望製造儀器，繪寫圖象，翻譯書籍，和中國學者講學。李約瑟說：「耶穌會士的傳播似已影響了許多中國學者之並非與他們完全同道合者，例如，王錫闡的著作，值得特別加以研究。……與他同時的薛鳳祚與耶穌會士比較接近，因薛氏在南京與穆尼閣合作的，故可能為一哥白尼主義者。」(八)

穆尼閣為波蘭人，是哥白尼的同鄉，《中國天文史話》記載他在南京有一次和中國學者秘密談話，談到哥白尼學說。(九)但是當時這種學說在歐洲正引起教會人士疑慮，湯若望向羅瑪請示，一六三七年十二月二十四日，羅瑪向中國傳教士發出覆文，命令始終堅持同一的時間計算法，不可反覆多事變更。湯若望因此沒有採用哥氏主張。

湯若望和耶穌會傳教士一樣，自己認識所負傳教的使命，不為科學而研究科學。他任欽天監正，是第一位應用西洋新法，使中國的天文學成為一種世界性的天文學。中國古代在天文學上有許多發明，到了明代，幾乎全都荒棄了。湯若望廢除了中國舊曆和回回曆，中國學者數人採用新法以研究舊曆，天文學乃得進步。但是中國舊曆學派中，有人固執排擠新法，先有魏文魁、魏象乾父子，後有楊光先。楊光先在康熙初年，控告湯若望三大罪狀：謀反、傳邪教、輕侮舊法。後來又把皇子葬期事，加罪湯若望，湯若望被判斬刑，還要凌遲處死。當董妃所生的兒子，爲順治帝所預定的太子，生後不久病薨時，選擇安葬吉時和地點，由欽天監第一科辦理，直接由禮部尙書恩格德承辦。恩格德私自更改了殯葬的時刻。不久，董妃薨逝，皇宮裡還有兩位皇親去世。因此，皇子的葬期被視爲不吉利的日子，負責選期的禮部尙書恩格德革職充軍。楊光先後來翻案，把罪歸於湯若望不守舊法，妄擇凶期，表示他徹底反對新法。湯若望曾著《學曆小辨》反駁魏氏父子所發表的「曆元」和「曆策」兩書，對楊光先的控告也由南懷仁代爲辯答。李約瑟對耶穌會士在華的學術工作，最後總結作評論說：「不過許多耶穌會士由衷的熱愛中國，並且利用文藝復興所造成的背景，完成了他們的印度前驅者在唐代所無力完成的一事。此事即是在中國與普及全世界的自然科學之間開闢了交通途徑，使中國已有的成績也能納入其中。」(十)這種事實特別是在天主算學方面，湯若望乃是這種事實的第一位實行者，因他在欽天監正的職位上，奠定了西洋天算在中國實行的基礎。

三、對中國傳教的貢獻

中國傳教事業由利瑪竇開端，又由他奠定了基礎。明朝素採閉關主義，不許外國人進入國境。利瑪竇用他的高尚人格，感動朝廷的大員，又用他的西洋科學知識，使學者佩服。破例地他能留在北京。當時朝廷的一樁大事，是曆法的修改，因爲關係國家大事的日蝕月蝕，欽天監不能推測準確的時辰，奉教閣老徐光啓乃向皇帝推薦西洋傳教士的新法，奉旨翻譯曆書，成立曆局，徐光啓延聘教士入局，主持工作。清兵入關，順治帝和湯若望建立了亦師亦友的關係，不僅任命他作欽天監正，還加封他光祿大夫。朝廷大官都敬重他，各方官吏也都知道他的名字和官職，傳教士不敢輕視。

畢嘉神父（Gabiani）曾對這種情形說：「我們傳教士中任何一位，俱都被駐在各鞏固地點，各大城市，和各省分之文武官員之所崇高尊敬，因爲他是生活在一位被皇帝這樣所崇敬的傳教同人蔭影之下。並且因爲他這位同人是享有西來學者與道德崇高的人物之盛名的。這給與了他們在民間的巨大勢力，……更使那各黨派各黨魁仇視的陰謀不能得逞。」㈩畢嘉神父又在追悼湯若望的文章裡寫道：「耶穌會和其他修會之每一位傳教士，只用說自己是湯若望底同人或親屬，那麼他就可以獲得自由入國的允許，可以獲得高官顯宦以及各級官吏

與人民底尊敬與重視，並且還可以要求自由傳教的允許。」(十一)

湯若望在順治七年（公元一六五〇年）在北京建造一座教堂。順治十一年，（一六五四年）皇帝賜湯若望一塊墓地，湯若望在墓地建立一小型聖母堂，立碑刻字作紀念。一六五七年，順治帝下命在湯若望的聖堂前立一碑，碑上刻皇帝的詔諭，賜額爲「通玄佳境」。

當張獻宗在四川稱帝時，逮捕兩位傳教士：畢類思（Buglis）和安文思（Magalhaes），張獻宗退位後，兩位傳教士被械繫運到京師作叛逆罪犯，湯若望曾設法營救，他們沒有被殺，判作滿人奴隸。但仍能獲得自由，自行建築一小聖堂居住。他們倆人對湯若望的性格和工作，漸積成見。一六五七年，他們發動在耶穌會內攻擊湯若望，向會長控訴：湯若望蔑視長上，侮辱同會會士，放縱僕人，過繼孫子，行爲不檢。湯若望時年六十五歲，性情暴躁；但是生活非常清潔嚴肅，順治皇帝在認識湯若望時，曾經三番兩次派人晚嚮到他的住處訪問查看，皇帝懷疑一個外國單身漢能夠節慾不近女人。察看之後，知道真是清身寡慾，皇帝才很敬重他，尊他爲「尚父」。湯若望生性急躁，說話譏刺，放縱僕人，這是事實；然而絕不是像控告的人所說的凶惡。立孫子的事，則是皇帝的意思。皇帝封了他官爵，也追封他的父母，便要封他的後人；因爲一品官，要封蔭上下三代。湯若望爲使皇帝心內愉悅，把僕人的小男孩過繼爲孫。一六四九年五月二十日中國傳教負責人副會長陽瑪諾（Manuel Diaz）接到一封文件，由龍華民、畢類思、李方西、安文思簽名，申請開除湯若望耶穌會會籍，列出罪狀十一條，違反服從和清規。同時潘國光、穆尼各，和賈宜睦三位神父，在一六五〇年五月，上書陽瑪諾為湯若望辯護。潘國光神父在同年九月二十七日向耶穌會總會長報告，敘述了誣謗湯若望事件原委。一六五一年八月十七日龍華民給潘國光神父寫信，請代向已經失明的陽瑪諾副會長解釋，儘早把畢類思和安文思兩人從北京調走，北京官員總認為他們是附合張獻忠的叛逆，禁止人們與他們往來，他們懷恨湯若望不保護他們，在傳教士中造分裂。穆尼各在一六五二年六月三日給耶穌會總長作一長篇報告，作證湯若望享有虔誠善良傳教士的聲望，也得到為十四年作他上司傅汎際的信任。故須將搗亂的安文思調離北京。一六五三年患失明的副會長陽瑪諾派潘國光赴北京，徹底調查這樁事件的實情。他在這年七月二十日作調查，調查說明：「我發現關於耶穌會士兼北京傳教會會長湯若望神父之聲名與令譽攻訐，皆係數位包藏禍心，懷有惡意者所揑造之謊言，與輕薄之謠傳。……因為他們欲藉湯若望之幫助，以達到目的之種種特殊圖謀，皆未能得以隨願心之故，意存報復。」(十二)經過這一次正式調查以後，這樁案件乃結束。

但是另一案件又困擾湯若望多年，耶穌會中有人反對湯若望任欽天監正，因為耶穌會士按照會規宣誓不接受會外的高層職位，艾儒略（Julius Aleri）更懷疑欽天監的職務，因為製造曆書，曆書中標明時日的吉凶，乃為迷信，傳教士怎能傳播迷信呢？傅汎際也心中疑慮，曾在一六四九年八月五日，寫了一篇反對欽天監監正職位的文章。安文思在這方面又大作文章，一六四九年九月十三日送給湯若望一封由傅汎際簽名的信，代表十幾位耶穌會士，要求湯若望退職。湯若望自己開始寫辯駁信，在一六五二年三月七日寫了「大辯駁書」，專呈耶穌總會長。衛匡國當時因禮儀問題，被派往羅瑪，他在羅瑪爲湯若望辯護。一六五五年八月三日，羅瑪審查曆書委員會作了評議書，把整個問題分成四部份作答：一、湯若望對曆書所製定的部份，無可非議；二、中國曆書含不含迷信，依照中國老百姓的解釋而定；三、如果曆書是確有迷信部份，湯若望不能任欽天監正；四、擔任欽天監正，能與教會以裨益，不接受反能予以損害，會士入會對所發的誓約不適用於這種情形。這件評議書於一六五九年由衛匡國帶到中國，使問題得以結束。

「經過湯若望這一次勝利之後，一直到教皇克來門斯第十四於一七七三年以宣諭解散耶穌會時，耶穌會會士都在中國欽天監任監正之職。耶穌會之在中國，在教難時期，防止了中國方面最惡劣的對待，和對於一切傳教士一網打盡的驅逐。因此人們簡直可以說，曆書是救傳教會出於滅亡的恩物，對於傳教會之功績極為重大。耶穌會既經教皇克來門斯第十四解散之後，出來繼續擔任中國欽天監天算之工作的，為遣使會士，至十九世紀，方行

終止。」㈣

湯若望勝過修會內部的困擾，晚年遭遇楊光先的陷害，陷害罪狀中最嚴重的，是叛違造反，這是因畢類思、安文思和張獻忠的關係。在審判時，南懷仁、畢類思、安文思也被拘到案，帶鎖鏈，關在牢獄。這時候，他們看到患癱瘓病的湯若望被判死刑，才醒悟到自己以往的錯誤，對湯若望誠心敬重。冤獄平息後，湯若望向同會會士，公開承認性情暴躁的各種過失，大家同歸於好。

湯若望在中國教會歷史上，是利瑪竇的第二人，利子開創中國的教會，湯若望穩固了中國的教會，他在中國天文學上，是開創實用近代天文學的第一人，在中國教會史上是利學保衛傳教的第一人。

註：

㈠ 陳垣 湯若望與木陳忞 見民元以來天主教史論集 頁一二八 輔仁大學出版社。

㈡ 湯若望傳 魏特著 楊丙辰譯 第二冊 頁五一一 商務印書館。

㈢ 同上，頁五三七。

㈣方豪　中西交通史　第四冊　頁三五。
㈤中國天文史話　頁九五。
㈥李約瑟著　曹謨譯　中國之科學與文明(五)　頁四二一—四二四。
㈦中國天文史話　頁一七九—一八〇。
㈧中國之科學與文明　第五冊　頁四五五。
㈨中國天文史話　頁二五六。
㈩李約瑟　中國之科學與文明　第五冊　頁四五九。
⑾湯若望傳　下冊　頁三四一。
⑿同上。
⒀湯若望傳　下冊　頁四一一。
⒁湯若望傳　下冊　頁四六六。

附註:
㈠本論文關於湯若望的史事資料,儘出自魏特的《湯若望傳》。
㈡湯若望的著作,根據徐宗澤所撰《明清間耶穌會士釋著提要》,有:

進呈書像一卷；
主教緣起四卷（一六四三年印於北京）；
渾天儀說五卷；
西洋測日曆一卷（一六四五年初稿）；
民曆補註釋惑一卷（一六八三年南懷仁印）；
大測二卷；
星圖八幅；
恆星表五卷；
交食曆指七卷；
測食說二卷；
測天約說二卷；
新法曆引一卷；
曆法西傳；
西洋曆法新書共三十六卷（徐光啓、湯若望、羅雅谷合撰）；
共譯各圖八線表；
主制群徵二卷（一六二九年江州初版）；
真道訓一卷；

古今交食一卷；

學曆小辨一卷；

新曆曉惑一卷；

望遠鏡說一卷（一六三〇年印於北京）；

恆星出沒二卷；

交食表；

新法表異二卷；

奏疏四卷；

赤道南北兩動星圖；

拉丁文中國耶穌會傳教史略（在維也納出版）。

天主教士哲學助儒家哲學現代化

一、儒家的生命哲學

中國哲學在傳統裡稱爲儒釋道三家，傳統的中國哲學則以儒家爲正統，中華民族的文化乃爲儒家的文化。

儒家哲學的目標，和道教佛家的目標一樣，在於講人生之道。古人研究哲學稱爲求學，求學的目標，如荀子在〈進學〉所說，開始爲求作君子，最後在求爲聖人。朱熹後來也用同樣的話，說明求學的目標。

人做人之道，就是「人道」，「人道」在《易經》的《易傳》裡說是來自天地之道，〈繫辭下〉第十章說：「易之爲書也，廣大悉備，有天道焉，有人道焉，有地道焉，兼三才而兩之，故六。六天者，非它也，三才之道也。道有變動，故曰爻。爻有等，故曰物。物相雜，故曰文。文不當，故吉凶生焉。」三才，爲天地人，天地人代表宇宙萬物。三才之道，爲變之道；宇宙萬物都在變，故《易經》講宇宙之道，稱爲易，易爲變易。《易傳》繫辭上

第五章說：「生生之謂易。」宇宙萬物變化之道，目標是爲化生萬物。

1. 形上生命哲學

《易經》講宇宙，由「變」去講，西洋希臘亞里斯多德講宇宙，也由「變」去講，但是講法不同。亞里斯多德看宇宙爲物質，乃由物質方面去講「變」；雖然人有精神體的靈魂，然而人的靈魂和身體合成一體，人的變動也是物質性的變。亞里斯多德講宇宙便從物質的動去講宇宙。中國《易經》講變，則從形上本體論去講。西洋形上本體論講「有」，以「有」爲萬有的最後根本。「有」是什麼？從本體的性質沒有可講，因爲一切都是「有」，「有」是最後的觀念。中國《易經》的形上學講「在」，萬有都要是「在」，不在就不有。「有」和「在」不能分離，實有由「性」和「在」所構成。西洋形上學講「實有」由性去講，中國儒家形上學由「在」去講。「在」是什麼？《易經》說「在」是變易，宇宙的萬有都是變易，變易爲生生，宇宙萬有都是生命。

生命是什麼？生命是實體的內在的動。宇宙萬有都有內在的動，內在動由陰陽而成。《易傳・繫辭上第五章》說：「一陰一陽之謂道，繼之者善也，成之者性也。」陰陽爲變化之道，變化繼續不停，變化所成的爲物體之性。成了物性以後，陰陽在物體以內繼續動，物體乃變化不停。例如人，從出生到老，沒有一刻不是在動，不是在變，不動就不活了，不活就不存在了。人的存在就是活，活就是動，動就是變。所以「在」是變動的「在」，也就是生命。

「在」是生命，「在」是本體的「在」，「在」的變動，乃是本體的變動。王船山曾經主張「命日降而性日生」（尚書引義 卷三）又主張宇宙萬物的變動不說爲生滅，祇說往來屈伸。「故曰往來，曰屈伸，曰聚散，曰幽明，而不曰生滅。生滅者，釋氏之陋說也。」（正蒙注 卷一）

《易經》講宇宙變化的規律，爲循環不息，復卦在六十四卦裡非常重要。乾坤是元，「大哉乾元，萬物資始，至哉坤元，萬物資生。」復卦的彖辭說：「反復其道，七日來復，天行也。利有攸往，剛長也；復其見天地之心乎。」朱熹注說：「積陰之下，一陽復生，天地生物之心幾於滅息，而至此乃復可見。」

宇宙有大化流行，化生萬物，長流不息。有理學家主張大化爲氣，有理學家主張大化爲理；王船山註解張載的正蒙，就以太和的太虛之氣，有不息的大化能力。

宇宙的變化，由陰陽五行而成，陰陽五行的變，常有自然的平衡，《易經》乃講中正，陰陽符合時間空間的環境。一年四季的變化俱爲化生萬物，尤其爲化生五穀，四季變化應合於五穀的生長，春生夏長秋收冬藏，須要風調雨順，寒暑得其宜。

2. 倫理的生命哲學

天道地道規律著宇宙的變化，人道規律著人的生活。宇宙對人的生命最有關係的，是一個「通」字。

宇宙爲一個實體，宇宙的生命是一個。宇宙萬物的生命合成宇宙的生命。宇宙萬物的生命乃彼此相通。宇宙間沒有單獨生活的物體，物體的生命都是彼此相連。山林的土和苔草灌木相連，再和大樹相連，林中的鳥和獸又和土，草，樹木相連。山林的空氣和鄉間的空氣互通，鄉間的空氣又和城市的空氣相通。天上的雨，下到高山深林，結成水源，流入平原；高山的地下水道，上流不息，流成江河。人爲宇宙生命裡最高者，人享受萬物的供應，王陽明在〈大學問〉曾講一體之仁，即一體的生命。

萬物的生命，不僅互相連接，而且互相幫助。例如山林中的土壤幫助苔草生長，苔草幫助野獸生長，野獸的排洩物又幫助土壤生草。土壤幫助樹木，樹木的落葉又幫助土壤積水。人爲生活，王陽明說要吃動物的肉和植物的菜和果，又要吃礦物的藥石。一個物體的生存，需要宇宙萬物的助力。因此，若宇宙一方面受到污染，整體宇宙就要受到傷害。孔子和孟子已經就主張打魚打獵，須要按照魚、鳥、獸生殖的時期，加以禁止。

天地化生萬物，儒家稱爲天地好生之德，《易傳．繫辭下第一章》就說：「天地之大德曰生」。朱熹曾說：「天地以生物爲心」。生是仁，仁是愛生命，孔子以仁爲天地的一貫之道，朱熹以人得天地之心爲心，故仁。孟子乃說：親親，仁民，愛物。張載在《西銘》中說：「乾稱父，坤稱母，人吾同胞，物吾與也。」這就是儒家的大同思想。儒家的仁愛，遍及萬物。

儒家仁愛的最重要表現，乃是孟子所說的「親親」，即是孝。儒家的孝，以生命爲基礎，也以生命爲範圍，兒子一生應該孝敬父母，在橫的方面，兒子一生的事情，都歸於孝：好事是孝，惡事是不孝。「大孝尊親，其次勿辱，其下能養」。兒子一生從少到老，又無論地位怎麼高，就是皇帝，對於父母都要孝敬。有老萊子七十娛親的故事，有皇帝對於母后，常自稱皇子。父母去世後，兒子仍舊要「事死如事生」，祭祀父母和祖先。這是因爲父子一體，兒子的身體，是父母的遺體，兒子的生命，是父母生命的延續。所以說「不孝有三，無後爲大」。

還有儒家的報應，不在於人的身後，而在於家中的子孫。父母行善，爲子孫積福。一個人得有名位，常說托祖宗的福。一個人行善作惡，不一定自己受責罰，他的子孫將受賞罰。

這也是因家族的生命相連。

儒家生活的最高境界，在於和天地同德，達到天人合一。和天地同德則是贊天地的化育，《易經•乾卦文言》說：「夫大人者與天地合其德。」德就是好生之德。《中庸》第二十二章乃講盡性，人盡自己個性則盡人性，盡人性則盡物性，盡物性則贊天地的化育。儒家的聖人就是與天地合德，贊天地化育的人。《中庸》稱讚孔子：「萬物並育而不相害。」(第三十章)稱讚聖人：「大哉聖人之道，洋洋乎發育萬物，峻極于天。」(第二十七章)

因此，現在研究中國哲學的學者，都指出生命的思想，為中國傳統思想的中心思想，從古到今，一貫流傳。熊十力以佛教思想和《易經》思想講生命哲學，他說：「大哉易也！斯其至矣。」(一)

方東美教授說：「中國哲學的中心是集中在生命，任何思想的系統，是生命精神的發洩」(二)

牟宗三教授說：「中國哲學從它那個通孔所發展出來的主要課題是生命，就是我們所說的生命的學問。」(三)

梁漱溟先生說：「這一個生字是最重要的觀念，知道這個就可以知道所有孔家的話，孔家沒有別的，就是是順著自然道理頂活發潑頂流暢地去生發。」(四)

二、新生命哲學

1. 士林哲學的宇宙論

士林哲學的名詞，就等於中國的儒家，士林哲學（Philosophia scolastica）的士林原文Scolastica，來自學校，翻譯爲士林，也就是儒家。士林哲學在歐洲的歷史，也有點像中國的儒家，爲歐洲的傳統哲學。

士林哲學的宇宙論，接受亞里斯多德的宇宙論思想。宇宙論研究「物體」。「物體」由元形（Forma）和元質（Materia）兩元素構成。元形成物性，元質稱物質，物體的成，都由變而成。

變有內變和外變：內變是物體自力內部的變，以成自體的發展，聖多瑪斯稱這種內變爲生命。㈤外變是物體因外力而變，可以是質變，可以是量變。

物體的變，都是由「能」而到得「成」；沒有能，不能有成。譬如說：扶著狗不能上樹，或緣木而求魚。

物體的變有四種：本體的變有「生」和「滅」，附體的變有質變和質變。

由「能」而到「成」的過程，稱爲「行」（actus）；成也稱爲行。沒有能而祇有成，則稱爲純粹的行（actus purus）。純粹的行，祇是絕對實有體的行，就是上主天主的行。

這一系列的有系統的說明，構成士林哲學的宇宙論。宇宙論和論「有」的形上本體論相連，但不屬於形上學。

中國《易經》講宇宙，以「易」爲中心觀念，「易」是「變易」，《易經》講「變易」不祇從宇宙物體變動去講，而是從宇宙物體的本體去講，以本體的「在」（存在）是「變動」，稱這種變易爲生命，「生生之謂易。」（繫辭上 第五章）

3. 融會中西哲學而成新的形上生命哲學

通常研究中國哲學的人，常說儒家沒有形上學；我則總以爲沒有形上學，儒家哲學就沒有基礎，怎麼能傳了二千年？《易經》的宇宙思想，就是儒家的形上學，後來又有宋明理學的形上思想，把儒家的形上思想和西洋的形上學比較，驟看，有點看不見儒家形上思想的形上意義；但深入去研究，則可以見到《易經》形上思想的深奧。《易經》以萬有都由陰陽而成，宇宙爲一本體，宇宙本體爲陰陽；萬物各爲一本體，也各有陰陽。陰陽在宇宙內常變易，以化生萬物。每一物體的陰陽也繼續變易，使物體成長。這種變易是本體的變易，稱爲生命。

士林哲學的形上學，研究「有」，「有」是什麼？從「性」上去講，「有」爲最單純的觀念，沒有意義可講，祇能講「有」在存在時的關係。《易經》講「有」，則從「在」上去講，「在」是變易，《易經》沒有講變易，我們拿士林哲學的變易思想，去解釋《易經》的變易，便成爲形上生命哲學的基本思想。

宇宙萬物都是動，沒有靜止的，這是中國傳統哲學的主要思想，西洋當代哲學也有這種思想，如柏格森的哲學和懷德赫的思想。士林哲學主張有生物是自動的物體，無生物則不動；但是生命是自動，乃是士林哲學一貫的主張。

當代新的物理學，以動力爲主要觀念。宇宙爲一無限大的動力，各種物質都是動力。新物理學已不主張有靜態的質，而主張以動力代表物體的質，物體的分別，建立在動力的量，能量轉成爲物質。哲學的宇宙論應該和物理學相應，中國傳統的動態物體論，跟新的物理學不相違背。

《易經》的變易，由陰陽兩元素而成，陰陽在宋明理學爲陰陽兩氣。氣和陰陽的思想，因名詞過於物質化，在現代不適宜採用；士林哲學有元形和元質的觀念，元形和元質和朱熹的理氣觀念很相近，我們不防以陰陽和元形元質互相融合，物體變化的兩種成素更能抽象化。

宇宙和萬物的由來，儒家哲學沒有明白解釋，《易經》說易有太極，以太極爲宇宙變化的開始點，張載以太極爲氣之本體，稱爲太虛之氣。太極或太虛之氣由何而來？《易經》沒有說，張載也沒有說。理學家傾於自然而有或自有的主張。理學家的主張，來自魏晉南北朝時融合儒道的傾向，使儒家接受了老、莊的自然思想；原先《書經》和《詩經》，有「天造神物」的造物主觀念，《中庸》的「天命之謂性，應該是上天之命成爲性，理學家則以「天」爲自然。我們發揮儒家本有的造物主思想，按士林哲學所說：以宇宙爲上主造物主所造，上主用自己的創造力創造宇宙，宇宙乃一大創生力，宇宙繼續變動，乃繼續化生萬物。這種思想既不違背儒家的本有思想，而且予以發揮，使儒家不變成道家。

造物主以創造力創造了宇宙，宇宙爲一創生力，宇宙創生了有宇宙的質，有宇宙的理，質爲造物主所造，理則是造物主創造宇宙的理念。宇宙的萬物，因宇宙創生力的動，化生適合環境的物體，每一物體的質，取自宇宙的質，每一物體的理(性)，由創生力接納創造力所輸送造物主創造這一物的理念。每一物乃有自己的理和質，又有自動的創生力。創生力常動，每一物體也就常自動，都具有生命。生命的程度不同，礦物的生命祇有內在元素的動，在外不能顯出，植物和動物的生命則分高低各級而顯。人的生命爲宇宙生命最高級。

人的生命爲心物合一的生命，孟子曾說人有大體和小體，大體爲心思之官，小體爲耳目之官。儒家講心靈，卻不講靈魂；雖講魂魄，卻不講明魂的性質。我們拿士林哲學對靈魂的解釋，說明靈魂爲精神體，爲造物主所造，既造就永恆存在。

靈魂的工作，如荀子所說，能知，能主宰。關於知識問題，儒家《大學》講致知格物，宋朝朱熹和陸象山對致知格物大作辯論。儒家以人的知識是在求知作人之道，作人之道在於「率性之爲道」，性爲理，理在人心。人爲求知，反心自問，就可知道。朱熹雖主張格物，然不是求知物之所以爲物之理，而是求知物利人的生活的關係。儒家的知識論，便沒有西洋哲學知識論的主客兩方有鴻溝的問題。但是人的知識，尤其在科學的時代，絕對不能限制在作人之道，哲學和自然科學都在求真理，求知物的本性。因此，我們要用士林哲學的知識論，擴充儒家的知識論，除知道自心的天理良知以外，也要知道外物的理；而在主客中間，不能設一鴻溝，靈魂的認知力自然可以使主客相結合。

西洋哲學的知識論，以知識祇是抽象的共同觀念，對具體的單體，不能有學術的知識，祇能有具體的描述。但是當代的西洋哲學因自然科學的發達，乃轉向具體的單體，如存在論的海德格，如實物論的懷德赫，還有其他的學派，都以具體的「我」，作爲哲學研究的對象。中國儒家哲學從「在」方面去看萬物，常是注意具體的單體。然而講論的方法，是直接體驗，不加分析，一切都很籠統模糊。我們拿士林哲學對單體的構成思想，補充朱熹的理氣思想，使單體研究爲一學術研究。

荀子說：心能主宰。主宰則有自由，有自由便有行爲的倫理，有倫理便有善惡。儒家對於善惡有兩大問題：一是性善性惡的問題，一是《中庸》所講的未發和已發問題。這兩個問題，可以說是朱熹哲學的中心問題。朱熹把兩個問題都拉到本體論，以氣質之性有善惡，以未發爲性已發爲心，後來又改以未發屬心，已發屬心之動的情。但是這樣不單沒有解決問題，反而使問題變成更複雜。

儒家對於善德，分爲仁義禮智信，從《易經》到宋朝理學，常由陰陽五行去解釋；這樣又是把問題拉到本體論。

我們以士林哲學的思想，以善惡和善德，都是倫理方面的問題，不要混入本體論，雖然和生命相關，善和善德發展人的生命；但不是人本體的構成元素。

儒家哲學的最後終向，在於天人合一。人的生活和天合德，贊天地的化育。《中庸》特別發揮這種思想，讚揚聖人的精神：「洋洋乎發育萬物，峻極于天。」（第二十七章）朱熹也說人得天地之心以爲心，故仁。仁爲孔子一貫之道，也爲儒家道德的總綱。士林哲學雖不講修身和精神生活，然而聖多瑪斯，聖文都拉，聖亞爾伯，都以士林哲學和神學相連，講修身，講精神生活的終點，與天主相契合。我們用這種合理的講法，發揮儒家的仁道，以達到至善的止點。

這樣說來，形上生命哲學，以中國儒家傳說的生命觀，作哲學系統的主幹，用士林哲學的形上思想和倫理思想，以及宗教思想，予以發揮，結成一個系統，真能連接中國的儒家傳統，解釋舊觀念，加以新的意義，和現代的科學相應合，成爲現代的儒家哲學。

三、結　語

大家都知道明末清初的天主教傳教士，把自然科學的知識，帶進了中國。天文曆數，地理測量，建築工程，音樂繪畫，天主教傳教士留下了豐富的遺產。尤其在建設天文台和繪畫中國輿圖的工作，貢獻非常大。

但是在哲學方面，也有了相當的成功。

第一冊西洋哲學書譯成中文，爲傅汎際同李之藻合譯的《名理探》，《名理探》爲詮釋亞里斯多德的理則學書，傅汎際於明天啓七年（一六二七）翻譯。原本三十卷，所譯的爲十卷。後有南懷仁的《窮理學》，共六十卷，於康熙二十二年八月二十六日進呈御覽。傅汎際又譯《寰有詮》六卷，爲亞里斯多德的宇宙論。利類思譯聖多瑪斯之超性學的第一部份，名

《超性學要》。畢方濟口授，徐光啓策錄的《靈言蠡勺》，成明天啓四年（一六二四）。高一志撰《寰宇始末》，艾思及《譯性學觕述》。這些書當時有付印的，有正抄的，流傳頗廣，我國學者方以智和王船山都受影響。民國初年，馬相伯爲震旦和復旦兩大學編寫《致知淺說》，介紹希臘亞里斯多德和聖多瑪斯的哲學思想，當時蔡元培和于右任都爲馬相伯的弟子，曾研究致知哲學。民國以來，教育部禁止學校講宗教，士林哲學和神學相連，大學研究哲學的人都不研究士林哲學，惟獨天主教培植教士的修院則專門研究。政府遷到台灣以後，輔仁大學於民國五十年在台北復校，復校時祇有哲學研究所碩士班。民國五十八年增設哲學研究所博士班，當時爲全國唯一的哲學博士班，台灣各大學所有哲學教授多爲輔大哲學系或哲學研究所的畢業生，書局的士林哲學介紹書亦多有九種，士林哲學對台灣哲學頗有影響。形上的生命哲學，以士林哲學的思想補充儒家哲學的生命觀念，又不受士林哲學的限制，確實具有融會中西哲學的效能，使儒家哲學進入現代國際哲學的境界。

金門的羅寶田神父

三十九年服務金門，稱爲金門聖誕老公公

金門日報民國八十三年三月二日登載了羅寶田神父出殯的消息，金防部司令官顏忠誠，金防部政戰主任陳興國，縣府各局室主管，地方各界首長都到場參禮。彌撒後，羅神父靈柩在教友們及與祭人員護送下，繞行金湖新市街市，安葬金城天主教公墓「平安寧靜的安息主懷，但他熱愛金門，默默爲金門犧牲奉獻的精神，卻留給地區軍民永遠的懷念。」

羅寶田神父法國人，本名爲 Bernand Druetto，於一九〇九年三月廿八日出生於法國馬賽，父親法國人，母親義大利人，幼年時，父親被召從軍，參加德法戰爭，他隨母親回到義大利杜林老家。一九二四年加入方濟會，後到羅瑪方濟會安義神學院攻讀神學，一九三一年來華，第二年五月三日在湖南衡陽祝聖爲司鐸，往長沙瀏陽傳教，一九五一年三月十七日被中共關入牢獄，同年十月二十日被驅逐出境。一九五四年聖誕節到金門，一直到今年元月二十七日晚間羅神父騎機車出車禍受傷，因心臟衰竭逝世，在金門三十九年。

一、八二三砲戰，救護傷患

羅寶田神父在瀏陽時，辦了一個小醫院。自己又到窮人家看病，不收費，白送藥。到了金門，羅寶田神父找到了他工作的天地。金門在大戰和砲戰以後，一貧如洗，缺食品，缺衣料，缺醫藥。羅神父向美國天主教福利會索取急需品，按期分發麵粉，奶粉，舊衣。自己背著醫療箱，到金門各處爲病人看病。民國四十八年的金門報紙報導說：「他渡過八個月的牢獄生活（中共牢獄），長沙瀏陽一帶的民眾都爲之不平，終於由兩萬多名民眾的保證，共產黨釋放他出獄，勒令驅逐出境。他出道廣西，逃往越南，投奔駐在富國島的黃杰將軍，在軍中繼續以教理，給予國軍以安慰。黃杰兵團撤返台灣時，他隨軍赴台，四年前起到了金門前線，築建教堂佈道。砲戰之中，教堂前後被共軍砲火轟中十五次，每一次他都不畏艱危，胼手胝足把神聖的教堂修後，不屈不撓地與魔鬼搏爭。此外，他還盡他的力量濟助受砲火毀傷的難民，充份發揚宗教的精神。去年十二月十五日，國府特頒『光華』勛章，由參謀總長王叔銘將軍代表國府，親爲羅神父佩帶。一月十八日，美國第七艦隊亦派克尼少校代表第七艦隊全體官兵，攜帶聖袍（行彌撒祭服）五件及其他用品，赴金門呈送神父，以示欽敬。羅神父在金門前線，是軍民們的一根偉大有力的支柱。」

國府頒發「光華頒獎」，因為羅寶田神父在金門砲戰時盡力救護傷兵。民國七十三年十二月十二日的青年日報金門特派員曹小鵬專訪羅寶田神父報告說：「民國四十七年他親身經歷了八二三砲戰，他與金門軍民同甘苦共患難，奮勇搶救傷患，挽救了不少軍民的生命，當時被認為已難獲救的傷患都送到這裡來，（當時教堂並設醫院）由他來醫治，他的愛心，熱心，感動了此地的軍民，先總統　蔣公特別頒發光華獎章一座給羅神父。」砲戰時，他到金門，還有一段遭遇。當年（民四十七年）八月廿三日，羅神父在沖繩島領取醫藥物資和建築材料，第二天他們得到砲戰消息，馬上飛到台北，立即搭乘開往金門的軍艦，經過兩次登陸不成，最後在九月一號的夜晚，冒著猛烈炮火，泅水登了料羅灣。

二、手建教堂

羅寶田神父少年在羅瑪讀神學時，兼習醫學急診和內科學識，又學習了建築初步規劃和建材學識。他到了金門，自己建造教堂。民國四十九年的一份報紙專訪，標題為「羅寶田神父的奇蹟。」小題目是「為上帝垂恩佑戰士，金門前線傳佳話」，題目下解釋說：「一位垂老的天主教神父，在砲戰前後一年間，創造了一個人為的奇蹟，他用一雙手，建造成一座可觀教堂和完備的醫院，從開始和建築的過程，很多人勸他放棄這不可能的幻想，如今，事實呈現在眼前，他終於完成了一直被人們認爲『不可能』的事。」

民國四十四年他一磚一石建立山外一座可容納五百人的教堂，後來又自己胼手砥足蓋了仁慈之家小醫院，民國五十一年再在距山外十四公里的金城造了耶穌聖心教堂，附有托兒所。民國七十一年，在山外教堂廣場中央的圓環上，豎起一座高十六—七公尺的水泥十字尺，奉一座一百公尺的石雕聖母像安置上面，大家都驚訝他的毅力。

建築了教堂，經歷砲戰和風霜的侵蝕，羅神父自充泥水匠木匠，時常加以修理。十年前，一次在晚上修理聖堂的窗戶，他從梯子上掉下來，掉傷了腿骨，爬不起來，屋裡祇獨自一人，祇好躺在地上，忍痛過夜。第二天早晨，掃地的老婦人進堂，才把他扶起，由防衛司令官派飛機送到台北空軍總醫院治療。我曾去醫院看他，他祇希望早日回金門，回他的老家。

三、治病送藥

民國五十五年，金門青禾雜誌曾登載一文「天主教的新領域」，文裡說：「人老志豪的羅寶田更是一位妙手回春的好醫師。他經常頭戴鋼盔，身穿卡其服，腳登大皮鞋，駕駛吉甫車，白鬚飄然，紅光滿面，風塵僕僕的爲貧民醫病。」

民國七十七年八月十日金門日報有羅寶田神父專訪，「羅神父說：常常爲病人看病，一天騎坐機車穿梭各鄉鎮村里，一一爲病人仔細治療，在外顛簸三十五公里至五十公里，有時遇到車子拋錨了，返回到天主堂已是午夜一、二點了。他又說：我把錢都拿來買藥，給病人看病實用，能爲病人治療是我最快樂的事，不求回報，雖然非常辛苦，但不覺得累。因爲我是天主的牧羊人，爲天主教治貧病的子民，天主爲我們犧牲，我們也要爲別人犧牲，奉獻自己。」上面提到的民國四十九年三月十六日的報紙「羅寶田神父的奇蹟」中說：「在金門，羅寶田神父是最受歡迎的嘉賓，尤其是一般民眾的心目中的萬家生佛。他在佈道之外的主要工作，是給民眾義務診療，並且免費贈送藥物，有請必到，有時不請也駕車到病家移樽就教。統計近兩年經他救治的病患者在一萬四千人以上。」

民國八十三年三月一日的金門日報追悼「永遠的羅神父」稱揚他看病的仁心說：「金門

處前線，在戒嚴期間，晚上一到十點，近郊路上雖還沒有五步一崗，十步一哨，卻也容不得你自來自去。但不論晴雨寒暑，在料羅，新頭……等偏遠的路上，唯有騎著機車，戴著藥箱的羅神父有這種免於盤查的特權。……即使安息日裡也不得安息，上午下午各做了一個多鐘頭的彌撒後，再看那些遠道而來的老弱婦孺，又已是兩個多鐘頭過去了。有時看到他咳嗽連連還得強打精神，我常愛多嘴一番：「神父，您也要爲自己看看哩！」「對不起！天主第一，你們第二，我自己是第三。」是的，只要那裡需要他，即使春雨滂沱的深夜，槍林彈雨的長空，神父永不缺席。他是寒冬中的煖爐，他是驚惶失措者的慰藉。」

四、身教

羅寶田神父不多向人說教，卻用自己的生活說教，「擔任聖職三十年之久的羅寶田神父，有異於很多「洋和尚」，他很少有隨時隨地向任何人說教的習慣，他要和你談的，是一些實際問題。在教堂外面的羅寶田，舊茄克，粗藍布工作褲，是一個滿頭白髮兜腮鬍子的老工頭。在他那輛客貨兩用的汽車裡，他是一名精神抖擻的老司機；在病人前他輕輕地說著不要緊。在一些應邀出席的喜慶場會裡，他會背著全付武裝—電影機和手相機活潑全場。」這是民國四十九年三月十六日記者所說。

金門日報的民國七十年八月十日的專訪又說：「羅神父生活簡單樸實無華，叫「西奇」的一匹馬，幾條狗，三隻鵝，是羅神父最親切的朋友，每日羅神父餵食牠們，陪牠們玩，用英文跟他們交談，撫慰牠們，爽朗，樂觀，健談的羅神父，用特有的外國腔調談平生最得意的事情時，他眼睛一亮。」

羅神父兩天三天煮一次飯，煮山薯，番茄，煮好了放著做兩三天的飯吃，東西霉了，他不會丟掉。每天晚上睡兩三個鐘頭。

金門的教友增多了，據民國四十九年的報導：「金門現在有一千四百多天主教徒，其中本地人有四百多，幾年來經羅神父領洗的有七十多人，現在小金門也有一百多教徒」他平素不說教，他的愛心和犧牲的精神，引導人歸向基督，向他問道，他爲他們講解教義，然後授洗。

在金門軍民的眼中，羅寶田神父是「洋菩薩」是「羅爺爺」是「聖誕老公公。」金門縣長陳水在已經在三月一日羅神父出殯，向台北總主教兼金門署理主教狄剛總主教，提出研擬爲羅神父塑立銅像或紀念碑等構想，一般民眾則希望建立紀念館，如金門日報三月一日所說：「一來彰顯中國人知恩必報的忠厚美德，二來讓流盡一生心血的羅神父與金門歷史融爲一體，以慰羅神父在天之靈。」

羅神父和我常有同鄉的情誼，他自視是湖南人，而且是在我的衡陽受祝聖爲司鐸。他每次來台北，少不了要見一次面，他慶祝晉司鐸五十年和八十壽，他都參加了慶典。他那一幅祇見銀白髮鬚的臉常是笑，不見嘴祇聽見聲明的話，常活潑有趣，滿身洋溢著人生的快樂。他的快樂，我知道不是錢，不是享受；祇看他的衣著就是窮，祇看他額頭的縐紋和手皮的粗硬就是勞苦；他的快樂，是在不要報酬爲貧窮人幫忙，得到貧窮人的敬愛。在愛心的交往中，羅寶田神父活出了人生的真意義，享受人生的真快樂。

生命的可貴

（民國八十年四月十日祭天敬祖彌撒證道）

中國清明節，掃墓祭祖，懷念先人的慈愛和恩惠。我們所得於父母和先人的，是我們的生命，父母生我，養育我。我一天有生命，我活著，我就懷念父母和祖先。

生命是我們所有的一切，生命就是我，我就是生命。一旦，我失去了生命，我就不存在了。

生命是很貴重的，社會的一切，人世間的一切，都是由人的生命所創造的。因爲人的生命，是理智的生命；人的生命，又是由人自己主宰的生命。人的理智是向前的，是向上的，決不會停在已有的建設上。在學術上，學問無止境；在自然科學上，常有新的發明；在具體的生活上，常求更舒服更方便的生活。人爲主宰自己用自己的心靈，心靈神妙莫測，求善求美，知道愛，知道恨，可以懷抱整個宇宙而還嫌不夠。整個宇宙萬物和我們的生命，都是互相連繫的，人不是孤獨的一個人，也不能是孤獨的一個人，不僅是有自己的家人，也有自己的同鄉人，還有自己國家的同胞，並且還有全世界的人，而且自然界的飛禽走獸蟲魚草木，也是我們生命的伴侶。我們生命的範圍，真是海闊天空。

可愛的同學們，你們正在你們生命的起點，你們在學著走生命的路，在預備走生命的路所需要的知識和技能。你們在現在學習的時期，最重要的，是知道生命的意義，是看到生命目標。

生命的意義是創造，在生理方面，生命時刻在創造我的血肉，創造我們的精力。在工作方面，每一分成果，都是生命的創造。可愛的同學們，你們要懂得每椿事情，是你們自己作的，是用自己的心去想，用自己的五官去做。例如期中考試，自己用心用力去做，就是一種創造，生命既常是創造，不能停止，你們便不能偷懶，要常前進，自強不息。

生命的目標，是發揚生命，青年人要發揚身體的生命，使自己健康強壯。要發揚心靈的精神生活，增長自己的學識，培養自心的仁義禮智四端德性。發揚了自己的生命，還要發揚別人的生命，自己要好，使別人也要好，而且還要發揚萬物的生命。這就是中國聖人的生命目標：「與天地合其德」，「贊天地之化育」。

可愛的同學們，好好看重自己的生命，你們的心時刻在跳，血時刻在流，你們要自強不息。你們的心靈可以向各處飛，把你們的生命，帶到全國全世界。你們的祖先，雖然過去了，他們的生命，則在你們以內發揚。生命來源的造物主天主，則繼續維持你們的生命給你們生命賦予創生力。這是我們今日祭天敬祖的意義。

愛心教育

（民八十年畢業生週會講話）

一、社會現狀

輔仁大學辦學的精神，在於「愛心教育」。我在許多機會上，許多次講到這種教育；但是今天我要特別鄭重地向你們畢業的同學講，並不是因爲我們辦的不好，而是因爲目前社會很需要這種「愛心教育」。

目前社會常常發生許多事件，都是相反愛心的事件。綁架的案件，層出不窮；強暴婦女，予以姦殺的案件時時出現；因仇縱火或下毒的案件，已發現多種；還有環境方面的污染公害，政治方面的暴力事件，已經成爲每天的新聞，家庭的天倫愛心，在父母子女之間，日漸疏淡，在夫婦兩人之間，也常遭到打擊。連小學的同學間，都發生勒索和打傷的案件。而且整個社會，祇流行愛錢的風氣，大家祇求賺錢，不顧傷害別人。在政治的舞台上。民進黨爲求實現政黨的台獨主張，常演暴力問政的方式。台灣社會失去了和睦相處的面貌，毀壞了中庸協調的傳統，拋棄了祖傳的博愛精神，動亂了大家對將來的信心。這種痛心的現象，都是因爲大家只求私利，心中雖然沒有恨，卻迷失了愛心。

二、愛心的意義

我們要找回來，「愛心」，在我們心裡好好培養，向別人心理好好灌輸。

愛心是什麼？愛心是仁愛之心。仁字加在愛字以上，使愛有一種高遠的意義。仁字在中國哲學上的意義，代表「生」，代表生命。易經以「仁」比配「元」，比配「春」。「春」象徵生命的發始，因爲在春天，草木和稻麥發芽，開始生長。「春」便象徵「元」，「元」是開端。宋朝朱熹根據程顥和頤的思想，以仁爲生命。例如桃仁，杏仁，即是桃樹和杏樹的生命根源。又例說，手足痲木不仁，就是手足枯乾了沒有生命。朱熹便說：仁不是愛，仁是愛的理由。我們爲什愛。我們愛我們的生命，因愛我們的生命，便愛生命的一切。生命是我們的存在，沒有生命，我們就不存在。世上沒有一個物體，不愛自己的存在，不追求保全自己的存在。我們愛惜自己的存在，所以就愛自己的生命。

一個人的生命，絕對不能是孤立的，必定要和別的物體的生命互相連繫。我的生命，不是我自己生的，是父母所生的，我便要愛我的父母。父母生我，又生了別的子女，這些人是我的兄弟姊妹，和我血肉相連，我便愛我的兄弟姊妹。這樣，我們一家的人，一代兩代三代都是血肉的親戚，彼此要相愛。男女兩人結成夫婦，爲造生新的生命，他們夫妻兩人的生命結成新的生命的根源，這種結合使夫妻兩人的生命，結合一個生命，兩心合而爲一，兩人的相愛，便最深最切。

一個人不是關閉在家裡，要生活在社會裡，和社會的人，在生命上彼此連繫，彼此互相要有愛心。由一鎮到一省、到一國，所有的人，生命都有關連，禍福相同，彼此互相要有愛心。現在交通的工具，使全球的人都互相連繫起來。這次波斯灣戰爭，我們在台灣的人，也受到影響。全球的人也便要彼此相愛。而且，中國古人所說宇宙是一個活的宇宙，一切都是有生命的，不僅是植物動物是活動的，山水礦物也是活的。整個宇宙的生命，互相連繫，一種物體受傷害，其他物體連著也受傷害。目前環保問題，一種污染造成公害，人物都受傷。因此，中國古人主張博愛萬物，孟子就教人「親親，仁民，愛物」。儒家精神生活的最高目標，在於「天人合一」；「天人合一」是「與天地合其德」，「天地之大德曰生」（易經繫辭下　第一章）《中庸》所以主張聖人「贊天地之化育」。聖人的特點，就在於相幫天地使人物都能好好生活。

三、愛心的精神

朱熹曾經說：「天地以生物爲心，人得天地之心爲心，故仁」（朱子文集 卷六 十七 仁說）人的心是仁愛之心，孟子曾說小孩生下來就知道愛父母。愛心是天生的，不必學習。但是，天生的愛心，必須培養。孟子所以教人「養心」，教人要培養自己的愛心。

愛心的精神，是善德的精神。愛心不僅是一種感情，而是一種善德。善德乃是一種良好的習慣，良好的習慣由常常的善行爲以養成。每位同學便要時時注意，一方面不要做相反愛心的事，不要傷害別人；另一方面要做愛心的事，把愛心在言語行動上表現出來。在家裡愛父母兄弟姊妹，在學校愛老師和同學。今後走到社會去工作，愛同事和長輩，愛自己的國家和同胞。還要愛自然環境中的飛禽走獸，花草和山水。這種愛心的善德，由每天的小小行爲，積聚起來，養成一種仁愛的善德。

愛心的精神，在於求所愛的人物的利益，不在於本自己一己的私利。普通男女相愛常常在於追求獨自佔有，這是因爲男女相愛的天生目的，在於結婚，結婚祇能一男一女相結合。但是就是在男女相愛也要避免自私，要以對方的利益爲重，愛心才是純全的愛。至於家庭天倫的愛，朋友的友情，社會人群的互助，則更是以他人利益爲先。目前台灣社會生活的表現，都是自私自利；青年人及感到生活的煩惱，心靈的虛悶，轉而追求佛教的禪道，以解脫物質的束縛，這都因爲大家缺乏愛心。

愛心的精神，是犧牲的精神。純全的愛心，不僅不追求私利，還要犧牲自利，要讓別人得便宜。爲幫助別人，須要犧牲時間，犧牲精力，犧牲金錢。若是像楊朱一樣，爲幫他人卻一毛不拔，那是沒有愛心。青年人容易有犧牲的精神，敢爲一種理想而奔走。成年人則機心很重，計較利害，常是縮首縮尾。老年人更是精力衰弱，不想未來，不肯爲別人爲犧牲。所以要在青年時期，培養天生的愛心，常有肯爲別人而犧牲的素養，則從少到老，才能夠常有赤子的愛心。

四、基督的精神

基督在蒙難的前夕，遺訓十二門徒說：「我給你們一條新的誡命，你們要彼此相愛，如同我愛了你們。」（若望福音　第十四章第十二節）基督怎樣愛了他們？聖若望宗徒說：「耶穌知道他離開世界回歸天父的時辰已到，他既然愛了世上屬於他的人，就愛他們到底。」（若望福音　第十四章第一節）而犧牲了自己的性命。聖若望乃說：「我們所以認識了愛，因爲那一位（耶穌基督）爲我們捨棄了自己的性命，我們也應當爲弟兄們捨棄生命。若有今世的財物，看見自己的弟兄有急難，卻對他們關閉了自己憐憫的心腸。天主的愛怎能存在他內？」（若望第一書 第三章第十六節）聖若望所說的弟兄，不是指著家中的兄弟，而是指看社會的眾人，另外是指著自己的同志同道。

基督愛心的精神，便是我們天主學校。特別是我們輔仁大學教育的精神。不僅是爲教育的人，要有這種精神，肯爲學生犧牲自己，也培育學生養成這種精神。

可愛的畢業同學們，你們畢業的絕大多數將進入社會，參加各種工作。你們就要表現你們的愛心：愛你們的人格，愛你們的工作，愛你們的同事。人家或許要說你的太單純，太老實，或許罵你們太傻！因爲現在的社會，是投機取巧的社會，是互相排擠的社會，是踩在別人頭上以求自己上進的社會，可愛的同學們，你們千萬不要同流合污！你們心靈要純淨，目標要正確，行動要有愛心。到頭後來還是有愛心的人蒙福，上天天主會降福你們的愛心，同事和所接觸的人會看重你們的愛心，你們自己心也會因著愛心享受和安樂和愉快。

哲學與文化

剛恆毅代表抵華七十週年

剛恆毅總主教在一九二二年十一月八日抵香港，寄送了教廷傳信部致中國各教區主教的公函，宣佈他自己爲教廷駐華代的任命狀，十二月二十日往上海，十二月二十七日往北京，次年元旦，晉見黎元洪總統，二月二十三日在漢口成立臨時公署。

剛代表七十年前來到中華，確實是中國天主教會的新紀元，結束了一個舊時代；即是保教權時代，外籍傳教士作主人的時代，修院閉關教育時代；開創了一個新的時代；即是教廷和中國政府交往的時代，國籍聖職員作主人的時代，修院教育開放的時代。

自從一四九三年教宗亞立山六世，授予葡萄牙王東亞保教權開始，在中國的傳教事業，由葡萄牙王，法國路易第十四世國王，後來又由德國美大利等國保護，因著殺傳教士的教案，各國在中國要求租借港口和賠金，造成社會人士錯誤以天主教和基督教爲列強侵略中國的工具。教廷則於一六二二年設立傳信部，企圖擺脫列強保教權，又在李鴻章和陸徵祥管理中國外交時，談商和中國建立外交關係，都因法國政府的反對而失敗。教宗庇護第十一世於一九二一年登基。次年就派剛恆毅總主教任駐華代表。在代表來到中國以前，封鎖消息，嚴守祕密，剛代表到了香港，才宣佈任命狀，法國來不及反對。從此，教廷開始和中國政府往來，後來西方派遣正式大使。

從傳信部成立以來，直接管理中國傳教事勢，所派遣的傳教士，都是各國的修會會士，把中國的教區分別托給這些修會，所有主教都是這些修會的會士，他們是中國教會的主人。中國聖職員人數不多，只是贊助人。剛代表抵華奉行教宗和傳信部長的旨意，選舉中國神父任主教，開始以中國聖職員爲自己教會的主人，外籍傳教士改爲贊助人。

中國修院培植修生，依照慣例專讀拉丁文，讀士林哲學和神學，對於中國國文和普通學科則不教授。剛代表抵華後，通告教區主教，中國修院的教育按採中國中學教育，在哲學和神學中，應加讀中國文化史，又決定派遣年青神父和修生往羅瑪教會大學留學。以至剛代表駐華十週年時，羅瑪傳信大學已經中國修生三十多人。

上面這幾段簡單的說明，說明了剛代表抵華的意義。意義非常重大，非常有歷史的價值。

至於說剛恆毅樞機的爲人，我和他接觸很久。一九三五年他任傳信部次長，我於一九三六年受聖爲神父並在傳信大學教書，一直到一九五八年他逝世，我常到他的辦室和寓所，幾乎每星期兩三次見面。我體驗到他對中國神父的愛心和關懷，也體驗到他的直爽和誠懇的性情。我又看到他時刻都在工作的精神，遇事常有往將來看的遠見，作事常有一定的原則，講道常不用聖保祿書信的學識，常有他最喜愛藝術的專長。我和他往來，就像兒子跟父親或學生跟老師往來，事事都講，沒有隱諱。而且我很感激他對我一生的栽培。

向中國天主教大學教職員講話

（今天的天主教教師）

民八十一年十一月十四日

各位基督內的同道：

我們天主教大學教職員聯誼會開會，周會長請我以輔導司鐸的名義向大家講二十分鐘的話，我為避免說話拉的太長，耽誤專題演講的時間，我就把講話稿寫出來。

我今天的講話，講三個字。

第一個字是個「誠」字。近來教育部發動誠實教有，主張辦學要誠實，這大約是因為老師違規作補習，校長拿回扣。我在輔大十三年半，從來沒有覺到在什麼事上作弊，今天我所要講的「誠」，不是教育部的誠實教育，而是我們天主教教職員誠於自己的宗教信徒的「誠」。宗教信仰不是頭腦的信仰，更不是口頭的信仰，乃是心靈的活信仰，要表現在生活上，作成行為的標準。宗教信仰有禮儀的生活。我們要祈禱，要參加彌撒；宗教信仰更有精神的生活，我們的信仰指出生活的目標，在於愛天主愛人，生活的價值，在於能使心靈安定於天主。因此，在目前的享樂主義和消費主義的社會裡，我們要能不貪圖金錢，不追求享受，誠於我們的信仰，以同天主相結合為生活的目標，以天主的旨意為生活的規範。我們必定能夠善盡自己的職責，心靈得到安定，生活可以有快樂。目前社會人士，有許多人正在渴求這種心靈的安定，走向佛教力行禪靜。我們天主教人士在自己生活上表現因自己的信仰，獲得心安神怡，必定能夠引起旁人的注意，使他們傾向基督。

第二個字是「教」，我們身為教師，我的職務就是教導學生。但是目前教師把「教」字縮到智識和學術上，我們是在講壇上教學生讀書研究學術。然而中國傳統的教師是教人做人，教人做人不是在講壇上講，是在日常的生活裡去教。我們中國人的教師模範為孔子，我們天主教的教師模範是基督。基督教授門徒，雖然三年講道，實際則是一生用生活作教誨。基督一生的生活就是一個愛字，愛人而為人犧牲性命，以自己的犧牲教訓門徒彼此相愛。祂說明自己門徒的特徵有兩點：一點是背十字架跟祂走，一點是團結成為一體。我們便要肯犧牲，真愛人，以我們肯犧牲，真愛人，教誨學生也肯犧牲，真愛人。

第三個字是「學」。我們是教師，當然不是學生。但是學習不僅是學生要學習，每個人都要學習。越是有責任教誨別人的人，更要學習。我最近在益世評論寫了一篇「學到老，愛到老」。我們爲使每天的生活不變成呆板無味，便要把每天當成新的一天，每天的工作爲新的工作，每天用新的心情去做。我說我教書教了五十多年，現在每次授課前一晚，必要從新預備第二天的課。我所看的書常是新的書，所寫的文章常是新作。這樣可以和孔子所說：「發憤忘食，樂以忘憂，不知老之將至。」。雖然年老，精神常新鮮。當然大家知道學問無止境，不過，我們的學習不單單是學術，而是我們的生活，每天我們要學習使生活更好。你們結了婚的夫婦相愛，是須要每天學習相愛，愛情才能持久不壞。我們教書便要天天學習教習，教書才有快樂。

學校宗教教育的方策

一、學校的宗教教育

自民國初年以來，教育部禁止學校有宗教教育。現在因著社會的需要，教育部逐步開放學校的宗教教育。先准在輔仁大學設立宗教學系和宗教研究所，又准在台大學院校設宗教課，再准在高中職課程內加入宗教材料，以後再接受設立獨立宗教學院和宗教研究所的申請。

教育部以往禁止學校有宗教教育，有遠近的各種原因。近的原因，是民國初年盛行一種思潮，以爲天主教和基督教作歐美各國政府的工具，藉著殺教士的教案，侵略中國，這種宗教的教育乃是列強的文化侵略。又因爲民初大家崇拜自然科學，認爲宗教反對科學。遠的原因，則是中國傳統的思想，認爲宗教祇是人和神靈的關係，這種關係就是對神靈的敬禮。一個人不上廟進香禮拜，或是不在家供奉菩薩，不請和尚道士唸經，便是不信教。儒家和道家的思想，以哲學爲求人生之道，人生之道在遵從自然或人性天理。孔子主張聖人按天理製禮，禮便是人生之道，他說：「非禮勿視，非禮勿聽，非禮勿言，非禮勿動。」（論語顏回）《中庸》說：「率性之謂道，修道之謂教。」（第一章）《大學》說：「大學之道，在明明德。」（第一章）《易經》本來是爲卜卦的，向神靈預詢吉凶。孔子卻解釋，上天賞罰，絕對公平。人行善必有賞，行惡必有罰。爲吉凶禍福，不必問神靈，祇要自己行善避惡就夠了。儒家全部的儒理就歸於孔子的倫理，全部的哲學也不講宗教。講宗教的卻是廿四史的〈封禪書〉，《史記》和《漢書》的〈封禪書〉記述了各種神怪祭祀，長生不死的藥，術士巫婆。在中國人的心目中，宗教就是神怪迷信，登不了大雅之堂，更談不上學術。在西洋，自從第四紀以來，天主教成爲全民的宗教，後來在第十五紀基督新教分裂了這種局勢；但是宗教的意義則常是一致。西洋的宗教，是指示人生歸宿的信仰。信仰指示了人生最終的目標，目標給與人生一種意義，人生的意義規定生活各方面的規則；因此宗教信仰包括整個的人生，私人生活家庭生活國家生活，都受宗教信仰的規範。政治和宗教常連結在一起，及到近世紀才有政教分離。學術常以宗教爲基礎，歐洲大學由神哲學院在中世紀開始，歐洲藝術如建築繪畫彫刻音樂，都以宗教爲題材。在自然科學興盛以後，雖有科學與宗教對立的議論，科學家則都信仰宗教。社會風氣在最近兩世紀享樂主義和消費主義釀成了風氣，民眾生活實行世俗化、脫離傳統宗教信仰的形態。但是在學術界，宗教常是學術研究的重要課題，而且爲研究文化的基礎。在教育界、宗教教育乃是生活教育、在中小學校設立，教會自身也辦主日學。

二、常識宗教教育

目前，在我們社會一般人的心理中，宗教仍舊保有傳統意義的色彩，是對神靈的敬禮、和迷信不分。宗教教育便被看作宣教行動，一個宗教宣傳自己的信仰，勸人進教，大都抱保留的態度。在歐美各國裡，既然大家都信天主教或基督教，宗教教育便對信仰作扼要介紹，對倫理道德詳細講述。在我們的學校裡卻不能這麼辦，因爲我們的讀書人大多不信教，更不願意不成年的兒童接受宗教的宣傳。

但是有兩種例外：一種是教會辦的學校，對在校的學生介紹自己教會的信仰和禮儀，增加學生的常識。例如：一位在天主教所辦的學校裡，尤其在高中高職和大專，對常識方面說，應該認識辦學校的天主教。我常說在天主教的輔仁大學讀了四年，家長向他問天主教是什麼教，祇能答說不知道或者家長問天主教的彌撒是什麼?也祇能答說不知道，是一種不合理的事。所以在多次做意向調查時，很多學生都抱怨沒有機會可以認識天主教。另一種例外，是大專院校講西洋文化史，講西洋思想史，應該講天主教和基督教的信仰，就如講中國文化史和思想史，必定該講儒家的思想，否則便不能懂中國文化和中國思想。同樣，不講天主教和基督教，便不能懂西洋文化和思想。乃到現在，中國出版界所出的西洋文化和思想史，不是隔靴抓癢，就是抄襲一些陳腔舊調。同樣對於近來的回教文化和印度的文化，也缺乏宗教的知識，爲補救這項弊端，在大專院校設立宗教課，簡要介紹這些宗教信仰和歷史。教授的態度應該保持超然，對信仰不加批評或輕慢。教課的題材，須要簡單明瞭；這就必要內行人才可以做好。

三、學術宗教教育

宗教爲學術，可以做教育和學術研究的對象，在西洋學術界已經是一千多年的事，在亞洲各國的大學也是既成的事實，唯獨我們中國的教育界不屑以宗教作學術看待。我向教育部申請設立宗教學院不成，既設宗教研究所，再增宗教學系，去年教育部的評審會還不通過，認爲不是學術對象。我申請幾位教授的神學博士文憑認定，教育部也不許。從歐美的一個大學，所得的任何一科博士，教育部都認定，唯獨不認定神學博士，我向教育部說這是令世界學術界笑中國教育部的無知。就如前幾年我申請設立應用美術系，列舉課目內有雷射藝術，教育部駁回說雷射屬物理系，怎麼有雷射藝術？不知道新的雷射藝術已經在台灣戲台佈景應用了。又如我申請設立文化系，教育部說不是教育的學術對象，改成比較文化系，評審會又說社會有需要，還是不許，可是社會的文化運動已滿天星斗，都鬧缺乏人才呢！

大專院校應開宗教學術科目，或設宗教系，或設宗教學院，採歐美先進大學的模式，教授各項有關課目。在我國更要祈求佛教和道教。佛教爲中國的大宗教，然而對佛教的研究，日本遠遠超過中國，在台灣現在還更不容易聘到合格的佛學教授。目前研究道教的學者，在台灣還要推一位荷蘭學者。

宗教學術的研究，有神學方面，有宗教哲學方面，有宗教歷史方面，還有文化史方面，深度廣度都可以走。另外宗教和迷信也要分清楚。還有法律方面，內政部早就想立宗教法，目前國民大會也在喊；可是法學界對於「宗教」的意義都弄不清，說不出來宗教是什麼？宗教法怎麼立法。把神壇認爲宗教，以限制神壇的態度來設立宗教法，不是把宗教看成了迷信嗎？所以我始終反對設立宗教法。因爲先要在學術界釐清宗教的意義，然後才能談宗教法？

宗教神學（不是迷信學），宗教哲學，宗教史，宗教與藝術，宗教與文化，宗教與人民生活，宗教與法律，都是學術宗教教育的課目。教育部還要立制承認大學的神學學位文憑，期能有合格教師。

四、生活宗教教育

宗教是人民的生活，不僅是敬神拜佛的宗教儀禮生活，而是人民的全部生活，我們中國認宗教生活，就是敬神拜佛，目前盛行的禪定，也是念佛求定。

宗教教育，現在由教育部引起學校，是應社會的需要而作的。社會的需要，目前集中在人生問題。青年人沒有生活目標，隨著社會的風氣，把金錢看作最高價值，用金錢追求享受成了人生的目的，爲達到目的，不擇手段，青年犯罪率隨年增高，犯罪青年的年齡越來越低。在這種情形下，開放宗教教育，目的爲教導青年有正確的人生觀。

學校的宗教教育，不爲宣傳宗教，但爲告訴青年的人生應有目的，目的不能放在現世的名利和享受上，因爲這一切都要隨著時間過去，不能滿足人心的要求。人的心靈是精神體，是有無限的要求，也具有無限的創造力。青年應培育心靈的要求，心靈要求真美善，真美善的對象有物質有精神，物質要符合精神，精神要配合倫理道德，人的心靈才可以快樂。

「我」是可貴的，也是該受尊重的。但是在「我」以上有造物者，爲「我」生命的主宰。中國歷代的人都相信「天命」。「天命」不使人悲觀地等待命運的安排。而使人積極向上。造物者給人無限的能和才，每個人要發揮所得的才能，創造更好的人生。造物者按照每個人工作的善惡。將予以賞罰，中國古人都相信善惡報應。人注意報應不是功利主義，乃是正義感，用以培植自己的責任心。孟子也曾說過：上面對得起天，下面對得起旁人，這是人的一大快樂。

愛心，爲各種宗教的共同點，也是共同的精神，宗教的生活教育。應特別注意愛心教育，以基督、佛祖、孔子的愛心作實際模範，向學生講解。要達到如孟子所說：愛父母、愛旁人、愛萬物。目前社會的人過於自私，缺乏愛心。

犧牲的精神，又是各種宗教的共同精神。一個人的人格在自己的自我犧牲中養成。自我犧牲在於練習自制，練習有規則，練習自強不息，練習肯吃苦。目前的青年，傾向追求享受，不喜歡規則的限制，應該加功鍛煉意志，擺脫壞的習慣。基督愛人的犧牲，可以激發青年人向上的心。

生活教育爲活的教育，爲動的教育。生活宗教教育，靠教師把宗教教材作成活動的教材，按著學生的心理，生動有趣地予以講述，使能溶入學生平日的生活中。

這樣看來，學校宗教教育是項很難的教育工作。學生本身和家長大都不信教，學生對於宗教信仰不是懷著敵對的心理，便是懷著輕視的心理。在這種情況下，要把宗教教育教好，實在不容易。十幾年以前，大學院校都有哲學概論一科，一次大學院校的教務長會議建議教育部取消這哲學概論課，因爲教授教不好，學生不願意聽。後來，各方面因爲大學聯考使中小學學生習慣背書應試。大學生缺乏思考力，中國哲學史屢次申請教育部恢復這一科，教育部常答覆不是教育部要取消，是學校要取消，若是學校願意恢復，可以自由恢復。我祝望宗教教育不要遭到這種命運，能夠因老師教得好，學生可以樂意接受，對於青年人的生活，發生良好的效果。

宗教如何發揮社會教化功能

（省民政廳辦理宗教與社會發展研討會開幕禮致詞）

民國八十年五月四日

中國歷代的傳統文化爲儒家文化，爲士人階級的文化。士人是讀書人，讀孔、孟的書籍，孔、孟雖信上天，但是不多講，中國士人便沒有正式公開的宗教信仰。中國歷代的社會，除士人以外，還有極大多數的農人、工人、商人，這一班社會基層的人，在生活的禮規人，服從孔、孟的學說，在生活的內容裡，則充滿了佛家和道家的信仰。他們對於人生的看法，是佛教的輪迴；他們對於生活有問題時，不上孔廟去請教，而是上寺廟去禱告。因此，有人說中國歷代的社會裡有多元的文化，有士人的正統文化，有基層的鄉村文化。到了民國，士人的階級解散了，在大陸，中共提倡工農專政，在台灣工商人士統制了社會，士人正統的文化隨著崩潰了，鄉村文化又因著傳統的農業社會改成了新式的工業社會，也失去了立足的根基。因此台灣和大陸都形成了文化空虛的情況，人民生活的方式亂了，人民生活的趨向低了。爲能改良這種情況，大家都在文化方面從事建設；而且大家也注意到宗教的教化功能，因爲在基礎社會裡，宗教信仰，仍舊如同一束火，燃在人們的心裡。

目前工商的社會，生活的趨向，在於食色的享受；生活的目標，在於賺取金錢；所造成的生活，是相爭相奪，終究導致成心靈空虛煩悶的生活。宗教對於這種社會生活，著實可以發揮功能。

首先，在追求名利色慾的慾火上，要潑冷水，使心裡的慾情涼下去。一方面，宗教法師和聖職員牧師，給人講形色物質的虛幻，精神生活的高尙予以適當的開導。另一方面，則要教人實行減輕物質慾火的生活，佛教教人禪靜，天主教教人避靜。在幽靜的地方，逃避社會的繁亂，靜下心，反省自己的心靈狀態，在默靜裡，想一想生命的意義。目前已經有政界人士、電視明星、青年學生，在作這種反省。

但是不是一般的人，都能作這種靜默反省，也不是一般人都願意作。爲一般的社會人士，我提倡由宗教界發起一種改革生活的運動，可以稱爲「樸素生活運動」，或「安定生活運動」，不由上面的政府發起，而由宗教的基層人士發起，訂定幾條生活的規則，作爲公約，志願參加的人，許下遵守。佛教理事會、基督信仰合作委員會、八宗教座談會，可以作爲推動這種運動的機構。星雲法師請帶頭登高一呼，響應的人必定很多，這種「安定生活」

或「革新生活運動」再由民間各種社團推行，民政廳林廳長作這種革新生活運動的幕後導演，持之以恆，造成風氣，遍行全國，我相信國民生活的品質，必能提高，社會動態的趨勢，必將走向倫理道德的方向，宗教對於社會教化的功能，乃能發揮，造成良好的成果。

以宗教力量淨化家庭

——羅光總主教、王敬弘神父的講詞

「本刊訊」由中央日報、再興文教基金會、關天師天心慈善基金會聯合舉辦的「以宗教力量淨化家庭」座談會，三月廿九日下午二時卅分在中央日報七樓會議室舉行，由中央日報社長石永貴主持，出席貴賓包括羅光總主教，靈泉寺惟覺法師、台北清真寺定中明大教長、耕莘文教院院長王敬弘神父、孫越先生、政大訓導長林恩顯、關天師。多位宗教界領袖一致認爲，當前社會價值體系逐漸崩潰、功利主義抬頭、傳統家庭制度受到衝擊，因此以宗教引人向善信念，端正家庭倫理；以信仰潔淨人心，維繫家庭親情，是未來必須努力的道路。

以下是代表天主教的羅光總主教和王敬弘神父在會中的談話：

羅光：以宗教信仰淨化家庭，是使家庭實現本身的意義。又使家庭生活得有超越人力的保障。

宗教信仰使家庭實現本身的意義。家庭的結合，是人性自然的要求：爲傳繼人類，爲完成夫妻兩人的生活。在達到這兩項目標，家庭的結合須是愛的結合；家庭的基本意義，是一個愛的團體。

天主教的信仰，是愛的信仰。聖若望宗徒曾經說：天主就是愛，因為愛，天主造了世界；因為愛，天主救贖了人類。耶穌基督三年講道，就是講天父對人類的愛。耶穌基督在最後晚聚裏，留給門徒的遺囑：「我給你們一項新的誡命，你們要彼此相愛，如同我愛了你們。」

天主教用基督的愛，作為家庭的愛的模範。夫妻相愛，兩方都要肯犧牲，世上沒有一個人是完全的人，無論誰都有優缺點。夫妻兩方相尊重，互相容忍，互相瞭解。若遇著一方有錯，他方能夠原諒。基督曾經說過，你們要寬恕別人對你的過錯，天父才寬恕你們對天父的過錯。寬恕別人，就是使自己得到寬恕。

現在夫妻最易反目的事，是婚外情，一方對另一方不忠誠。另一方不知道，天主卻已經知道，已經知道這種罪惡。將來若犯罪的人不悔改，一定要罰，而且是身後的永罰。所以信仰要求人要對天主忠誠，因此夫妻對於另一方必要忠誠，保證夫婦愛情的圓滿無缺。

父母子女的相愛，為人性的流露，父母也常為子女多作犧牲。在目前的社會裏，這種天性的愛情，也受到污染。父母對子女的愛，祇求子女有享受，卻不知道予以適當的教育。子女對於父母，因觀念不同，因父母缺少照顧，便日漸疏遠，還有時蹺家，天主教信仰，告誡子女們孝敬父母乃是天主所定的規誡，報恩的心又是信仰生活的重心。孝愛的活動隨時代而變，報恩的心則不能變。

家庭的生活雖具有天倫之樂，但是在實際的生活裏必定有許多困難，困難有時多又重，使人擔負不起。天主教信仰給人承擔困難的適當助力，即是天主施予人助祐。

夫妻子女，誦讀聖經，從聖經裏可以取得生活的教訓，可以取得精神的安定，可以取得心靈的融洽。中央日報婦女專輯，曾登載一位從香港來台灣發展工作的女子，單身在台灣，滿目生疏，膽怯心驚，但因和同道誦讀聖經，乃有了信心。

王敬弘：我從十七歲就開始接觸宗教，宗教對家庭的影響和助益，我本身就可以做個見證，我的父母分居三年之後復合，就是受到宗教的影響。

耕莘文教院是一個推動人文活動建立健康社會爲宗旨的機構，從宗教信仰的觀點、從個人心理輔導，我們發現，心靈上有困擾的人，最大的傷害來自家庭，由於社會環境變遷，造成今日家庭倫理破產。

我個人的感觸，政府遷台後，在各級學校中有系統的推動無神論教育，家庭中縱有宗教信仰可以影響子女，而子女就學之後，幾與宗教絕緣，宗教的教化精神，難以落實在下一代身上，又如何以宗教力量淨化家庭？

過去，宗教活動在學校中完全禁止，現在雖已放寬，但不是在很光明正大的情形下進行，政府如能重視宗教教育，准許學校中有宗教活動，讓我們的下一代真正了解宗教價值，久而久之，宗教自然會在個人、家庭乃至於社會上產生淨化的力量。

另一方面，宗教在社會上、政治上也沒有受到應有的重視。

我個人從事心理輔導的實際經驗，發現有心靈困擾的家庭，是因爲父母對子女所要求的「孝順」，除了「孝道」之外，還有過分苛求的「順從」，抹煞了子女的人格尊嚴。事實上，兩者之間應有其「互補性」，父母要求子女孝順、孝敬，也應該對子女的人格予以適當的尊重。

新經全集序

精衛填海，愚公移山，古代留傳的事蹟，時時啓發人心自強不息。漢唐存留石刻十三經碎片，宋明存留佛教大藏，處處激勵人對經書的敬重，我曾到韓國大邱伽那國家公園的海印寺參觀普世現存的唯一佛藏古刻原本，這部高麗大藏經刻於十三世紀，刻拓八萬片，保藏在兩進藏經樓裡，列爲韓國國寶，參觀時，我對刻柘者和收藏者的耐心和苦心，心中油然起敬。

近來古代有抄寫聖經的羊皮捲，保存在世界著名的圖書館，看爲學術界的瑰寶，歐洲中世紀，本篤會修士以抄書作日常工作，給後代留下了許多精美的藝術品，我國古代也有書法名家抄寫佛經，以書法傳世，目前還有虔誠的的居士，抄寫佛經，供奉如來。

孟化新同道，信仰虔誠，曾經以費時二十年所抄的新經全集二十七卷，呈獻教宗，民國七十一年四月四日，爲恭敬聖母，開始第二次抄經。六年後，於民國七十七年十二月廿三日，抄完全部新經，共十二冊，敬奉萬金聖母。萬金聖母殿主管人，不願把孟同道心血，束之高閣，計劃影印三百套，供全國同道恭讀，引發愛慕聖經的熱忱，我曾向中華聖經協會建議刊印大字本聖經供年老人誦讀。孟同道抄本字大且美，很合我的理想，祇是十二大冊不易供一般人使用。若依印爲兩冊，必能成爲家庭聖經，我懷著這種願望，特爲寫一篇短序。

羅光序於天母牧廬

民國八十一年二月二十日

利瑪竇的記憶之書序

一九八三年九月輔仁大學舉辦了利瑪竇來華四百週年學術研討會，由國史館、中央研究院，故宮博物院協助，會後，輔仁大學計劃出版《利瑪竇全書》，先將利子的義大利文著作：中國傳教史和書信，翻成中文，由光啓出版社於一九八六年出版，利子的中文著作，已收集在學生書局出版的天學初函和天主教書傳文獻裡，還沒有抽出，印成專書。

兩年前，北京大學哲學研究所博士班，研究生孫尙揚君來函，說他同中文系，王麗麗小姐翻譯了《利瑪竇的記憶之書》，想由輔仁大學出版社出版，我回信請寄來原文和譯文，由神學院教授審查。審查結果很好，我便決定由輔大出版。

在利子的中文著作中，有記法一小冊，可以和這本書參閱，這本書的特點，在於詳細講述利子記法的應用，有圖，有說明，從現在電腦興盛以後，利子記憶法可能顯出陳舊；但是在實用心理學方面，還有不可磨滅的價值，因爲利子的記憶之宮，是用心理科學方法構造，「利瑪竇處心積慮地想通過創造一組有一定位置的意象群來引起中國人對他的記憶理論的興趣，通過各種思想之間的聯繫或某一特定的記憶規則，這一組意象，社會順以不斷地演變出一條需要的信息。」(本書第一節)爲思索,我們的腦子不能亂,思索要有頭緒,有條理,爲記憶,腦子也不能亂,每樁事,給它一個位置,位置要彼此相連,如同一座樓閣,彼此相通。方法,則就在安排位置,按事件的輕重和彼此間的關係,有系統地予以安置。這也是心理學上的技術。

我很高興輔仁大學出版社,能夠出版這本書,加在利瑪竇的全書裡,使利子的全書更充實。而且孫君和王小姐的譯文也很流利,使全書增光。我既爲利子全書作了序,也爲這本書寫篇短序,說明印這本書的意義。

羅光序於輔仁大學

民國八十年七月十八日

劉真先生與台灣教育序

十天以前，鄧玉祥博士弟子，交給了一包稿紙，請我寫篇序，我想她是印她的博士論文，論文是我指導的，我當然答應寫序文，昨天晚晌動筆寫了一大段，爲尋找一文據，我開她的紙包，我呆住了，她要付印的不是她的論文，是另外一種著作。書名是《劉真先生與台灣教育》。我祗好另起爐竈。

劉白如先生和我相識多年，我果然知道他是台灣教育界開路先驅，前年行政院文化獎評審會開時，我見到白如先生的資料，更了解白如先生對台灣教育的貢獻，去年，中山學術基金會推白如先生爲董事長。一年來我見他在基金會推動國父思想的研究工作，加深了我對白如先生的敬佩，今天再看鄧博士的文章，我慶幸白如先生的教育思想，能夠供全國教育人士的參考和借鏡。

鄧玉祥博士求學不輟，已爲大家所週知，從北一退休後，六年工夫勤讀輔大哲學研究所碩士班和博士班，考取了學位，兩年來仍舊到輔大聽我的課，真是八年如一日，以銀髮之年，風雨無阻，真令人欽佩，尤其心懷謙虛，尊敬師長，這本著作，充份表達這種精神，在今日難能可貴。

白如先生爲師範生的校長，率之以正，誰敢不正，鄧博士爲他的門生，有爲師之風，我很樂意替她寫這篇序。

八十三叟羅光序於天母牧廬

民國八十二年六月五日晚

懷念剛恆毅樞機

在我一生所最懷念的人中，除開家中父母親人，就要算剛恆毅樞機，不但因爲他決定我一生的途徑，而且又因爲我們來往的關係最長，我去羅瑪留學，是當時任駐華宗座代表剛總主教決定的，在羅瑪晉鐸後，繼續讀法律，是當時任宣道部次長剛公要求衡陽柏主教定的，我任教傳信大學，是當時兼任傳大校長剛公聘的，若沒有這一連串的決定，我今天決定不是今天的我。

從一九三六年，我在傳大任教起，直到一九五八年剛公去世的時候，我幾乎每星期一次到他的辦公室或是住家，爲留羅瑪中國聖職員，中國教會，以及中國國民政府和教廷關係，各方面的事，向他請示或求助，我所遇到的不是一位高級主管，而是一位和靄可親的父親，又體驗到是一位有原則的長上。

剛公是一位有原則，而且擇善固執的學者，他有三點終身不改。第一，專心宣傳福音事業，從他任駐華宗座代表開始，一直到死，常以傳教事業爲重，在去世前半小時，我陪于斌總主教看他，他說自己準備出醫院，參加新教宗的選舉會，希望選一位看重傳教事業的教宗。第二，剛公專門研究天主教藝術，他青年時就愛藝術，且親自彫刻，和他的弟弟編寫了中等學校藝術課本，到中國後，在輔大提倡中國聖畫，又聘一位荷蘭本篤會神父，繪圖建築中國式修院，在羅瑪繼續研究，去世前幾天，出版了一生最後的著本，為一冊講藝術的書，我到醫院看他，他還把書給我看。第三，剛公愛護中國文化和中國聖職員，他常作講演，免不了必要提到中國文化，常以和羅瑪古文化相比，對於羅瑪的中國神父，他非常愛護。一次，中國某主教送一個已經結過婚，太太死了，然後修道，年歲又不少的修士到羅瑪傳信大學，雷永明部長認為和規則不合，不便收留，剛公時任次長還是勸部長收留，讓修士晉鐸，剛公最不喜歡人家在公開場所，讚頌他的功德，他晉樞機，宣道部人員舉行慶祝會，代表部員致辭者稱誦他在部的功績，他立時打斷演說詞，央求說：「饒了我罷」，但是我們留羅瑪中國聖職員慶賀他，我致詞，稱誦他的功德，他答著聽，後來私自對我說：「你中國人對我說話，是出自內心，別人稱讚，都是虛套」。他過八十壽，沒有任何慶祝，祗要我們幾位中國神父到他家，參加彌撒，一同祈禱。

剛公擇善固執，一生抱著自己的原則，造成高尚的人格。

民國八十一年三月四日寫于天母牧廬

聖經學會五十週年紀念文

去年接到香港聖經學會成立五十週年索取紀念文的信，我因減少與外面的應酬，把這件事擱下了，最近又接來信摧稿，我想對已故好友雷永明神父的交情，這篇紀念文章還是該當寫，聖經學會係五十年前雷永明神父所創設，目的爲漢譯全部聖經，這其間的經歷，紀念專刊上必有詳細的敘述。全部聖經漢譯的成功，和翻譯工作的困難，也必定有人敘說，祇可惜當年參加譯經的人有幾位已經離開人世升天了，但還在人世活著的譯經人員，可以述說這段精貴的歷史，我到香港聖經學會拜訪雷神父好幾次，也看到當日工作的場地，又聽到分工合作的程序，深深地體驗到聖經學會的精神。

這種精神有幾點特色，第一點勇敢而又戰戰兢兢的精神，聖經學會爲中國天主教第一次翻譯全部聖經，是教會千年的基本大業，學會領導人是義大利人，學員都是方濟會無名的神父，他們卻有勇敢負起千年大事的擔子，勇敢往前，但不敢粗心，戰戰兢兢地天天埋頭去做，不計成果。第二·密切合作的精神，翻譯的工作訂有嚴密的程序，每節譯稿，從初稿到定稿，中間要經過好幾回對校和修改，每位工作員擔任一部份工作，不能亂，不能省略，不能求快。第三、愉快和樂的精神,當然工作員都是方濟會士,養有聖方濟的樂天心情,但也因爲雷永明神父靈修很高,愛德深厚,仁風移人,工作室旁有聖堂,方濟會的唱經祈禱,便是翻譯工作所有愉快的泉源,我們常說在聖人上司下面工作,有痛苦,因爲不能絲毫苟且,隨便;有快樂,因爲愛天主愛人的心情充滿場所。聖經學會在這種精神下完成翻譯聖經的千年大業。

中國天主教會有了一套全部聖經的譯本,用白話文,適合日用。譯文信而達,由原文直譯。雅,是盡其可能。這部聖經全集,不但超過基督教的聖經漢譯,而且也超過佛教的譯經,我們現代研究佛教,閱讀佛教大藏經所有翻譯經卷,費心費力,還是不好懂,聖經學會的聖經全集,則流暢明白。雖然有許多文句可以修改,我也曾向雷神父說過,他堅持不要改,因怕有損譯文的「信」。現在有新譯本,還有天主教和基督教合作的翻譯,但都以聖經學會的譯文作標本。

聖經學會的聖經全集確實完成了中國天主教的千年大業。

新生訓練講話

各位新同學歡迎你們到輔仁大學來求學，自小學到高中，你們都是立志上大學，也費心費力預備各種考試，爲走上大學的路，現在你們達到了目的，你們心理覺得滿足，懷著愉快的心情，踏進了輔仁大學的大門。

輔仁大學創立在北平，已經有六十三年的歷史，當八年抗日戰爭時，輔仁大學獨自留在北平，保存愛國的精神，受日本人的迫害，抗戰勝利後，得到我國政府的表揚，但是中共佔據北平以後，沒收了輔仁大學，改爲人民大學的師範學院。

三十年前，羅馬教宗若望第二十三世決定輔仁大學在台北復校，由原先在大陸三所天主教大學的負責人，共同合辦復校的輔仁大學，即是由中國天主教主教團、天主教聖言會和天主教耶穌會合辦，所以輔仁是一所聯合大學，現在有七個學院，還有附設的神學院，日間部夜間部共有一萬柒仟位學生。

輔仁大學爲一所天主教大學，天主教辦學的宗旨，在於培育完全的青年，注重學業的教育，也注重人格的教育，學校的負責人，以愛心和耐心接待學生，老師們則用心輔導學生，學校向學生所要求的有兩點：

第一，責任感，同學們來輔大是爲受教育，受教育有兩方面的責任，一方面是讀書，讀書包括上課，包括考試，包括學術研究，學校要求學生對於這些工作，要有責任感，好好去做，使自己真正可以得到求學的結果；另一方面是遵守學校規矩，學校的規矩在於維持學校生活的秩序和安全，使大家能夠安心求學。

第二，愛心，學校負責的人以愛心辦學，培養學生的愛心，輔仁大學的學生要愛自己的家庭、自己的父母，你們的父母多年來費心費力，使你們能夠受小學到中學的教育，現在更費心費力，使你們能受大學的教育，你們心中常要記住父母對你們的恩愛，必定要以孝愛心情報答他們；你們也要愛你們的學校、愛惜學校的校園，校園一花一草都要看做自己的花草，學校的房屋和家具也要愛護，更好敬愛自己的師長，對於他們有禮貌、有敬重，有如你們的家長；你們要愛國家，在四十年來國家所處的境遇非常艱難，現在雖然經濟發達，生活充裕，然而前途仍舊困難很多，你們要抱著爲國家服務的精神，培養自己的學識和人格，預備將來可以從事國家的建設。

各位新來的同學，今天你們進入輔仁大學，時間會過得很快，四年的求學時期，一下子就會過去，你們要好好把握時機，善用時間，一面求學，一面培養品格，到四年後畢業時，我預祝你們能心滿意足，學識高、人格高，成爲國家有用的人才，我將祈求上天保祐你們四年在學校裡身體強健、精神愉快。

衡陽常氏族譜序

中華民族卓然立於天地間已五千年，文物不墜，源流可考，有廿四史記述朝廷歷代大事，有地方方志記錄郡縣事故，有氏族譜書記載宗族支系。世界各民族無此史乘典籍，不能如中華民族之歷史彰明昭著也。

氏族譜書在漢時已有王符《潛夫論》之志氏姓，隋書經籍志有王儉之百家集譜，王僧儒之百家譜，且有族譜之謝氏譜楊氏譜蘇氏譜。宋眉山蘇洵修蘇氏族譜，曾作譜例，又作序，再作族譜後錄上下篇。

蘇洵譜例云，古者諸侯大夫有宗廟以維持宗系，秦漢以來，已無世國世卿，「無廟無宗，而祖宗不亡，宗族不散，其勢宜亡而獨存，則由有譜之力也。」蘇氏族譜序之：「觀吾之譜者，孝弟之心可以油然而生矣。」

中華民族以家立身，以族立國，孝弟之道數千年爲家族之基德。族譜述說歷代先人之家教與善行，後代子弟觀之，油然而生孝弟之心，族譜乃爲族人之環寶焉！

衡陽常氏裕民先生，痛惜家族遭遇民國八十年中社會動亂，族人離徙，族譜散失，乃籲族中賢輩，覓尋失譜，未能收集宗譜全部資料，遂專心纂修。

常氏源流上溯三代，《史記・五帝本記》謂「黃帝得風后力牧幸先大鴻以治民」，鄭樵《通志》以「常氏姬姓，衛原叔與孫食邑於常，因以為氏」。常氏來衡陽，始自常道卿，於公元一四二五年明洪武時，來衡任官，定居衡邑，五百年間，代有顯要。余年少出國，六十年未回家鄉，鄉中人事渺茫不知。裕民先生纂修常氏族譜來請作序。余既愧於素昧譜學，又慚於不識鄉賢，久不敢執筆。然於裕民先生修譜之苦心，深有同感，又佩裕民先生採取新式譜系表與公元紀年，以便後進。故簡書數行。謹以為序。

羅光予於天母牧廬

民國八十年五月廿七日衡陽八十叟

康有爲詩集序

清代之學術，以經學爲主，前期重考證，後期揚今文。今文學宗公羊，公羊學在清，由魏源、龔自珍倡導，康有爲集成。有爲著新學僞經考與孔子改制考，弟子梁啓超曾批爲純任主觀，蔑視客觀事實，乃一種政治革命社會改造之意旨。有爲少有救國大志，盱衡時勢，擬以孔子爲標榜欲效孔子之改制，創制新法。其詩集首卷有愛國頌，爲三十歲前之作，頌中有云：「我何幸生此第一大國兮，神氣王長。我之哲學包東西，我無壓力無所迷，我欲自強兮，一號而心齊，大呼而奮發，氣銳神橫飛。」當旅順膠州灣被割讓，有爲與同志組保國會，作詩云：「八表離披割痛傷，群賢保國走徬徨，從知天下爲公產。應合民族救我疆，八俊三君自鉤黨，周鉗來個巧飛章，書門幸免誅臣事，明望如天賴我皇。」彼自註曰：「劾章上，上曰會名保國，何罪之有，不必白太后，乃得免，否則黨獄先起矣。」戊戌政變，黨獄興起，有爲逃亡日本，出走香港，遠遊歐洲。在港有詩云：「愚公志移山，誓欲救國活，遭逢際聖主，愛民變法決，謬贊維新政，百日民大悅，掃除二千年，秕政一旦脫。龍漦流大庭，兵氣纏宮闕，堯台痛幽囚，黨獄慘流血。」辛亥革命，民國成立，有爲遠離政治，成大同一書。演禮運大同之意，幻想結西哲之言，破國家與家族之藩籬，集世界為一政府。自題其書云：「廿年抱宏願，卅卷告成書。……人道祇求樂，天心惟有仁，先除諸苦法，漸見太平春。一一生花界，人人現佛身，大同猶有道，吾欲度生民。」所言屬幻想，其情足見仁，胸懷擴廣，有孟子浩然之氣，梁啓超云：「嗚呼，真可謂豪傑之士也已。」㈠

康有為之詩，亦其如人，熱情磅礴，真性流露。彼自序其詩集云：「吾童好諷詩而學在撢理，既不離人性，又好事不能雕肝嘔肺，以為待人。然性好遊，嗜山水，愛風竹，船唇馬背，野店驛亭，不暇為學，則餘事為詩。」詩多寫實之作，誦其詩，可知其為人也。啓超曾手抄其詩集四卷，有為自書抄本序與跋，余觀其書法，豪放奔騰，清爽而強健。今其孫保延先生以其祖所刊詩集十四卷。補滿一輯，都一千一百，重印問世，索序於余。曾為文數行，徨恐有負先聖，閱者幸胡以罪乎。

羅光序於台北天母牧廬

民國八十四年辛亥歲四月廿四日

註：

㈠所引梁啓超之句，出其所著清代學術概論。

碧岳神哲學院三十三年紀念

時間過得快，一轉眼就三十三年了；環境變得也快，三十年來台灣教會環境變遷很多。三十多年前，第二次大戰結束不很久，美洲和歐洲不少從軍青年，因戰爭的慘苦經驗，對生活有重大心理改變，願棄俗修道，有的還進苦修會。因而壯年聖召乃成爲當時的現象，各地爲因應這種現象遂設立成年聖召修院，羅瑪教區也成立了一所。台灣那時雖沒有這種現象，但有小數教友青年，在大陸曾經有司鐸聖召，因共黨執政後，逃來台灣，並沒有娶妻；也有些壯年因生活環境不易應付，有棄俗之心，因此，碧岳修院在三十三年前，在台南設立，幾年裡，招收了二十幾位成年教友，修道晉鐸。過了近乎十年，成年聖召缺了，同時台北多瑪斯神哲院改組，青年修生往台南走，碧岳修院二十幾年內，成了正常的神哲學院，培育了大批青年司鐸，現在環境又變了，社會一般民眾的教育程度提高，司鐸的神哲學識和文憑，促使主教們和男修會會長們決議加強修生的神哲教育，統籌在台北設立總修院，碧岳的修生又要北上了。

但在教育程度增高的社會裡，倫理道德日益低落，在社會工作的司鐸，在修養上必須多加一番功夫；因而有神修的一年。台北爲求學很好，爲神修卻多困難。假使碧岳能成爲司鐸的神修中心，修生神修的一年，在碧岳居住；院內又爲全台灣神父舉辦各種進修班，默觀避靜，碧岳又可爲我們的司鐸聖召多有貢獻。

這只是我這老年人的想法，年輕的鄭主教必定還有自己的想法；別的主教神父也必定有好的想法。我祝聖碧岳修院繼續爲司鐸聖召有好的事業。

羅光　一九九四年五月十三日

文元院長神父公鑒：

接來函，促爲碧岳三十三年專刊寫稿，心中有感交集，當年設碧岳，現卻遭人指責催毀碧岳，可好作事，爲天主評判也在天主，心中乃能平靜，紀念文字已寫好，茲寄來。順祝

主祐

民國八十三年五月十五日

紀念林天助主教

我從羅瑪到了台南教廷，直接屬于主教的神父只有倪幼民神父，我在羅瑪雖要請了傳信大學畢業的中國神父約二十位，但我還想從高雄修院的修士裡爭取幾位，因爲台南教區是從高雄教區分出來的。我幸運地爭到了白正龍和葉勝男兩位，都送往羅瑪傳信大學，現在都是蒙席。那時在傳大剛晉司鐸品，留校改讀博士的林天助神父，我又想爭取，寫信給鄭天祥主教（那時還不是總主教），他不執意不肯，我向傳信部次長當面說，又向傳信部長寫信，一心要林天助神父來台南，傳信部次長後來當面向我說：「你們倆中國主教的事，自己解決罷。」我便不再向鄭主教提了。

在林天助主教受祝聖爲主教以前，我沒有同他有來往，祇聽說傳教很積極，做事很認真。受祝聖主教後，也少有來往，祇在主教團開會時，常見面。從開會中，我認識林天助主教是一位直爽的人，看事很注重實用。每次開會，他常發言，發言中肯，看法也遠。例如，對修生問題，他贊成合一修院，對修生參加大學聯招考試，他卻反對。對主教團祕書處，他贊成出售現在的土地，出賣所得的錢，在新莊多瑪斯修院土地上，修造合一修院，主教團祕書處和多元化的講習大樓。對福傳大會的工作，他都表現積極的精神。祇有一次，在開會時，我倆的意見不同，但沒有開辯論。七年以前，在主教團一次常年會議時，討論是否要研究將端午節、中秋節、重陽節等加入天主教的宗教儀禮。那次開會時，有修會代表列席，他們發信說不必要，且反對加入宗教儀禮，主教中林天助主教第一位發言，認爲民俗節由來已久，跟天主教沒有關係，何必加入宗教儀禮。接著祕書長王愈榮主教說明這個議案是羅總主教所提，請提案人解釋一下，我簡單說是爲天主教本地化，大家都喊本地化，本地化要從民眾生活下手，才能進入本地文化，清明節、勞工節、母親節都有了天主教的意義和儀禮，別的這個民俗節也應一樣。大家一時靜默了，主席作結論說由每個教區去定。結論等之於沒有結論。

這兩年多，我已經不參加主教團，不知道林天助主教發言是否仍舊積極樂觀。天主的聖意跟我們的想法不同，似乎天主認爲林天助主教在天上，更能相助台灣的教會，我們便只能請求他在天上扶助我們。

紀念費聲遠主教逝世十週年

和費聲遠主教，我雖然曾經多次見面，但沒有過一次私人交談，對他的爲人，我不大知道，費主教曾寄所著的一本小冊法文自傳式傳教史給我，可惜這本小冊不知道被誰拿走了，不過我曾讀過一遍，現在還留下一些印象。我的印象是費主教爲一位標準的傳教士，他原在東北傳教，聖座任命他爲營口主教，開始辛苦地建設這個新教區，那時抗戰剛完，中央圖謀收回東北，共產黨則已經動兵佔據重要城市，結果中共得勢，而且進兵華北，攻佔中原，建立了北京政府，全國外籍教士被禁，遭驅逐，費主教坐了牢獄以後，被趕回法國，他卻捲土重來，換地再開始來到台灣花蓮傳教，花蓮台東那時沒有聖堂，沒有神父，費主教本著傳教士開教的精神，先住茅屋，再建聖堂，自己畫圖，親身監工，窮鄉僻村裡，連續地有聖堂和神父了，費主教又特別愛護本地原住民，創建馬爾大修女會，收容原住民女子作修女，又在教區修院接收原住民男青年作修生，花蓮教區及成爲台灣七個教區裡，男女聖召最多的教區，原住民青年又多往台北高雄找工作，費主教派遣神父到台北設立照顧中心，關懷這些離鄉背井的男女青年，費主教一顆懷有基督仁愛的傳教士心，完全表露無遺，現在我回想起來，不僅欽佩萬千，而且也是感慨萬千，環觀目前台灣的教會，本籍外籍的青年熱心傳教神父，已經稀若晨星了，在紀念費主教逝世十週年，我虔誠地祈禱上主，加增傳教聖召，使昔日傳教士在台灣各城市鄉鎮所建的聖堂，不缺乏神父，使各修會繼續加增修女，我們的傳教工作，才可以不斷成長。

民國八十一年三月五日寫手天母牧廬

致李杜主任

李杜主任大鑒：

昨接贈送之大作《二十世紀的中國哲學》已翻譯一部份，深佩無一般台灣當前哲學人之門戶色彩，能自由述說並評論各派學說，承將此老叟之哲學思想，編入書中，自感榮幸。老叟以生命哲學爲其哲學，因傳統儒家哲學實以仁，即生命貫之，老叟乃接受此種傳統而以士林哲學解釋生命之來源與生命之形上意義，來自上主天主之生命，爲一內在之變動，亞里斯多德和聖多瑪斯之宇宙論即講變化，然後照新的解釋，即生命之變動爲本體之變，此在形上學爲一難題，但可以勝過，因稱生命哲學爲形上生命哲學。

生命之發展與儒家生命之發展，頗多相同，惟儒家之天甚空泛，且後世多誤解，天主教士林哲學則極清楚，對於人生觀，儒家哲學不過空虛，故以士林哲學之思想以補充，此在拙作《生命哲學》訂定本，續編，再續編中，有頗詳細之述說，去年曾作儒家生命哲學一書，以生命貫通整體儒家哲學，可與老叟之生命哲學作比較觀，特贈送一冊，順祝

教安

八五老叟羅光

賀基督活力運動二十五週年

王振華蒙席來信，催我爲慶賀基督活力運動二十五週年特刊，寫一短篇文章的理由，

「台灣的基督活力運動由總主教開始推動，領導發展到今天。」

開始，可以說是我開始的；推動，則宜歸功當時狄剛副主教和韓德力神父。

說句老實話，我對基督活力運動常有一點疑慮，到現在則疑點還增大了一點。

基督活力運動在西班牙開始，在中南美洲和菲律賓非常發達。西班牙民族是感情化的民族，感情濃厚活潑，勁力堅強，祇要看聖大德蘭，聖十字若望，聖依納爵，聖方濟沙勿略。若看瑟而望德騎士精神，更可明瞭。

基督活力運動的實習班，重點放在激起對基督的愛，除祈禱訓道外，加以歌唱，合奏，慢舞，以融匯大家的情緒。聖愛的濃情注入人心的感情。感情沸騰，胸襟開放，整個的人，從頭到腳，流著基愛聖愛的熱血。活力真成了耶穌的勇兵。而且，這種感情還能持久。

歐洲的英國人、德國人和北歐人，被稱爲冷血靜心的人，不適於接受這種運動。

中國人本是重感情的民族，中國傳統哲學，以正心爲本，心是感情的淵藪，也是感情的

主宰。因此，中國人的感情必定要通過心，而且要蓋在心內。對於心，則要定。定心要專一，如孟子所要收心。佛家則主張坐禪，空虛自己的心，以見到自己的真我—真如（佛）。目前，台灣興起坐禪風氣，大家想尋找自己。

我的疑慮就在這裡。基督活力運動實習班，激動我們的感情，覺著心裡很熱；但是這種熱氣浮在心的上層，沒有經過冷靜，沈到心底，等到實習過去，回到日常的生活裡，日常的事好比一堆一堆的灰，向心上的實習班熱情撒去，熱情漸漸就熄了，發不出光和熱的活力。可不可以在實習班每天有時間靜坐默禱，由有中國靜坐默禱（不是印度的坐地）經驗的人，指點靜坐者收心，空心，專心，引導對基督的愛深入心底。實習班完結後，回到日常生活裡，每天或每星期，一次至少十分鐘在家或在聖堂靜坐，看看自心心裡對基督的愛。一年一次地區活力員聚會，一小時靜坐，默觀自己的心。這樣，或者可以使對基督的愛在心內長久保持，發出光和熱的活力，宣傳福音，從事愛心工作。

我的一點疑慮，是不是能夠用上面的方法來解開，或者是因爲年老迷糊，我自己每天靜坐默禱呢！

但是我的一點疑慮，絕對不想抹殺基督活力運動，在廿五年裡對台灣教會的貢獻。現在教友動了，辦理教會的工作，很有活力。活力運動負責人常常在想法保持活力員的熱忱，又年年增辦實習班加收活力員。我感謝天主的降福，在廿五年前開始這種運動時的希望沒有落空。我虔誠祈求天主，增加恩惠，使這個運動繼續發揚，宣傳福音，光榮天父。

介紹跨越希望之門中文譯本

「新新人類」從八十年代末期，開始「新生活主義」，拋棄盛行八十年代的「雅痞」，尋求更能深深反省，生活更活躍，更個性化，住室更精緻。「新新人類」乃能是教宗若望保祿二世所著《跨越希望之門》的開朗讀者。

通常人們看羅瑪教宗，是一位活在神話中的人，是一位和神靈相接而遠離人世的人，又是一位古老倫理的堅執人。教宗若望保祿二世，卻訪問各國信友，走遍了天下六大洲的國家，和民眾，和青年，和學者交談，爲全球各國元首政治領袖訪問國家最多和民眾接觸也最多的一位。

去年十月廿一日，若望保祿二世就職十五週年，義大利電視台一位記者，申請用電視訪問教宗，向教宗提出三十五個問題，電視訪問沒有成功，提出的問題，則書面呈報了教宗。教宗體驗申請訪問者的好心，認爲所提問題，具有意義，便漸漸親筆用本國波蘭文作答；今年四月底，教宗把親筆稿交與提問題的記者，先以義大利文譯文出版。一時，全球各國版界都作譯本，我們中國的中文譯本也出版，譯本書名用原書名《跨越希望之門》。

人的希望很多，人的希望變得很快。目前新物理學解說宇宙的原素，都是力，力動生變，傳統的物理原則都失去了作用，一切都是變，都是相對；人們隨著以相對為生活原則。西方哲學以人為理性動物，理性為人的特性。教宗若望保二世說明亞立斯多德和聖多瑪斯肯定人，首先是「有者」或「在者」，人要從「自己有」，「自己在」去認識自己的生命。笛克爾則以「我思故我在」，他以「思者」作人的存在，歐洲近兩百多年的哲學都是認識論，而又都是反認識論。

信仰天主的存在，不是一個理性問題，而是人的整體生命的要求。人追求幸福，也由人的生命去追求。「我」的生命非常有限，「但是—教宗說—「我」自身具有無窮的願望，且有走向更高級生活的使命。」

人類歷史顯明人類不能從罪惡的痛苦中，自拔出來，更不能自死亡裡拯救自己；人類乃有救恩史。教宗解釋救恩史，乃是天主的愛心，使祂派遣聖子降生，親自經歷人世的痛苦和人心的險惡。耶穌基督是天主又是人，祂再造新的人類，「使人有能力克服兇惡，成為天主的子女。」「救贖工程是創造工程的昇華，昇華到新一層次，受造被救贖而聖化，甚至神化。」

受了聖化的新人類，心能超越塵世，生命的目標乃在永恆。塵世的遭遇和問題，在天主的愛裡，都能獲得解決。男女問題，青年問題，家庭問題，社會正義，生存的競爭，倫理淪沒，信仰消失，新人類都能由信仰的體驗，和愛心的關懷，給予適當的答覆。

當前的社會，並不使教宗悲觀，因爲人們的內心常懷著對幸福的希望。「青年們―教宗說―追求天主，追求生命的意義，追求正確圓滿答覆我爲繼承永恆的生命，應該做什麼？」

「不要害怕！」教宗在書中，屢次囑附讀者「不要害怕！」對天主，對耶穌基督，不要害怕！對古老的羅瑪天主教會，對有神話性的教宗，不要害怕！對倫理的困難，對社會的惡勢力，不要害怕！

不要害怕的理由，因爲我們有天主的愛。接受基督的福音，乃是肯定自己的人性，欣享宇宙的美妙。世物常有明暗的兩面，由光明方面去看，令人喜樂；由陰暗方面去看，令人恐懼心酸。教宗答覆了三十五個問題，對宗教信仰和現代人心，作了全面的說明，心情常是溫和樂觀，而且還不缺乏幽默感。

《跨越希望之門》，爲最末一個問題的標題，教宗祝望現代人心中常是不安，恐懼各方面的壓力，要能夠把自己從恐懼的壓力下解救出來，面對自己，對別人，對社會，對權力，對信仰，心中常有一個愛心和信心，乃是「跨越希望之門。」

中文譯本出版，教宗樂觀的愛心和信心，可以平寧我們社會的人心，使大家對於人生，具有幸福的希望。

一九九四年十一月廿九日天母牧廬

幸福的泉源—愛心

生活的活水，用不著各位專家來分析，來作演講，我們每個人親身都有經驗，生命是每個人的，生命又是活的，有生命便有生命的活水。祇是普通大家都不注意，沒有去反省，便看不出來，反省了講出來，大家就覺得一點也不稀奇，一點新的東西都沒有。反轉來，若講的有新的稀奇的東西，則又是不合情理。

我今天來給大家談的，「幸福的泉源—愛心」，大家都知道，用不著我來講，不過，大家談一談，倒可以像談家常事，心裡輕鬆輕鬆，當做過年的時候，朋友們在一起聊天。

一、愛心是天生的

每個人都想幸福，都追求幸福，嬰孩出生了，就會哭，哭表示他要求舒服，人想幸福乃是天生的。每個人都知道愛，嬰孩出生就知道愛媽媽，愛也是天生的。既然追求幸福和愛心都是天生的，就應該連在一起，用愛心去求幸福，必定可以得到幸福；可是實際上許多人不這樣做，這是我們人自作孽，把本來拿在手裡的幸福丟了，四處去找別的東西當幸福，真的幸福再也找不到了。把金錢當做幸福，把地位當做幸福，把權力當做幸福，把身體的享受當做幸福，把情慾的戀愛當做幸福，這些事不是每個人都能夠有的，能夠有的祇有少數人，而且這少數人有的這些東西，也並不幸福。幸福是心裡滿足，心裡愉快，不是物質的東西。金錢、地位、權力、身體享受乃是物質的東西，兩者配不起來。使人幸福的事，應該是精神性的，應該是每個人都可以有的，應該是隨時隨地都可以有的，那就是天生的愛心。

愛心是人天生的感情，原本自然地流露出來，嬰孩第一個笑臉，不是向媽媽笑嗎？嬰孩的笑表示愛。孟子曾經說你看見一個小孩要掉在水裡，你不會馬上跑去抓住他嗎？你並沒有想討他父母的好，或想可得獎金，你跑去救，是天生愛心自然地流露。爸爸媽媽愛兒女，不是天生的愛嗎？誰不愛自己兒女，就不是人；兒子不愛父母，也不是人。孟子曾說：「仁者，人也。」又說：「仁者，人心也。」人心本來就是愛，朱熹曾說：「天地以生物爲心，人物得天地之心爲心，故仁。」天主教聖若望宗徒更說：「天主是愛。」

人的第一個是愛心，是愛自己的生命。

愛生命，嬰孩剛生出來，祇知道哭，哭表示或是餓了，或是什麼地方不舒服，都是表示生命的需要。愛生命，使生命成長，生命得有成長，心就滿足；心有滿足，人就覺得快樂；

人快樂，便是幸福。人的第一種幸福，便是自己對自己生命，有了滿足。這種對生命的幸福，是人一生幸福的基礎。

愛生命，人的生命爲心物合一的生命，在物質生命方面，對於衣食住行，大家希望能夠舒舒服服。在這一點上，要「愛之以德」，像《中庸》所說要「中節」，過和不及都不好。衣食住行都能中節，身體發育和身體保養便能順當進行，一身覺得輕鬆，覺得舒服，心裡也就愉快；這就是愛惜自己身體的幸福，若愛之不得其道，或不愛惜身體，生活就痛苦了。

在心靈生活方面，人格、道德、名譽、地位、權力都是人所心愛的，也用心追求；但是須要分別輕重，分別需要，也要中節。孔子曾經說「不患無位，患所以立；不患莫己知，求爲可知也。」（里仁）道德是精神生活的基礎，修德以建立人格，有了人格才爲人敬重，爲人敬重便有名譽。若是巧立名目，不擇手段，爭位奪權，沽名釣譽，這是愛自己愛不得其道，結果不能使自己心靈滿足，也就不覺得幸福。

人根本的幸福，在於對自己生活的滿足。這種幸福來自對自己的愛心。適當地愛自己的身體，適當地愛自己的精神，雖然常因環境的關係，不能達到自己的目的，但若能知足，心靈愉快。自殺的人，自暴自棄的人，對於自己沒有愛心，決不能有幸福。至於爲道殉身，爲國爲民族爲職務，犧牲自己性命的人，他們不是對自己沒有愛心，他是愛自己的精神生命，而犧牲肉體的生命，他們肉體上受苦，精神上有滿足。

二、愛心創業

俗話說：「名譽為第二生命」，人愛名譽乃是天生的，孔子一生不愛錢不愛權位，但愛名，生怕名不傳於後世。名怎麼能夠傳於後世呢，那就是古來所說的不朽，「不朽有三，其上立德，其次立功，其下立言」這三點象徵人成長，因愛生命長成，就用心創造事業。

已故俞大維資政多次對我說：「他敬重天主教當前的三位偉人：當今教宗若望保祿二世，波蘭總統華肋茲，印度修女德肋撒」，這三位天主教會的偉人，都是非常有愛心的人；教宗若望保祿二世曾經到羅瑪牢獄裡，探望發鎗謀殺他的青年，以愛寬恕他的暴行。波蘭總統華肋茲在共黨極權的政府下，捨命保障工人的權利。德肋撒修女自己受窮苦以救濟貧苦的人，她上次來台北，隨手祇有一個布包袱，帶著幾件舊內衣，不住汽館，但是她因著愛心得到諾貝爾和平獎。各國元首送她勳章，最近被邀請參加美國總統柯林頓祈禱早餐會，我們在電視上看見祇有她走上主席台行祈禱；愛心建立有道德的人格在全球人的心目，普遍受到尊重。

傳說希臘歐基里德在洗澡時，忽然發現了一種幾何原理，他高興地從浴室跑出來，大聲喊叫：「我發現了！我發現了！」他快樂極了。馬爾各尼在試驗多次最後成功了隔洋的無線電報，他高興連吃飯都忘記了。米開安琪羅畫西斯篤殿的天花板壁畫，七年的工夫，仰身臥著畫畫，眼睛差一點瞎了，畫成了以後，他自信所畫的畫將流傳後世。現在是太空艙的時候，當由太空艙登上月球，在月球上漫步的太空人，心裡的滿足，大家都可以想像到，必定是非常的滿足。凡是有成功一件前無古人的事業時，心裡的滿足使他覺得自己是天下最幸福的人，這是立功成名。

立言的名人，中國古代的古文大家韓愈、蘇軾、詩人詞家，李白、杜甫，他們的文章和詩歌到現代還受我們的看重。他們在生時，遭受到各種挫折，有的一生窮苦，喝酒消愁，但是他們對著自己所寫的文章和詩詞，就很滿意，心裡覺得愉快。他們愛自己的作品，寧可不吃飯，也不放棄寫作。

立德立功立言的人，留名於後世，因為他們愛自己的德行，功業，詩文，不怕犧牲。普通一般人，沒有人不好名的，為好名，為愛自己的第二生命便愛自己的工作。工作是勞心或勞力，一切計劃，也是勞心勞力；為能勞心勞力，先要愛這種工作和計畫。

若要使有新的創造，無論大小，必須有愛心去工作。研究科學的人，為能有新的發明，必須埋頭在實驗室去作實驗，失敗一次再做一次，可以連續幾年或幾十年，才可以成功。又如農業的改良，一種水果，一種蔬菜，一種稻米，為能改良，要經過多少試驗，這都須要對於工作有愛心。可以說：「行行出狀元」，每一行的狀元都是對於自己那一行的事業，非常有愛心。

每種工作，去做，是有意思願意去做，願意是對這工作有愛心。愛心少，願意不積極，愛心大，願意心火高，才去做，去忍苦耐勞。

生命就是愛，生命由造物主愛心所造，生命乃是一股愛的力量，力量發生來就是愛心，生命的發揚有自己的規律，愛心也就有規律，不守規律的生命，沒有愛心，浪費了生命；吃喝過度，浪費身體；妒忌憤恨，浪費心力。善用生命的力量，去建設事業，去發明學術，去修養品德，生命繼續發揚，心靈常有滿足，生活便有幸福。

三、愛心建設人倫社會

人的生命，不是孤獨的，也不能孤獨，中國儒家的哲學特別注重在這一點，主張人要與天地合德，贊天地的化育。人的生命，不僅因爲來自父母，出生後要有父母的撫養；也因父母爲著自己的生命，又爲撫養子女的生命，需要多方面的生命的協助。王陽明曾經說人爲生活，要吃飯，吃肉吃素，需要動物和植物，生病吃藥，需要礦物，他因此說宇宙各方面的生命！是一體的生命，即「一體之仁。」既然生命相連，便該以愛心相連，孟子乃說「親親，仁民，愛物」。

儒家以個人自己爲中心，推己及人，第一，是己而不欲，勿施於人，人的心相同，人心的感受也相同，我自己心裡所難受的事，也使別人心裡難受；我就應當有愛心，不對別人做使我難受的事。別人怒氣罵我，我難受，我就不怒氣罵人。別人惡意害我，騙我，我痛苦，我就不對別人做同樣的事，我對人便有愛心。人人有這種愛心，生活可以享有許多幸福。

孔子更說：「己欲立而立人，己欲達而達人」。我自己想做好人，也要想幫別人做好人，我想把事情做好，也要幫助別人把事情做好。有了這種愛心，大家難道不會一同合作，心情愉快，和睦相處，覺得生活很幸福嗎？

這種理想，當然是大同世界的理想，只能在腦子裡去想，在實際上，社會卻是自私的世界，充滿恨的世界。人人祇想自己，不想別人，只求自己活得好，不怕別人受害。販賣毒品的人，不怕摧毀了青年男女的前途。販賣少女爲娼的人，不怕摧殘少女的心靈。開賭博玩具的商店，不怕傷害學生的人格。地下不法錢莊，毒品廠，兵工廠，不怕製造社會的不安。這樣壞的人，究竟還不多；普通的人，自己求自己的發展，不擇手段，打擊對方，同業相爭。還有的好人，不去傷害人，但求保全自己，別人有難有苦，旁觀不理。還有的聰明人，祇求增加自己的財富，對人家的窮苦或社會的公益，拔一毛而不爲。這些人都缺乏愛心，都滿懷貪心，貪求自己的幸福，他們是不是得到了幸福？違法賺錢的人，難逃法網，被抓以後，受牢獄的苦，不違法求利，不違自私的人，心祇在錢財上，隨著錢財飄動，被錢財包圍，心靈接觸不到幸福，常在焦慮中過日子。

聖保祿宗徒說：「送比拿更好」，送東西給別人，比從別人拿東西，更有價值，更有幸福。

第一種送東西的人，是媽媽，她把自己的精力都送給自己的嬰孩，日間照顧，夜裡還起來餵奶。可是她抱著嬰孩時，心裡滿懷是愛，看到嬰孩笑，她心頭充滿了幸福。

第二種送東西的人，是真正戀愛的人，他或她送給對方一個笑臉，一句親熱的話，一件有意義的禮物，看到對方的愉快，他或她心裡覺得幸福。

第三種送東西的人，是照顧家中老人的後輩，女兒照顧爸爸媽媽，媳婦照顧公公婆婆，孫女外孫女照顧祖父母、外祖父母，後輩送自己的愛心，老人滿心感激，後輩雖勞苦疲累，心中仍舊幸福。我們八里鄉的安老院，十四位修女，照顧一百四十多位老人，不收絲毫費用沒有薪金細心照顧，無微不至。我常怕她們累壞了，她們心情愉快，滿懷愛心，很幸福。

第四種是照顧孤兒和心身殘障的修女，她們沒有薪金。天母天主教會有孤兒之家和安娜之家，你去看兩家裡的修女，真是在送愛心，尤其安娜之家的修女，照顧兒童們，使身心殘障不懂的，也懂得表示親熱。

上面祇是舉例說明付出的愛心越多，心裡越更滿足，心裡也更覺得幸福。佛教的證嚴法師，組織慈濟會送愛心給大陸的人，她雖苦卻心裡幸福。

聖保祿所說的「送比拿更好」，我們可以說「送比拿更幸福」。一個家庭，夫妻倆人常互相送幫助，送了解，送原諒；父母子女又互相送愛心，互相愛護，這一個家庭不是一個幸福家庭嗎？每個家庭若能是愛心的家庭，再如同孟子所說：「老吾老以及人之老，幼吾幼以及人之幼」，一個社會不就充滿愛心嗎？這種社會即使窮，人心也會快樂，社會也會幸福。

金錢不使人快樂幸福，反而使人痛苦，金錢是冷的東西，愛錢的人，心也變冷，而且還激起妒忌鬥爭。台灣今天的社會，冷漠無情，層面浮出來的是立法院的爭鬧，歹徒的綁票搶竊，就是住在同一大樓的各戶人家，彼此都不通往來，那裡比得上原先鄉裡的鄰居守望相助呢？大家感到城市生活不幸福。

人的愛心，因生命的相連，不僅對旁人送愛心，而且還要愛物。人既然靠動物植物和礦物而生活，爲什麼不愛這些東西呢？現在環境污染，動植物絕種，是由於人缺乏愛心所造成的，大家現在都覺得生命受威迫，生活也就不幸福了。

結語

大家都希望生活有幸福，大家也拚命去追求，處處想辦法，卻大家都找不到，似乎看著幸福懸在天上，高不可攀。實際上，幸福離我們很近，就在我們心中，我們只要自己願意動心；這種心是純淨天生的心，是赤子無詐的心。動了心，再動手，不是動手拿人家的東西，是動手給人幫助，幫助多少沒有關係，只要盡了心，你就有幸福。

愛心能夠把反對愛心變成幸福。身體害病，身心痛苦若爲愛天主，甘心忍耐，痛可以變成愛天主的表現，心裡就舒服了。受人侮辱，遭人毀謗，心中煩惱，若爲效法基督，忍受毀辱，以代人贖罪以救世，心裡也就平安的，事事遇錯節，處處碰壁，心中灰心失望，若效法菩薩自己入地獄去救人，心中不就快樂嗎？

佛光山主辦生活的活水講座，我願意趁機向大家說生活的活水在我們心裡。耶穌被釘在十字架上，斷氣以後，一個兵士用長鎗刺透了祂的肋旁，鎗傷了祂的心臟，流出了血和水；我們教會說這流出了血水，就是生命的活水。耶穌爲愛世人而死，祂的血水是愛的活水，我們應向耶穌的心汲取愛的活水，以灌滿我們的心，再從我們的心流出去。佛教的菩薩，充滿慈悲的活水，他們留在世上，超渡世人，脫出苦海。慈悲心就是愛心，目前佛教的法界，在社會上發動慈悲心幫助痛苦的人，同時就是在散佈幸福。

祝賀五峰旗聖母朝聖地開功破土

近幾年天母這高樓大廈，逐漸掩蔽了天空，幾乎看不見星辰月亮。本月十八日晚飯後，習慣地徒步在書房唸玫瑰經，踱到房門陽台時，舉頭看到街對面房牆角一團月亮，光明圓滿，心中驚喜，停止唸經，觀賞幾分鐘，又經小聖堂告訴洪修女，月亮非常圓，當晚寫了一首詩。

街房連蔽天，星星不入夢，
今晚牆角月，圓明如玉洞，
洞中通天門，慈愛天光放。
人世夜林路，風雨樹葉弄，
狼嗥驚人心，雜木亂石眾。
聖母清光照，步穩腳不痛。

事有湊巧，就在十八日晚，李善修神父給我通電話，要我寫篇東西，我因耳重聽沒有聽清楚。次日，張守誠先生來天母牧盧，給我說明五峰旗聖母朝聖地開功破土，教友生活將出一專欄，李神父要我寫一篇文章。

五峰旗聖母朝聖地的來由，不是民國六十九年十一月九日夜間，聖母保祐五位登山隊員，以一枝燭光，在風雨飄搖中，平安下山，脫離了危險嗎？從民國七十年開始，教友往五峰旗山朝聖，年年增多，大家乃建議募捐，建造朝聖堂殿。

近日我正因立緒文化公司將出版當今教宗若望保祿二世的書《跨越希望之門》中譯本，要我寫篇短序，把教宗原書義大文譯文稿傳真給我看，書中我看到教宗因參加西班牙雅各伯宗徒朝聖地典禮，稱讚朝聖爲民眾宗教生活的重點，也提到近年爲世界家庭年，爲世界青年所舉行的大型祈禱會，參加人員的熱情，好像一支一支的火柱，集合燒紅一片天。

梵蒂岡大公會議剛結束，一些號稱神學者的人，集聲呼號消滅天主教迷信；取消玫瑰經，取消拜聖像，取消全體降福，取消拜安所，取消在聖人像前蠟燭，取消朝聖，甚至取消聖母敬禮。天主教的宗教敬禮祇有彌撒。大家認爲言之有理，羅瑪城中千教堂裡聖人像前的蠟燭都熄沒了。

但是人是心物合一的東西，單單祇是用心去想，沒有影像去表現，不能生活。宗教信仰生活也是一樣。從前一次興起了一陣理性風，認爲天主教救禮聖像，乃是迷信，於是燒燬聖像，打碎雕刻。幸而羅瑪教宗排斥這種思想，責爲異端，乃能保全聖像的教禮。人爲恭敬天主，要藉影像的表現，理性以天主高高在上，無形無像，基督也該說天父要求人以心神恭敬天主。但是以色列人就是因爲天主無形無像，便拜金牛，基督降生乃以自身代表天父，誰看見祂，誰就看見天父。我們新約時代的人，恭敬天主有了耶穌的形像。基督教人不願供奉耶穌形像，但都也以聖經代表耶穌基督。

人心常覺有罪，到天主前，有些害怕，便求親近天主的人，代爲說情：我們便恭敬聖母和聖人。

恭敬聖母不祇是感情作用，乃是理所當然，教宗在自己的書裡，答覆關於聖母敬禮的疑問，舉出梵蒂岡二屆大公會議在論教會憲章，作有明確的說明。耶穌基督是天主第二位又是真人。耶穌基督降生選定了專爲祂而生的母親，母親始胎不染人類原罪，爲降生，由聖神之能而受孕。這位童貞聖母瑪利亞撫養了耶穌，陪伴祂受苦，站在十字架傍，接收了祂最後的一口氣。耶穌復活升天後，瑪利亞偕同宗徒們祈禱聖神降臨，建立了聖教會，構成了基督的妙體，瑪利亞乃是聖教會之母。

我們恭敬聖母，是恭敬天主耶穌之母，是恭敬救世主之母，是恭敬聖教會之母，也是恭敬我們的母親。

建造聖母朝聖地堂殿，大家結隊上山朝聖，一人心中一打火，火打成火灶成火焰，燒遍五峰旗山。樹林不會被燒傷，樹木枝葉隨風成彩霞，烘陪殿後聖母像，好似我於十八晚所見圓月，明亮清光照宇宙，月傍彩霞喜而笑。

民國八十三年十一月廿五日晚

剛恆毅樞機軼事兩則

羅馬按教廷規矩，樞機不宜乘計程車和公路局車，不能進店舖買東西。剛樞機則進店買日用品，大家都說話。我一次笑對樞機說人家希奇他自己買東西，他翹起鬍子說「我在街上散步，看見店鋪有我需要的東西，隨便進去，又沒有穿樞機的禮服，穿普通神父的黑袍，誰認識我！」

又按羅馬禮規，樞機不公開主持喪禮彌撒，爲追悼樞機，也由一位總主教主祭。當剛樞機的弟弟去世時，弟弟是一位總主教，曾任教廷藝術委員會主委，和他住在一起。教廷舉行公開追悼彌撒，禮官通知剛公不可主祭。我去看他，他痛心說「我流老淚哭弟弟，人家卻說我不可以主持追悼彌撒，真叫我心痛，我明天還是要主持。我不用樞機身份，以哥哥的身份，主持追悼弟弟的彌撒，怎麼不可以！第二天，他主持了彌撒。」

讀教廷文件的感想（一）

近日閱讀教廷教義部今年公佈的三項文件，頗有感想，隨筆記下來，供大家參考。這三項文件的第一件是今年五月二十八日公佈有關教會共融致全球主教的公函。教義部公佈這封通函的目標，有正面的和負面的：正面的目標，講明共融的正確基礎；負面的目標，避免小團體的錯誤觀念。

「共融」爲教會的心臟是教會的生命就是共融，天主三位一體的生活爲共融的生活，領受洗禮的人，因著信仰和聖寵加入這種奧祕的生活中，又彼此互相共融。共融便成爲一種普遍性的奧蹟，奧蹟的實體，是基督的教會。

教會爲共融的實體，因爲教會是基督的「奧體」，「奧體」的實踐生活在於聖體聖事。聖體聖事和彌撒聖祭爲同一聖事，基督自己臨在，作爲犧牲，使人類和聖父共融，又作爲食品，和信友共融，又使信友彼此共融。聖體聖事乃是共融的基礎。

「共融」是在基督奧體內實現。即是在基督的教會內實現。基督教會共融的基礎，爲支持教會的主教，因爲教會建築在宗徒的檯柱上，主教是宗徒們的繼任人。主教中的領神爲聖伯鐸的繼任人—羅瑪教宗。教會的共融和教會的性質相關，教會有不可見性，不可見的共融是和基督的共融；教會有可見性，可見性的共融是和主教和羅瑪教宗的共融。教會因此也是共融的基礎。

爲實現教會共融，必須在教會和聖體聖事的基礎上建立。有些教會小團體，時常舉行彌撒，有聖體聖事，就認爲可以有教會的共融，不必經過教會的聖統。這種共融不是成全的正確共融。成全的正確共融是在基督奧體的聖體聖事內。和教宗分離的基督教會就是有彌撒聖祭，所有的教會共融也不是成全的正確共融。

今年台灣各教區，舉行本堂共融年。本堂的共融是建立在聖統上，但是也要建立在聖體聖事上。在教會開始時，地方教會的共融常在「分餅」的聖事中，即是在彌撒和聖體聖事中。後代的傳統，也是以主日彌撒作爲本堂的中心。教友參加主日彌撒，不僅爲遵守十誡，也是爲大家的團結。參加主日彌撒領聖體，教友和基督結合爲一，再透過基督彼此結合爲一。結合的動力爲天主聖神。聖神以聖寵和愛火，淨化人心，結合人心，加強共融的活力。

常常聽見教友們說，參加主日彌撒沒有興趣，也沒有意義，因爲主日彌撒的方式太呆板。神父的講道太平庸。爲加強本堂教友的共融，本堂神父和教友，便要努力使主日彌撒更具吸引力。祭台祭服的清潔，鮮花的供養。神父行禮的端重，聖歌的幽雅，證道的生活化，都是大家的努力點。本堂教友分工合作，一位兩位分擔一門事件，尤其有人幫助老年和外籍神父預備證道稿。

大家心裡在聖體聖事中有了基督的愛，便好商量作本堂的牧靈和福傳工作，工作才有心火，才有聖神的引導。福傳的工作，目標和方法都要向外，和尚未信教人士相接觸，打破我們教會團體活動封閉在教友範圍以內的習慣。共融的門戶向教外人士開展，共融的進度有一致的原則，有多元的方式。教義部的公函說，共融有一致性，有多元性。

讀教廷文件的感想（二）

近日所讀教廷的三項文件，是教育部本年三月三十日公佈的「關於使用社會傳播媒體佑福傳工作的指示」。

在這件公文裡，教義部指示主教，修會會長，傳播人三者的職權，引列教會法典的各項條文，主教代表教會有使用傳播媒體以作福傳的權利，又有監督傳播媒體不違教育和倫理的職責。修會會長對於會士的傳播事業有權也有責任予以監督，傳播人有寫作的自由，也有遵守教會指示的責任。

在文件的結論裡，教育部重申第二屆梵蒂岡大公會議的決議，主教的最大職務，是宣傳福音，在現代傳播工具裡以社會傳播媒體（報章、電視、廣播）爲最有效。教廷社會傳播委員會和教廷教育部對於社傳媒體的運用和人才培養，都曾公佈了指示，這次教義部則將教會法典關於社傳的條文，分類列出，使主教、會長、傳播人，切實遵守。

社會傳播媒體在社會上所發生的影響力，我們每天都是有目共睹，而且都疾首痛心的指責他們所產生的壞影響，呼號他們負起建立社會倫理的責任。

二十年來，我們在台灣的教會常想有一份向外福傳的社傳媒體。于斌樞機在基隆，馬利諾會在台中，建立了廣播電台。耶穌會在台北，設立了製作電傳媒體的光啓社。我曾發起在中視的「一個難忘的故事」電視節目，連續播映三年。李哲修神父又發起「快樂家庭」電視節目，現在還繼續每週播送一次，保祿青女會也盡心地在社傳方面努力。

但是大家最希望的，是出刊一份向外福傳的報紙。于樞機在世時，有人向他建議復刊益世日報，後來又有人向我建議，而且有一次台中一家報紙停刊，一位教友來同我商議購買那家報館的計劃。兩年前又有香港一大企業家託人向我建議辦益世報，由他投資。都因爲我們自身的人力財力不足，沒有能夠成功。

大家便都希望有一份向外福傳的週刊。二十年前，我負責主教團大眾傳播組，曾召集教會出刊事業負責人開過兩三次會，討論這事，沒有得到結論。全國牧靈研討會最後一次在輔大神學院舉行時，于斌樞機也參加，結束時的決議案第一案，就是將前有兩分對內週刊，一份改爲對外，一份仍對內。但是會後沒有一點動靜。

民國六十九年十月，我在輔仁大學創辦益世雜誌月刊，在發刊詞說：「益世雜誌的目標，在向全國同胞，尤其向熱血青年們，提供正確的人生價值觀，中正的社會原則，以解答社會問題，建立高尚的人格」。民國七十七年，全國舉行福傳大會，我知道大會將研究對外刊物問題。爲避免開會人士有所顧忌，乃在前幾個月，將益世雜誌停刊。福傳大會討論了這個問題，也作成以兩週刊中的一份週刊改爲對外週刊。但是會後又沒有舉動。

民國七十八年，我乃計劃由輔仁大學辦一份對外週刊，邀請校內校外專家，於二月十四日，在台北中國飯店舉行籌備會議，專家們指出週刊經費每年需要兩千萬台幣。幾經研究，把週刊改爲兩週刊，以節儉方式出版。輔大每年資助兩佰萬台幣。依照這樣計劃，當年四月一日益世評論兩週刊出刊，由房志榮神父任社長。李震神父任編輯委會主委，林立樹先生任主編，我充發行人。請全校教師寫稿，評論社會當今各種問題，積極運用福音原則，消極則不作人身攻擊，更不能違反教義倫理。

益世評論出刊已三年，予人良好印象。但是我聽說主教團決定要辦一份對外刊物，非常高興，等這份刊物出刊時，輔仁大學很可能停辦益世評論，以免分散人力財力，大家集心辦好一種對外週刊，已經很難。但若主教團爲節省人力財力，以益世評論爲台灣全教會對外刊物，各教區各修會同心支持，我想必定可以辦好。我每期寫發行人的話，寫了三年，有點累了，說的話也不少了，到那時可以退休。

讀教廷文件的感想（三）

我讀的第三件教廷文件，是「天主教要理出版委員會」的要理綱領。這件要理綱領的資料在今年元月底複印，在七月中寄到台灣的主教手中。

當一九八五年爲紀念梵蒂岡第二屆大公會議閉幕的二十週年，教宗若望保祿二世召開了一次特別全球主教代表會議，會議成員爲各國主教團主席，我當時以這種身份，參加了這次會議，會議結束以前，代表們建議教宗編輯一冊全教會的教義要理本，作爲各國教義要理本的模範。教宗接受了建議，在次年（一九八六年）十一月十五日成立編輯委員會，由教義部部長拉金克樞機（Card Ratzing）任主席。

編輯委員會在一九九〇年十一月，將要理草稿寄送全球主教，徵詢意見，收回的意見共兩萬四千多件。委員會費了一年的時間，重新改編，編成預定本草稿。由去年十一月到今年二月，委員會就預定本再修改。三月完成了要理訂定本，六月二十五日，取得教宗的批准。

一九八五年特別全球主教會議建議編輯全教會要理本，建議文要求一本關於信德和倫理的要理本，作爲各國要理本的基礎，要理本的內容必須以聖經和禮儀作根據。在大公會議以後，各處呈現一種信仰混亂的現象，有的神學家，有的修女，有的基層教友組織，宣傳許多新的學說，或是走在傳統信仰的邊緣，或是持相反的主張。教宗保祿六世曾公佈一篇信經（Cnedo），重新肯定教會的信仰。但是保祿六世的信經很短，只是信仰的提要。因此，一九八五年的全球主教代表會議建議編輯一冊要理本，如同前一次大公會議—脫利騰大公會議曾經編一冊全教會要理本。

兩年前，全球主教接到新要理本草稿，提出修改的意見。我也曾提出幾點，其中最重要的一點是指出草稿對於倫理部份寫的太少，沒有說明天主教信友的信仰生活，後來在教廷教章上看到要理委員會的報告，全球主教建議修改部份，大多數都認爲倫理部份太簡略。這是傳統要理本和要理教授法的缺點，注意理智的信仰智識，忽略實際生活的見證。

這次訂定本要理，在這部份大加修改。現在的要理本大綱，分成兩大部份：第一部份，「所信的信仰」，標明信仰的泉源，解釋天主的啓示和聖經，然後按照信經的三部份—聖父、聖子、聖神，詳細而予以說明。第二部份，「舉行基督的異蹟」，首先講述彌撒聖祭和七件聖事；然後講述基督信友在基督內的生活，人格的尊尙，人的社會，十誡，祈禱的意義，祈禱的生活，天主經的奧義。

大家可以看到這部要理，把教義智識和教友生活分成兩部，互相平衡，實際生活的部份，擴充到和教義認識部份相等的地位，今後教理的教授方法也隨著要改正。

以往對於聖教者，要求他們能信，考核他們對信仰的知識，考試合格，就給他們授洗。雖然最近舉行聖教者的分段洗禮，對他們講解祈禱和十誡；可是他們領洗以後，實際的生活少有改變，尤其不知道做每天的祈禱。佛教接收信徒，常以法師為主，法師教授佛教信仰理論不多，開始就教信徒向佛頌禱，靜坐收心，以術語開導清除凡念，心安氣靜，實行坐禪。習禪的人漸覺對人生了悟，解除名利的貪慾。

我們教會教授有經驗的神父，又具有靜默祈禱的領悟，是否可以研究一串教授要理的新方法，教授望教的大學生和教授智識份子，開始聽講要理，就習唸天主經和聖三光榮頌，短時間靜默。靜默時來回唸一句短頌，排去心中的念慮。稍後講十誡，指導實行日常小事上的刻苦。過後，講解彌撒意義，引導他們參加，要使所信仰的教義和實際生活相融洽。也就是講要理時，把前一部份信仰教義和後一部分在基督內的生活，同時並行，不要先講前一部份，再後講第二部份。要使聖教人在開始學習要理時，在生活上和基督的精神就有接觸。這種步驟或者多適合中國人的天性。孔子教門生，常在實際生活上給予指點。宋明理學家也是一樣，而且王陽明一開端就教學生靜坐。不過，這種教授法，要求教授自身在精神生活上已經有深的造就和體念；所以佛教的傳道，以德高的法師為主，我們教會也就沒有德高的神父，以作要理導師。

讀教廷文件的感想(四)

——吸 毒

最近,收到教廷家庭委員會寄送主教們的一封文件,題目爲「由失望到希望。」小題目是家庭和吸毒。內容爲這個委員會去年六月二十日到二十二日,召開的研究會議,研究吸毒問題的報告。報告中也包含有教廷病人服務委員會去年十一月廿一日到廿三日,所召開吸毒和生命會議的部份結論。這個文件的名稱,就是十一月會議的名稱。

這件文件的內容,分成三大段:第一段,吸毒的現象;第二段,教會的特別工作;第三段教會福傳的臨在。

吸毒的現象,現在已經散佈在世界各地。現象的作用,吸毒者的人格受了傷害,理智糊塗,意志薄弱,心理生活不平常。家庭受了傷害,家中有吸毒的人,全家人都不安,生活失去常軌。社會當然免不了傷害,道德淪落,社會意識亦痲木不仁。

吸毒的原因,在吸毒的人方面,對生命沒有正當意識,對自心缺乏親人的愛,對事業喪失興趣。這種現象的發生常由家庭父母賦予愛心太少，疏忽青年人的感受對青年染上吸毒毛病後，不細心設法改正。社會風氣更是吸毒的大原因，消費的享樂主義，慫恿青年嘗試吸毒的輕鬆感受。金錢主義驅使販毒的人無孔不入。輕蔑倫理的自由自大風氣，混淆了青年人的價值觀。

面對這種痛心的現象，教會要做什麼呢？

教會有福傳的使命，宣揚基督的愛。基督的愛，愛一切的人，特別愛墮落失望的人。吸毒的人須要體驗到基督的愛，對生命振起希望。因此教會面對吸毒的現象，表示關懷的愛心。教會愛心的表現，首先表現在家庭裡，以信仰的力量，堅強家庭的團結。家庭是生命的象徵，是生命力的泉源，以生命的價值和希望，灌注在家庭每個人的心中。由生命力發出愛心，聯繫全家人員，不使一個人被捨棄，對於家中吸毒的人，加倍以愛心關注，追蹤，幫助戒毒。

教會也激發本堂教友的愛心，使教友以福音的愛，衛護吸毒的弱者，不受社會輕視的傷害。對於一般的青年，預防浪漫的毒素，培植青年人建立人格，實習為人服務。從運動，衛生，文化，精神各方面，建立優良的青年中心。

最重要的，還是要有專責人員和機構，關心照顧吸毒的人，協助他們或她們戒毒。

我想目前台灣吸毒的現象，已經是一項驚心痛心的事，安非他命進入了中等學校，毒品的販賣從所查獲的毒品，價值已到一億兩億台幣。這是一種自然法的反撲，也就是天主的懲罰。科技提高生產的產量，使經濟飛漲，卻帶了環境污染。性生活的泛濫，造成了凶殘的愛滋病。無法無天的享樂主義，釀成了毒品的的傷害。爲救這些災禍，我們要如教廷文件所說，加倍宣傳福音。社會上目前大家都等待一種倫理淨化運動。我們的各教區是否可以如同台中教區已經做過一次，與當地政府機關或民間團體，舉辦大型淨化演講。台北方面文化機構很多，我們教會人士可以擔負演講的人也不少，實在可以由教友傳協會發起舉辦。

我們教會已經有向牢獄探望受刑者的組織，這些好心人士，也要到戒毒處探望戒毒的人，向他們或她們講論生命的意義，人生的價值。

還有我們教會有心人士 神父或修女創立了殘障收容所，妓女改良所，單身母親協助所，是否也可以設立戒毒所，以愛心協助吸毒者重新做人，走向新生的途徑，成爲社會有用之才。

財富是好，大家都需要，尤其政府需要，以穩固國家的地位。可是財富若不在倫理以內，帶來的禍害也真多。

讀教廷文件的感想（五）

——教廷財務報告

上星期接到教廷國務院的一份文件，爲教廷一九九一年的財務報表，報表前面有一篇說明書，由教廷財政最高委員會全員十二位委員樞機簽名，報表則由財政主管部門負責人簽名，在今年六月廿三日造妥。

報表內容：去年用費一億九千六百三十六萬四千美元，收入一億零八百八十三萬八千美元，虧空八千七百七十二萬六千美元，虧空款已由教會各方面捐獻彌補。用費中最大一宗爲通常行政費，共九千九百三十一萬二千美元，其次爲梵蒂岡電台報紙印書館花費，共五千六百九十二萬三千美元。其餘則爲另外三宗用費。收入的一宗爲梵城印書館爲一千萬美元，再一宗爲房舍租金三千萬一百八十九萬一千美元，銀行利息一千零九百五十萬一千美元。其他收入數目都不大。

在說明書上，說明去年結算時，因虧空大，決定緊縮開支，加增收入，今年開支較比上年結算減小約百分之十，收入增加約百分之七，說明書呼籲全教會的各教區認請教會法典一二七一條所定責任，大量捐獻以助教廷。

以往各國人士都相信羅馬教廷爲天下最富足的中央機關，各國教友也這樣相信。這是歷史傳統所留下的印象，到最近才被揭穿，實情則恰恰相反。

從公斯當定皇帝奉天主教，還都近東君士坦丁堡，羅馬成爲歐洲的中心。蠻族入侵，在羅馬帝國淪亡，歐洲社會由天主教教士維繫羅馬文化，創設學校，制定社會生活規範，羅瑪教宗位居列國君以上，手操廢立羅馬皇的主權。教宗自己也有國土，爲一國之主。教宗的皇冠乃有三層，表明爲歐洲盟主。教宗宮裡的禮儀，一如皇帝宮殿的禮儀。新教宗登基加冕禮儀。新教宗登基加冕禮中，特別有一項提醒教宗的儀節，當新教宗乘肩輿進向聖伯多祿大殿的祭壇時，一位司禮員，手舉一竿，竿上束紙，點火焚紙成煙，司祭員喊說：「至聖聖父，世間榮華，就這樣煙消灰散。」三次點火，三次大聲喊說這句話。

爲增加教廷的聲勢，教廷創立了樞機制，教宗任命樞機爲教廷參議，權位等於各國親王。德國的主教有的爲王國諸侯，有選舉國王的特權。修會的院長則仿效主教，修女院院長也高舉權杖。

聖方濟爲第一位公開反抗這種教會俗化的人，他自身赤貧，又創立赤貧修會，自己連升神父都不敢，只任執事。同時，聖道明也創了同性質的團體。

但是歐洲文藝復興以後，社會浪漫奢靡，教廷也免不了這種習氣，羅馬城和附近城市現在所有的幾座著名樓閣庭園，都是那時的樞機所起造。怪不得路德成了第二位公開反抗教廷俗化的人，可惜他不在教會以內抗爭，而走出教會以外，和國家的王侯一起反抗羅馬，德國，瑞士，北歐的王侯正苦於向羅馬教宗進貢，乃一聲吶喊，脫離羅馬。羅馬教廷乃自動改革，召開了脫利騰大公會議。

歐洲新興國家勢力強大，雖尚有以天主教爲國教，已經不受教宗的控制。一八七〇年義大利政府佔據羅馬，吞併了教宗國，教宗困居梵蒂岡城，失去了全部產業。一九二九年教廷和義大利訂立和約，雙方承認梵蒂岡市的一獨立國，屬於教宗。教廷成爲世上最窮的中央政府。教宗保祿六世，廢除教宗宮裡一切的王宮色彩，拍賣了三層級的教皇冠，以救濟窮人，以後教宗沒有皇冠，典禮都除去貴族氣氛。把樞機和主教的服裝徹底簡單化。教宗若望保祿二世平民化了教宗的生活，邀請主教們入宮和他進便餐，但不設宴會。

我們很喜歡教宗的這種平民生活，且更愛這樣貧窮的教廷。教廷脫除俗化氣氛，才可以義正詞嚴責斥社會的世俗化。貧窮教廷呼籲教友援助，誰敢不慷慨捐獻。

讀教廷文件的感想（六）

——愛的宇宙（論墮胎）

最近接到教廷寄送全球主教的一項文件，文件的名稱「爲生命服務」，是一項稍舊的資料，原來是去年四月教宗若望保祿六世召開全球樞機主教會議的會議資料，那次會議的主題便是「爲生命服務」，反對墮胎。最近教廷的家庭委員會將這件資料，給我們送來，要求我們向好心人多作介紹。

這項文件既是會議的開會資料，原則性的和學理性的話，說得很多，實際的工作則說得很少，祇囑咐天主教人士多作宣傳，在沒有訂立「墮胎合法」法律的國家，阻止訂立；在已訂有法律的國家，改修法律。前幾年義大利訂立了「墮胎合法」法律，反對的天主教人士，全國連署，要求以公民投票去推翻，可惜以少數差距，公民投票沒有達到目的。美國則現在進行推翻最高法院墮胎不違法的判例。在我們中華民國，當訂立這項法律時，天主教人士曾極力反對，但是力單勢薄，不能成效。

當時，我們在學理原則方面，說的話很多；但是今天的社會狀況，還需要我們在這方面再說些話。

第一，這項文件指出兩件事實：全球墮胎的數目，幾乎達到四千萬，這比一次原子彈戰爭的死亡人數還要多。再者，新化學避孕藥，現在有兼可墮胎的作用。這種藥一入市場，墮胎的數目將增加多倍。

第二，功利主義和享樂主義的心理，已經使人們不知墮胎是罪惡，祇覺得為理所當然。對著這種社會狀況，我們應該盡心盡力作一種社會教育工作，結合社會上的好心人士，共同努力。

功利主義和享樂主義，不是今天才出現，已經在人類開始存在時就有了，因為是人類天生的傾向；祇是以往社會存有濃重的宗教信仰和倫理規律，把這種傾向嚴予控制。今天社會間的宗教信仰，已被擠出人們的生活以外，倫理規律已祇是社會的習慣，人們的心理就祇留著功利和享樂了。而且最危險的，是人們失去了愛心。

宇宙萬物由造物主所造，造物主因愛萬物而造萬物。人更是造物主的愛所造，而且按造物主的肖像所造。人的生命，分享造物主的生命，為造物主的愛心禮物。

中國儒家哲學從古就以宇宙為一道生命的洪流，生命來自上天的仁愛。宇宙間常是陰陽的變易，變易爲化生萬物，化生萬物表現上天以生物爲心。以生物爲心乃是仁。宋朝理學家朱熹說人得天地之心以爲心。人心因此是仁；仁，則是愛之理。孔子、孟子原先已經把「仁」作爲善德的總綱，以仁連貫一切的倫理。

孟子又說人生來有惻隱之心，沒有惻隱之心就不是人。父母生來愛兒女，兒女生來愛父母。

今天的社會卻失落了這種天生的愛心，事事祇求自己的利益和享受。一個女子墮胎，是殺自己的兒女，拋棄自己的血肉。醫學上今天已有共識，都認定胚胎在開始的一刻，便有人的生命，殺害胚胎等於殺害人。

胚胎由男女的精卵結成，不是自己來的，他的生命是上天所給的。男女不願意接受懷孕，胚胎或胎兒是無辜的，而把他殺害，胎兒無能反抗，但是給生命與胚胎或胎兒的天主，不會不報復。不僅今天社會因罪惡所引起的災害，爲上天所允許的自然反撲，而主動墮胎的人，追求享受，在良心上常有痛苦，在生活上必定有不幸福的遭遇。今天聽見這些話的人，免不了還要冷笑爲迷信。可是天地間的事，就是充滿了神秘！

讀中央日報本月（十月）五日副刊，「冰心乾媽」一文所標冰心女士的話：「愛在左，同情在右，走在生命的兩旁，隨時撒種，隨時開花，將這長途一徑，點綴得香花迷漫，能使穿枝拂葉的行人，踏著荊棘，不覺得痛苦，有淚可揮，也不是悲涼。」我們願同這些好心的人，共同來撒愛心的種子。

讀教廷文獻的感想（七）

四月八日聖主日星期四，建立聖體鐸職紀念日，清晨，坐在牧廬小聖堂裡，閱讀教宗若望保祿二世致普世司鐸書。書的標題爲《耶穌基督，昨天今天以至永遠常是一樣》（希：十三·8）原文接著說：「不可因各種異端偏離正道，最好以恩寵來堅固自己的心。」

教宗說基督常是一樣，祂是聖父所立定的永久司祭，捧著自己的聖血，進入天上的聖壇，完成人類的永恆救恩。祂常是一樣地爲人類代禱，作人類永恒的中保。

基督的救恩藉著聖體聖事，回溯到加爾瓦略山的聖祭，從祭壇上長流在教會內，昨天今天以至永遠，常是一樣。司鐸們能夠作爲這種聖事的職員，爲永恆的救恩的分施者，地位多麼崇高！天父召選司鐸的聖召，多麼神祕！

今年，教聖職員的服務工作提供一項最佳的工具，發佈了《新要理本》。新要理本爲教會永恆信仰的綱要，供給聖職員最可靠的宣道基礎。主教和司鐸爲宣道爲行聖事，可安心憑著這本要理進行各項工作。

我心中靜靜思索，聖保祿宗徒曾經肯定信仰是唯一的，是不可變的。天主教會抱住這一點，堅持不放，引發許多人的非議，指責天主教會爲保守，爲頑固。他們的哲學認定世界沒有不變的事物，教義信條隨著時代而變；基督教就實行這種宗教哲學。天主教會歷代的大公會議都是爲維護教義的完整而召開的。第二屆梵蒂岡大公會議沒有教義爭論的議題，但在第二次世界大戰以後，歐美各方出現許多教義問題，南美有開發的神學，荷蘭有新的要理本，法國瑞士有反對禮儀本地化的組織。雖不是嚴重的邪說異端，然而在教會人士的心理上造成不安。

一九八五年慶祝第二屆梵蒂岡大公會議廿五週年，教宗召開了特別主教會議，由各國主教團主席代表出席，我也以這種身分出席了那次會議。會議中主教們要求教宗編寫一本新要理本，作各國要理本的藍圖。教宗接受了主教會議的要求，組織要理本編纂委員會，經過七年的工作，終於在今年初，教宗頒佈了新要理本。

要理本所謂新，不是教義信仰有新的變更，而是信仰表達的方式、表達的語言、表達的系統，是合於廿世紀廿一世紀的時代。而且新的意義，是這本要理本加入了天主教的倫理和祈禱生活。這是已往要理本所缺的。這次因著主教們的要求，編輯委員會用生活的動力，加寫了這一部分。

在教宗的書信之後，教宗加了一個附錄。附錄是一九九二年十二月一日，教宗在歐洲特別主教會議閉幕時向代表們所發表的談話，談話中鄭重地提出司鐸的獨身制度。這種制度在天主教會極大部分拉丁禮儀聖職之中，已有一千四百多年的歷史，在東方禮儀中的主教也守這種制度。對於教會的工作和精神關係非常重大。雖然人性的軟弱，常感到壓力很重，但因聖神的助力，對所召選的人必能必有愉快承擔的可能。我們決不要在聖召的田園造成失望的悲觀。

在我牧靈的經驗，第二屆梵蒂岡大公會議時，確實有不少的教內外人士認爲獨身制度已不合時宜，且有違人性的基本要求，他們相信當時的大公會議將作新的規定。然而大公會議在提出這問題時，主教們全體投票決定維持這種制度。他們又希望教宗保祿六世將放寬獨身的限制，不少司鐸取得了教宗的特別許可，能夠放棄司鐸聖職，還俗結婚。但是這種例外許可，教宗若望保祿即時停止。這廿年來，主教會議和教宗文告都重申制度必要保全。

這一點也表示教會的擇善固執性，世人卻更要說天主教會頑固，不識時務。但是目前台灣卻多有單身貴族，大家都不以爲怪，單身貴族以婚姻爲累贅，獨身爲自由。天主教聖職員的獨身不是反對婚姻，因爲天主教以婚姻爲聖事，而是以獨身爲最佳服務。獨身在心靈生活上，是心情全歸於一，即歸於天主，全心全靈全意愛天主，象徵天使的生活。獨身在生活上，是全身爲教會服務。基督聖公會的龐主教會對我說，天主教爲調動一位司鐸，只要問他本人的意見。聖公會爲調換一位牧師，要問牧師本人的意見，要問牧師夫人的意見，要有牧師子女教育的學校，要看牧師的養家費。以一抵四，若是可能，他真願意採取天主教的獨身制。

我自己的生活經驗，獨身給我三種便利：安定、自由、效率高。我一生沒有自我工作的焦慮，安心聽教會主管人的安排，對工作的成就，只要自己盡心盡力，絕不憂慮別人的排擠，心裏常安定不亂。心既然不以工作爲憂，也不以家計爲慮，便談不上愛錢，從不計算置產，心情非常自由，不被任何事物、地位、人際關係所束縛。大家驚訝我寫作的多，那就是我離開辦公室，做完一天的服務，坐在牧廬的書房裏，沒有任何人來吵，沒有任何家事來擾，我專心讀書寫作，不看電視和閒書，不輕易出門，寫作的功效就特別高。

朋友和門生有人對我說：一個人孤單單地吃飯，孤零零地伏在書桌上，或在書房踱來踱去，好沒人情趣。我說我從來沒有感覺孤零的苦酸，心裏有天主，腦中有工作計劃，懷中有喜樂，連消遣兩個字也沒有體會的必要。現在年老退休，加多祈禱天主的時間，心緒更見安定，更覺快樂，安定和快樂伴著獨身而來。其中最重要的關鍵則是心中要有天主，生活以天主爲中心。

天主教聖職員的獨身以愛天主之愛代替世人之愛，那裏有愛，生活便是充實的生活。孟子說：「充實之謂美。」天主教聖職員的獨身乃是美滿的生活。

「耶穌基督，昨天、今天，以至永遠，常是一樣。」

「天主教會，教義信仰，聖職獨身精神，昨天、今天，以至永遠，常是一樣。」

讀教廷文件的感想（八）

——節食運動

教宗若望保祿二世的今年四旬期文告，主題爲「我渴」；「我渴」的背後，掛著「我餓」的牌子。「我渴」「我餓」的呼號，在世界各地，越來越大，越來越慘。造成這種悽慘呼號的原因，是我們人類自己造成的，一方面有非洲和歐洲一些國家的內部分裂戰爭，一方面有工業技術破壞生態環境的平衡。

感謝天主，台灣已經四十多沒有戰爭的烽火，大家安居樂業，生產年年加多，家家越來越富，但就是在這種多錢多財的生活裡，卻像教宗文告所說，漸漸使台灣出現沙漠地。台灣的沙漠地，在物質方面，是垃圾場；在精神方面，是心靈枯乾。

吃喝，在中國歷史裡，從古代已經進入中華民族的文化，成爲一種藝術，成爲一種雅事，烹調爲藝術，飲酒爲雅事。然而孔子修訂經書，特別注重禮樂，宴者有一定禮節，吃喝應守節制。陶潛和李白等詩人，雖以醉酒爲樂，然仍爲舒暢精神。

今天，台灣的吃喝，不見有禮節了。缺少禮節，就產生多量的垃圾。今天台灣的垃圾，極大部份來自吃喝。一桌酒席，菜盤越多，垃圾也越多。一次遊園會，一次賞月，人越多，垃圾也越多。而且人們的心理，宴客的菜盤一定要多，遊園賞月的零食一定要豐富。結果，造成垃圾問題，垃圾掩埋不知放在什麼地方，一塊掩埋場隨變成一塊沙漠之地。

這種不毛之地，到最後還不會把整個台灣沙漠化，可是吃喝的追求造成心靈的沙漠地，則可以沙漠化台灣的人心。台灣現在五十歲左右的人，例如這次新人內閣的首長們，都會在青少年求學時，受過飢寒的苦煎，從吃苦的生活裡煎熬出來，鍛煉成耐苦勞的精神。今天台灣的青少年，家中既豐衣足食，父母又節育，祇生一個兩個，對於生活沒有覺得缺少什麼，想要的向父母要求就有。若是父母不能給，就自已想辦法，偷、竊、搶、強暴，青少年犯罪率，不減卻增。

許多人乃感覺到自己心靈的荒漠，走向寺廟去學守齋，出了寺廟，實行節食。

守齋節食，成爲宗教信仰的象徵。我們天主教四旬齋期，就是我們信仰的生活。

然而，今天台灣的社會要求淨化心靈；淨化心靈並不一定要進入寺廟，而是在餐廳和娛樂場，大家實行節制吃喝，便可以洗淨社會的贓污，也就可以淨化人心。

教宗在文告裡說：「教會要求我們以四旬期的自我克制，走上基督爲我們開導的愛與希望的道路。藉此使我們了解基督徒生活包含遠離貪戀過盛的物質，並接受貧窮能使我們心靈獲得自由，使我們發覺天主的臨在，以更主動的團結及寬廣的友誼迎接我們的兄弟姊妹。」—

在台灣追求淨化人心建立祥和社會，和道德重建的運動裡，應當提倡節食，防禦產生不必要垃圾，加強教育青少年自克的能力，使人們理會人的生命，不單靠飲食，而是靠真理的訓言。

我和聖經一段緣

二十年前暑假時，天主教和基督教大專學生共同舉辦夏令營，有一年營地在陽明山基督教的青年中心，我以台北總主教的身份，多次去看他們。談話時，一位基督教牧師說，「人家都以爲天主教不讀聖經，羅總主教向同學們講話，卻常提到聖經，對聖經很熟。」天主教同學對他說：「羅總主教是神學博士，當然讀了聖經。」

其實，我讀聖經，並不因爲考神學博士。在神學課程裡，聖經雖然是一門主課，但並不是最重要的，最重要的則是倫理神學，四年的課程裡，每天一小時，其次是教義神學，三年的課程裡每天一小時。

我讀聖經，是在駐教廷使館任教務顧問時，吳經熊博士來駐教廷使館任第二任公使，他來羅馬最重要的一件事，是修訂新約全集譯文。抗日戰爭時，吳博士逃出香港到桂林，得蔣中正委員長授意，用文言文翻譯新約。吳博士譯經用英文聖經本作原文，他想有錯誤，到羅馬後將譯稿交給我校對，我的希臘文和希伯來文早忘了，祇能用拉丁文校對。拉丁文也不是原文，吳博士和我便走訪羅馬的聖經學院院長白雅神父，請求指教。我把新約譯文讀了四遍，字字斟酌，有時候爲一個名詞或一句話，討論半天，這樣我的新約算是讀了。吳博士也用中國古五言七言詩體，翻譯古經的聖詠，出版了聖詠譯義初稿。

既然對譯經費了力，也養成每天讀聖經的習慣，把新約從頭到尾，一遍一遍地讀，古經全部讀了一遍，以後則選讀。我讀聖經，是以門生聽老師當面講話的心情，耶穌基督在我心內，我誠心聽祂訓話。

自立晚報

國語，我的尷尬

我生在湖南衡陽南鄉的佃農家裡，不是出自書香之家，沒有家學的淵源，文字學和聲韻學沒有根基，從鄉間小學讀起，讀到聖心修院高中畢業，十九歲到羅馬傳信大學留學，又留在母校任教二十五年，我的一口湖南土音都沒有變。五十歲的年頭，被調來台灣任台南主教。台南爲一新成立的教區，一切須從頭做起，我便邀請了二十餘位羅馬留學畢業的中國青年神父，來台南工作；他們都是我的學生，不能回大陸原有的教區，大家在台南住在一起，生活忙碌又快樂。可是我的國語，常鬧笑話，還有一位山西籍神父，常模仿我的湖南國語講道，逗得大家每次捧腹大笑，我雖感到尷尬，但也很開心。一次，我晚間從一教堂行禮回來，換了禮服，脫了靴，叫女工拿便鞋來。衡陽土語叫「鞋子」的吐聲和「孩子」一樣。女工聽見我叫鞋子，以爲要「孩子」，女工是個日本籍教友，慌忙跑下台找另外一個台南籍女工，說不懂主教爲什麼要「孩子」，兩個跑上樓，瞪眼看著我，我說：「有什麼事？鞋子我已經穿上了。」她們爭著說：「這是鞋子，不是孩子。」隔天，神父們吃中飯時，大笑而特笑，「主教要孩子！」我好尷尬。

民國四十六年正月十八日，葉公超外交部長覲見教宗庇護第十二世，面請准田耕莘樞機訪問台灣，教宗答覆可以，田樞機於當年九月十三日由美國來台北，我由羅馬先期飛到東京，陪田樞機觀光台灣，兼做代言人(我當時任駐教廷使館教務顧問)田樞機在台灣停留了一個月，取道羅馬回美，路經菲律賓馬尼拉，休息一天，馬尼拉聖言會歡迎田樞機，請田樞機向修士講話，田樞機要我代講，我用拉丁文講話約三十分鐘。晚間和田樞機隨行的張右篤主教和我三人聊天。張主教說：「你拉丁文說得真好，比說中文還好」！田樞機看出了我的尷尬，笑著說：「話不是這麼說，人家拉丁文說得好，中文也說得好！」三人又笑了一陣。

後來我調任台北總主教，又調任輔仁大學校長，我的國語常是蹩腳。一次，逢甲大學請我去演講，校長非常客氣招待，全校學生聽講，我講「現代的價值觀」，講了大約六十幾分鐘，結束大家鼓掌。後來我接到逢甲校刊，登載我演講大綱，題目是「現代的家庭觀」，我的「價值」，變成了逢甲的「家庭」，我好尷尬！

現在我的書桌旁，常放著一本「國語日報辭典」我也常常翻。又放著一本「我不再寫別字」，每天看，看了又忘(老人容易忘)，老而彌堅。每學年開學後，第一堂課我常對哲學研究所碩士班和博士班新生說：「聽不懂，莫著急！聽了一個月，就會聽懂了。」

自立晚報，中華民國八十四年三月二十一日

關說—我的尷尬

關說是不光明的事，從台中衛爾康餐廳大火以後，更是大家所痛恨而欲根絕的事。若知道誰是關說的罪犯，則他成爲過街的老鼠。我因此就很尷尬，人家想我在關說，我慌忙解釋我不是關說，是做我當做的事，人家不一定就相信，心裡很尷尬！

新竹市高峰路一座天主教修女院，常供作教會講習班用地。幾年以前，市政府開闢道路計劃，兩條計劃路通過修女院，把院地四分五裂。修女們來找我，請我向政府當局講話，我只好修書當時省府連戰主席，和新竹市長。修女們又各方奔走，結果道路計劃停竣了，以後沒有消息。今年二月修女們忽然兩次來見，說道路計劃又提出來，說在四月要徵收土地，教會機關都不願出面，只好拜託我再設法。我聽著修女們爲難的情形，祇好修書內政部長、省長和市長。政府官員一看，這不是關說嗎？我則不承認是關說，教會的事就是我的事。內政部長回信說：「地方政府當係依據相關法令，統籌辦理，諒與是否尊重教會無涉。」我知道正面是無涉，側面則是有，因爲天主教會面對道路計劃既不能送紅包，又無法抗議，炒地皮的人不免官商聯手，把道路通過教會的土地，減少通過私人土地的痲煩。

另外一椿事，八里鄉天主教的安老院，建立了二十多年，收留一百二十多位孤苦的老人，十二位修女用基督的愛日夜服侍，不收分文。八里鄉土地重劃，既不把安老院免除重劃，又以保全了安老院房屋，安老院所得土地超過重劃規定的百分之六十，須交七百多萬元台幣以買回超定的土地。安老院靠捐款度日，每日兩位修女出外化緣。我請台北縣政府比較公共場所免安老院交重劃地價費，因爲公共停車場可以免交，台北縣政府硬要錢。我真很尷尬，不知該怎樣向修女法國總會說明這事，總會用歐美的捐獻，給我們買地造院，不收費服侍老人，我國政府反而要安老院修女出錢贖回自己的地！說是重劃使地價漲了，但是安老院不爲賣地賺錢而建院！

中華民國八十四年三月六日

我的老淚

八月二十三日晚間，在電視新聞和晚報看到教友薛文進爲保護西螺天主堂跳樓的鏡頭和照片，一時氣憤填胸，淚眼濛糊，老淚縱橫。一位年壯信徒的生命消失，一家人的痛哭，妻兒日後的生活，織成一幅好可悲哀的情節，刺激我的老眼，淚水直流。我也痛惜自己無能，沒有能夠避免這件痛苦事情。

台灣政府拆毀教堂，教友跳樓自殺抗議，馬上傳遍世界各國。國際上已經對台灣有殺野生動物，用流刺網捕魚，毒物泛濫，處處暴力的不好印象，現在，又加上迫害教會的野蠻動作，雖然台灣有錢，反而適足構成反文明的社會。本來拆堂的主事者，理直氣壯說是按法行事；然而在國際上以開路而拆教堂，人家都不會贊成。而且在歐洲跟我國維持外交關係的唯一者梵蒂岡教廷，對這事必不會有好感。祇是我們的地方政府，最低層的鄉鎮公所，正在發展民主政治所給的權力，對於省政府和行政院部會的指示，都棄而不顧，祇看到幾十公里內的地方和自己的權和錢，不會看到國際情形。新竹市都市計畫會抗拒內政部指示，對高峰路修女院開路，回答說計劃早定，不能變更。西螺鎮長蘇中禮在跳樓事件發生後，聲明說對薛文進跳樓很爲遺憾，但拆毀教堂仍舊繼續，說得好神氣！

天主教講愛仇，耶穌被釘死前，求聖父寬免釘死祂的人所該負的罪。天主聖父寬恕了他們的罪，但是沒有免了罪的罰，而且罰的非常重。我們當然不計逼薛君跳樓者的罪，更不詛咒他們受罰；但是天主必定要討這份血債，討的必定很重。在天主前時間不存在，晚了幾十年也不一定，可是將來受罰的人，是可悲哀的！

自立晚報，中華民國八十四年八月廿七日

致趙玲玲女士公開信

趙玲玲女士：

參加立法委員選舉落選，我以老師的心情對你說幾句話，而且公開的說，因爲你這次的失敗，不是你自己個人的失敗，乃是國民黨的失敗，你不要憂悶，更不要沮喪。你的學術工作，更可以加強，對國家的貢獻更可以加多。而且增加一個特殊的經驗，政治圈內，路途多，人複雜，很不單純。我所以要公開向你講話，就是想說你落選是國民黨的失敗，也想說國民黨失敗的原因中，我所知道幾點。

第一、大老闆的作法。大專學校黨部主任，不久前是校長，校長不是黨員，應是教務長或至少訓導長，我反對這種作法，因爲這樣使黨的事，變成了學校自身的事。結果，黨主任不便在校專管黨務，黨員僅讀了三民主義和國父思想，沒有其他必要的訓練，也沒有多的活動。

第二、常年在思想方面，祇靠著三民主義和國父思想，在台灣沒有聽說誰是國民黨的理論家，沒有聽說那冊書是三民主義的學術著作。結果，青少年討厭三民主義死背的教法，學者厭棄國父思想的陳舊。我在中山學術基金會董事會開會時多次發言，中山學術基金會不必用本來有限的基金，去作文藝作品和科技發明獎金。因爲社會和政府已經有多種的獎勵，應該利用中山學術的有限基金，培植三民主義和國父思想的研究工作，要有新的解釋和適合青年心理的說明，更要有高深的學術著作。

第三、當我發言時，董事們則說，三民主義創造了台灣經驗，國際人士都來台學習這次選舉，國民黨還是以台灣經驗自豪，但是在一般智識份子和青少年心中根本不想台灣經驗。他們認爲是政府當然要做的事，而且在福中的人，不體會什麼是福。

趙女士，我話說完了，回頭向你說句勉勵的話。你可以努力創造三民主義的學術研究，走入智識階級和青少年的行列，體認他們的心理，要使三民主義和國父思想不是一塊僵硬的石頭，而要做活潑引導新的一個世紀的路燈，我求天主降福你。

大成報，中華民國八十四年十二月十三日

信近於義

「有子曰：信近於義，言可復也。」（學而）信和義相近，因爲信可以有事來證明所說的話，不是空話。目前正在選舉期間，各黨候選人宣傳政見，大言不慚，每人都有建設國家社會福利之抱負，可是每次選舉過後，國會廟堂仍舊是脫口秀，仍舊是武士式的問政，民代們的選舉諾言，早就成爲耳旁風，「所可復的」，大概衹是賺回選舉時的經費罷！

「信近於義」，選舉候選人，爲著選舉臨時變換了黨，因爲有希望可以當選。有些某一黨人，卻爲另一黨人抬轎，表示自己的政見。這都不合於義，都不信實。

有的競選人，不怕黨的處分，不顧時勢的順逆，因爲想要競選便要競選到底；如同孔子所說：「言必信，行必果，硜硜然小人哉！抑可以爲次矣。」（子路）就是可以作爲第三等的士人，孟子曾經說：「夫大人者，言不必信，行不必果，惟義所在。」（離婁下）人格高，志氣大的人，說了的話，後來做不做，要看合不合於義。不要像硜硜然硬要去做的小人。義是大家的利益，利是私人的利益，孔子以君子小人的分別，就在於義和利上面。

社會的「信」蕩然不存！夫婦不相信，同居的人不相信，合夥的人不相信，同黨的人不相信，老百姓不相信政府。孔子曾經說：「民無信則不立」（顏淵）。社會間，人們彼此不相信，社會就不安，政黨裏黨員不相信，政黨就分裂。老百姓不相信政府，就示威抗議；這些現象也就是目前我們社會遭遇。

孔子又說過：「人而無信，不知其可也！大車無輗，小車無軏，其何以行哉！」人若沒有信，就像汽車沒有輪胎，怎麼可以走呢？在別的環境裏，就像在家庭夫婦間，你不講信用，你也要身心苦痛。或許有人說：民代當選，不講信用，仍舊富貴滿身。那是因爲民代選舉的失信，祇是宣傳的空言，失信不守，若是在日常生活上失信，終歸要遭殃！

有信用的社會，才能夠成爲安詳的社會。信用的建立，在於重義輕利，說來以乎很容易，實行起來，則「蜀道難，難於上青天！」惟獨不愛利，沒有利的包袱，才可以飛上青天。

大成報，中華民國八十四年十一月十四日

公祭禮儀要簡單肅穆

中華民族傳統素稱爲禮儀之邦，繁文縟禮；民國初年反傳統的趨勢，打倒「禮教」。廢除了一切古禮，在公開的節目上，就沒有禮節了。民間生活的節目，以結婚和殯葬爲最要，稱爲紅喜事、白喪事，紅白事的民間傳統禮儀，各有不同，都和宗教信仰有關。近年來，中華民國有意編訂新的婚葬禮儀；又邀請宗教人士研究修改喜喪典禮。民間最近幾年，卻自行漸漸習慣了一套婚喪儀節，公開實行。

現在男女結婚，除法庭公證結婚和集團結婚舉行簡單儀式外，男女結婚的儀式，無論在教堂、寺廟、旅館，式樣已大致相同。有一個共同的輪廓：新郎、新娘入廳，證婚人證婚，交換信物，揭面紗，互相鞠躬，拜謝父母、證婚人，證婚人致詞，簽字婚書。這個輪廓，來自天主教的婚禮，在大輪廓內，各宗教加入宗教的成份，結婚人也可以加入所要的成份。目前大家覺得這種婚禮具有莊重、喜樂、豪情的表現。

對於喪禮，近年已經習行公祭。公祭的儀式取自祭祀古禮的小部份：就位，讀祭文，三獻，致敬，孝子致答。這種儀禮，最多十分鐘結束。至於瞻仰遺容，覆蓋國旗黨旗，可有可無。殯葬是自家人的事，自應簡化。但是公祭以後，接著各機關團體個別致祭，有時延長到兩小時，孝家人士跪在地上答禮，也長達兩小時，實在太久太累；而且殯儀館擠進擠出，拉手言笑，一片紛亂，決非哀祭的氣氛。這種殯喪公祭典禮，實在應該改良。

近幾年所舉行三次國喪，出殯公祭都按基督教告別式舉行。蔣中正總統、蔣經國總統，嚴前總統的殯禮，都是國喪，宗教氣氛太重，哀祭的情緒則濃。

是否可以把告別式作為公祭的輪廓？哀歌，祭文，主祭人輓詞，宣讀喪者事蹟，哀歌，三獻，致敬，哀歌。全場約半小時，全體一致舉行，不再分別舉行各團體公祭。參加者全體或坐或立，沉默有序。殯儀館行祭廳，公祭時，整肅端嚴。各宗教可以加入宗教成份，內政部可以擬訂幾種哀歌。古代詩經的雅誦裏，就有古代祭祀的歌詞。喪家家祭，則按喪家的宗教信仰行禮。

文化復興運動總會宗教研究委員會，最近開會提出了這種公祭儀式的建議，將繼續予以研究。

大成報，中華民國八十四年三月二十日

教育和就業

受高等教育的人就業率低，且向下滑，高等教育的人口要緊縮，這是當前社會上的口號。

教育和就業關係頗密切，這爲大家所公認的事；但是把教育和就業劃一等號，則是錯誤。教育較比就業的內涵多，較比就業的外延廣。教育教人做人，職業是人生的一部份，即使是最重要的部份。

受教育是人的人權，有受高等教育條件的人，就有受高等教育的權利。就業是人爲的制度，政府有使國民有就業的機會。

受高等教育的人就業率低，對受教育的人的影響是失業。受高等教育的人的失業，這個名詞應該多以修改和糾正。沒有就業的機會，可以創業。輔大大傳系和應用美術系的同學，畢業後自己創設廣告公司，經濟系同學開設加油站。政府便應鼓勵也資助青年創業。目前受高等教育的青年男女各一半，女同學畢業後不一定都可以找到工作，但是她們在家裏不是閒著，而且結婚以後，作了家庭主婦，主婦不能說是失業。主婦在家裏，從早到晚忙碌不息，使家庭能夠安定。家庭安定爲社會安定的基礎，安定家庭的工作便是社會的基礎工作。養育子女，主婦是母親，要哺育教育。教育的工作，爲國家的基本工作；教育的工作，以家教爲基礎，教育子女的工作便是國家的基本工作。因此，羅馬教宗在去年家庭年向婦女界發表公函，曾經呼籲各國政府應重視把家庭工作定位，要肯定它的重大價值。

當前，教育界和政府都在喊，教育應爲國家培植人才。研究所目的在培植人才，便按人才的需要規定名額；這又是一項錯誤的制度。國家需要的人才，究竟是什麼人才？我們的國家採用計畫經濟的政策，列出國家當前的建設，這些建設需要的人才，便是教育要培植的人才。可是，這些建設以外，就不必有人才嗎？將來國家還有沒有建設計畫，那些人才是不是需要？人才的類別，沒有辦法可以硬性規定。

最大的問題是大學聯招，逼迫整體教育成爲補習教育，造成青年逃學犯罪。如何創造更多升學管道，以根絕惡補，要多考慮。

大成報，中華民國八十四年四月九日

慨嘆學術界的飄浮動盪

人家常對我說，你藏了近萬冊的書，現在老了，還要買書，你什麼時候看？我買書是爲寫稿作參考，目前雖不寫書稿，報稿還寫，參考書便要買。今年我買了幾冊大型的參考書：《中國百科全書》七十四冊、《辭書集成》五十二冊、《中國文明史》二十九冊，又訂購《中國文學大辭典》十冊，前兩部是大陸出版的，後兩部是台灣出版，大陸學者編寫的。近幾年我也買了大陸學者寫的中國哲學書，其中有兩部在學術史方面有高的價值；一部爲束景南的《朱子大傳》，《朱熹佚文輯考》，另一部爲朱伯崑的《易學哲學史》四冊。這些書在撰寫方面，都是埋頭苦幹的作，我就佩服大陸學者苦幹的精神。

大陸學者沒有自由，沒有思想的自由，沒有工作的自由，他們在固定的工作崗位從舊書廢紙裏作古代思想研究，作古書的考訂，雖不像清朝的考據家，集成《皇清註解》等經解，但能編輯大型百科全書和文制史工作也很有價值，而且學者單獨的著作既有考據的價值，又有學術史的價值，思想也能脫離馬克思唯物主義的形態，更能揚棄馮友蘭的路線，在自然科學和學校方面，更是直追科技的先進國家，製造兵器，咄咄逼人。

反觀我們中華民國在台灣的學術成績，祇可以用經濟奇蹟來作標榜，來作光榮。對於科技，我不懂，不便說話，對於學術，我自信還懂一點，學術研究的機構有中央研究院，推動的機構有國科會；但這些年來真正有研究成績的，則是中山科學院，中央研究院沒有研究經費，國科會的經費，則用爲變相的教授加薪。

台灣在經濟未發達的時代，學人的教授薪金不足家庭生活的需要，學人便儘量增加教課鐘點，國科會便伸開援手，幾十年來，很少人能夠埋頭作研究工作。工業界也盡力趕著生產，沒有設計科技研究中心。

近幾年經濟飛騰成長，學術界充滿了自由風氣，可以說是到了好好研究學術的時代了，可是社會生活卻飄浮動盪，大家都定不下心，每年一次的選舉，使社會天天在喊建設口號，人人在勾心鬥角爭取權位，家庭不安，學校不安，還有誰靜心研究學術！

當前的學人都是大學教授，在選舉的氣氛裏，大家做宣傳，競選者個個自誇，學人教授感受這種風氣，也要自己宣傳，以建立社會聲譽，遇事即開學者座談會，遇機就召開記者會，還要建立各種組織，學術界那還能有學術價值的書出版！

大陸學人不自由，不能研究學術，卻埋頭作研究工作，有成果出現，我們有自由，可以研究學術，卻少有人作研究，學術出版界一片荒涼。學人實在需要靜下心來，避免心情浮躁，學術研究工作，務必心情專注，埋頭苦幹，才會有成。

大成報，中華民國八十四年七月十二日

我的坐車經驗

我不是常坐車在街上跑的人，但也不是閉門不出，因著職務應作的事，也曾天天坐車出門。我坐車出門的經驗，當然以從天母往中山橋的中山北路爲多，因爲我住在天母，從天母進台北市，只有中山北路一條公路，上午下午，不逢上下班的時間，從天母到中山橋，大約車行一刻鐘就夠了。早晨從七點到八點半，尤其在八點的時刻，必須費一個鐘頭，車子才能到新生北路的高架路或中山橋。在這個時間，天母、陽明山、雙溪、石牌進城的車全都擠在這條路上。我常想爲什麼不能利用基隆河舊河道，開闢另一公路，從石牌往中山橋？開車走在中山北路六段和五段，我的經驗是紅綠燈錯節太多。有好幾處兩個紅綠燈，甚至三個紅綠燈相距不到一分鐘，我的車子走到第一個紅綠燈，燈是綠的，可是前面的車子因第二個紅綠燈是紅的，車子不能動，車子多把後面第一個紅綠燈的綠燈通行道擋住了。等到第二個紅燈變綠了，車子過去了，第一個紅綠燈變紅了，等著過去的車又不能過去。交叉路右面的車馳過去，有時沒有過完，紅燈轉綠了，我的車子要走，又被交叉路右面的車擋住了。我常想爲什麼不可以把距離近的紅綠燈調節一致，紅，都紅；綠，都綠呢？還有紅綠燈轉換的時間，等得過久，等得久，或以爲可以多過些車，但同時積起來的車也多。交通在於快，最惱人的事，是交通警察控制紅綠燈。他們以爲可以憑他們的智慧，判斷前面車子多少；實際上因著他們的判斷不準，才造成交通的混亂。尤其遇到一輛汽車不守秩序和規則，警察跑去勸導，耽誤了轉換紅綠燈的時間，記得去年或是前年，交通部似乎禁止警察控制紅綠燈，最好還是讓紅綠燈自然轉換，交通警察指揮車輛。在車輛不太多的時候，又有兩種現象：計程車逢有人招呼，不靠路邊去停車搭客，卻在路中間停車，阻塞交通；公路局車換車道，不顧後面的車，要換路就換路，反正後面的車碰上了，後面的車倒楣。

上面所寫是我坐車的經驗，不敢說是改良交通的建議；不過，若能改良這些人事所造成的阻塞交通的原因，台北士林的交通或者可以好一點。

應提高那些生活品質？

在影視上看到一則廣告，「中國人，滿漢聯席」。以滿漢聯席的菜代表中國人——烹調的藝術，固然代表中華傳統文化的一面。在世界各國，中國餐館也代表華僑（美國、加拿大可能除外），我曾留住羅馬三十一年，初期的華僑，沿街賣領帶。有些義大利人譏笑中國人「五塊里拉」，仿效華僑叫賣的聲音。後來華僑改開小店，專門做男人的大小皮包，最後乃開飯店，目前羅馬的中國飯店已經超出兩百家。

就台北市來說，現住在天母，天母東西路和中山北路七段，所有店鋪，是飯店、衣服店、珠寶店；但是以飯店最多，中國的、美國的、法國的、德國的、義大利的、越南的都有。

「食色，性也」。中國古人很相信這一點；現代中國人還是繼承這種傳統。然而，無論怎樣認為中國人以吃作代表，我肯定這是冤枉；最少，中國歷代有詩，有文，有畫，有哲學思想。而且這一些遺產都繼續到現代。

不要以烹調代表中國人，以文化品質來代表中國人。

爲提高大家生活的品質，我認爲在不太難的情形下，可以發展飲食以外的幾種生活。

第一，提倡閱讀的生活，每個成年的國民，每天閱讀一種報紙；休閒時，讀一本書。書香社會的名牌，不易達到，每天看一看印刷的字，可以做到。

第二，每一社區，建立一文化服務中心，主辦烹調班、插花班、成年讀書班、歌唱隊等等文化工作。

第三，公園舉行音樂會。

第四，消極方面，嚴查非法的娛樂場所，嚴查騙財騙色的神壇。

第五，多設合宜的青少年娛樂場。

台北市新市長陳水扁以提高生活品質爲施政重點，以上幾點或供市政府參考。

鉛字和映像

日本讀賣新聞發行破一千萬份，算是全球新聞界的新鮮事。凸顯日本閱讀報紙的人口非常高，也附帶表現日本社會生活的品質具有文化氣質。但是讀賣新聞社長卻說日本每年增加六、七十萬家庭，其中一半不看報，很多人以爲只看電視就夠了。社會出現了鉛字媒體和映像媒體兩極化的現象，日本報紙文化將步入衰頹，知的水準也降低。

電視有新聞報導，早晨，中午，晚間，深夜都有。電視的新聞報導以影像爲主，語音爲副，主播者容貌形像增加報導的生命。許多人在家裡在辦公所，甚至在娛樂場都可以觀聽。觀聽著不累人，且感覺愉快。看影像比看文字輕鬆多了，看電視比看報紙也方便多了。

讀賣新聞社長渡邊恆雄卻說看電視不看報紙，知的水準要降低。電視的報導以影像爲主，影像是外面的形色，事件和人則有內心，一件事發生的原由，一個人的思想，不能由影像映出，雖然有主播者加以解釋，但都必須隨著影像走，語焉不詳。

看了電視新聞，知道已發生這些事，不知道事件的來龍去脈。習慣祇看電視新聞，將會養成不深思索的毛病，凡事祇知外面。看了電視，再看報紙則可以知道事情的原委。對於記者的判斷，還可以加以批評。這樣，養成思考的習慣，知識當然增高。

我們社會裡，閱讀報紙的人口非常低，看電視新聞報導的人口可能相當高。年輕的人，從小學到大學，因著升學的聯招考試，拚命讀死書，進了大學開始思考，可是四年大學是否學得思考的門路，還是問題。出了大學門，到社會工作，祇看電視報導，報紙不看，知識都是浮在外面的影像，生活的品質怎能提高？

當然不能說看報紙就提高了生活品質，還要看報紙的品質高不高。電影的品質影響社會生活的外貌，報紙的品質影響社會生活的思想；一個社會若能有鉛字媒體和映像媒體兩者的品質都高，社會生活品質就可以高了。

母親之偉大

報載美國甘迺迪家族的老母，蘿絲去世，享年一百零四歲。輿論界恭維她是「風雨中屹立不搖的玫瑰」，以家庭爲終身事業，培植了一位總統，兩位參議員。晚年喪夫喪子，兩子都被刺身亡，她卻說：「我絕不會被這些事打倒，我還有四個孩子，以及孫子們讓我掛心，我絕不倒下來，或被磨得粉碎。如果我倒下來，甘家的士氣就會沉下法。」扶柩送葬有兒子甘迺迪參議員夫婦、三個女兒、兒媳參議員羅勃・甘迺迪的遺孀，以及二十八個孫兒和四十一個曾孫輩子女。甘迺迪家族爲美國著名的政治家族。

在我這有老年思想的老人看來，蘿絲・甘迺迪真是一位女強人，成就了一位女子的偉大事業，不僅因爲是總統和參議員的母親，而是她栽培了一位總統，兩位參議員，輔佐丈夫建立富饒家產，出任美國駐英大使，建立了一個聲望很高的家族。全球輿論都予以讚揚。

去年，她的兒子甘迺迪總統遺孀逝世時，各國輿論都稱揚她是一位有操守的貴族夫人，雖然因夫而貴，但知道在餘年裏保守寧靜。

母因子貴，妻因夫貴，乃是天然的事；不過，若本身沒有內涵的美德，祇是一團水泡，水流就消散。既有內涵美德，培養有作爲的子女，輔佐有建業的丈夫，母親和妻子的尊榮，乃是應有的，且是長久的。

不過，當前年輕女子的想法，卻有不同。女子要自創事業，自建地位，以自己的事業和地位而受尊敬，不能再容男子們的男子的心理來讚揚母親和妻子的光榮。

可是，事業和地位的價值就不一定了。作一個上班族，當一個女祕書，任副或總經理，事業和地位似乎比母親和妻子的事業和地位高，實際上則培植有作爲的兒子，輔佐有建業的丈夫，工作的價值遠遠超過經商或工廠生產，甚或政壇事務以上。

台灣王永慶先生的老母，受到兩位董事長兒子的敬愛，受到成千上萬員工的敬重，較比任何女強人都高。

遠東經濟的發展，許多學者說是儒家家族精神的動力。台灣目前的經濟，不都是家族經濟嗎？就連除教會的私立學校外，台灣私立學校不也是家族學校嗎？母親和妻子在家庭精神裡，地位和身價不能看得低！至少，在民主時代，要與男人平等；而且母親，比男人地位高。

我們天主教恭敬聖母瑪利亞，就因爲她是耶穌的母親。地上的男人都在她以下，連天上的天使也在她以下。祇有耶穌在她以上，耶穌不代表男人，是代表整個人類。

教育的犧牲者

報載屏東縣竹田國中黃信樺教師，在十六日晚間十時卅分不治身亡，這是一項令人最痛心的消息。黃信樺教師在十二日上課時，遭謝姓學生毆打，腦部受到重傷。黃老師年歲五十三，服務教育界已經卅年，教學認真，熱心指導學生。

黃信樺教師是我國教育的犧牲者，我國的教育，造成了兒童和青少年，不知倫理，否認道德，在學校和社會，製造層出不窮，愈演愈多的罪行。這是教育制度造成的一種社會心理，這種社會心理釀成了青少年的罪行。

大家都歌頌教育政策的成功，培植了國家各項大建設的技術人員；但是沒有看到社會道德的淪沒，青少年的罪行越演越烈。

爲著培植專業人才，高等教育的品質要高（所謂品質，即是科技教育），大學不應增多，教育部公布大學辦學成績優劣（即是科技教育的成績，沒有所倡的五育教育），大學不增多，入學人數很有限，於是設了聯合招生的門欄。爲擠進這限門欄，中小學教育都以升學爲目的，全部運用補習，中小學正規教育變成了補習教育，人文教育，另外生活教育都消失了。

教育部近年力圖改革，准許私人興辦大學，國家也擬增建大專院校，一些所謂專家卻大聲喊高等教育有危機，品質要下降了。實際上，大學是為提高全民知識，專業人才應在專科研究所培植。要辦自學方案，家長們懷疑了，補習業者恐慌了，聯合民意代表竭力阻止。

大家都知道，補習業已成為致富的捷徑，老師教補習也是生財之道。天分稍低的學生不受學校重視，造成一種反抗心理，群起作惡。天分在水準線以上的學生，參加各種補習，只知背書，不知倫理。好心老師有時懲罰出軌行動，家長們竟興師問罪。

老師們目前把教書多看成「不得已」的職業，很少人還有教育新人的使命感。

教育部近年費盡苦心想廢除聯招，組織了改革委員會。但是一面怕全國家長的抗議和補習班的示威請願，一方面也找不出一種能代替的方式，一年一年往後拖。我想最可行的方式，還是增加大學數目，入學的人數增多，升學壓力減輕，恢復中小學的生活教育，目前教育界的痛心罪行可望逐漸收縮。

大成報，民國八十三年十月十八日

政治社會亂象何時了

中央日報在上個月登載了吳倫先生講老舍小說中的婚姻哲學和家庭文化，標題爲「新思想敵不過老規矩」，挖苦自由戀愛的女子，既不主內，也不主外。「造成女性的現代社會與傳統家庭角色的雙重失落。」因爲自由戀愛的制度，「必建立於男女間平等關係之上，而這，只有在女性具備了社會角色之後，方能獲得。」目前，台灣的女性，可以說已走在這個路上了。

讀了這篇文章，想到我們在民主自由的路上的往歷。孫中山先生引導民主革命，推翻了四千年的君主制度；然而中國的民眾不僅懂得這種思想。倒了滿清，袁世凱要做皇帝；袁世凱死了，張勳要復辟；張勳失敗了，軍閥割據了中國。蔣中正總統統一了中國，中共奪去了政權。毛澤東用最殘暴的手段，獨裁專制，統治了大陸。蔣中正總統把政府遷移到台灣，也是推行強人政治。蔣經國總統晚年改行民主政治，李登輝總統繼續發展。近年在台灣大家都覺得社會太亂，首先是立法院開始，後來加強暴力表現，惡語謾罵，金錢穿串。接著國民大會翻桌翻椅，對打對罵。社會基層隨即發生民主變態，圍廠堵路，封鎖行政院或立法院。社會民主變成只顧私利，排除公益。大學學生跟著也行民主，要求票選校長，近日台灣大學舉行的校務會議，學生先進會場，佔據座位，會場外聚集多數學生吶喊。大家喊民主，小學老師一罰學生，不問有理無理，家長就到學校興師問罪。社會有抗議集會，民眾打警察，警察還手，報章就指責。這些亂象，大家見慣不以爲怪了。

由此可見，大家對於民主的意義，還沒有知道清楚，罵是沒用的。但是這種現象必定會過去。林洋港資政正喊著大眾民主教育，編訂民主手冊，印刷分發社會各界人士，首先發送各級民意代表，從立法委員開始。我想，電視應該負起民主教育責任，做好文字短句：如民主是法治、民主尊重別人人格、民主尊重他人意見、私益讓公益等等，每天以廣告式映出，提醒觀眾。民主教育做得好，做得快，民主的亂象就能早日消除，社會乃能祥和安定。

大成報，民國八十三年十月十六日

出汙泥而不染

前兩個月中央日報登了一張台北植物園荷花照片，下面題字「出汙泥而不染」，一朵全開，一朵含苞的荷花，四周綠葉陪襯，鮮艷奪目。

我從小念熟了周子的愛蓮說：「予獨愛蓮之出汙泥而不染，濯清漣而不妖，中通外直，不蔓不枝，香遠益清，亭亭淨植，可遠觀而不可褻玩焉……蓮，花之君子者也。」評論這篇文章的學人，都說周子以清蓮自比，鄙薄世俗，今天的台灣社會，說是金錢濺腳，實際是汙泥濺腳。

目前選舉的風，已吹遍社會，爭權爭位的人，明爭暗鬥，四處聽到自誇，建設的口號響遍街頭巷尾，四處鞠躬，逢人拱手。浮著的是權力的汙泥，有誰能出汙泥而不染呢！蘇軾曾在〈三槐堂銘〉中說：「吾儕小人，朝不及夕，相時射利，皇卹厥德，庶幾僥倖不種而獲，不有君子，其何治國！」就是說：「我輩小人，早晨等不到天黑，看準時機求財利，那有閒暇去修養仁德；滿心希望僥倖地不去種植卻能收獲。如果真沒有君子，又怎能治理邦國！」今天的社會不分是非，民代暴動戾氣，但是社會人心仍有是非，仍舊希望有「出權力汙泥而不染」的正人君子來治理國家。

上次我寫一篇短文「台灣錢濺人心」，金錢的汙泥濺滿了人們的心，社會才有各種不法謀錢的事件，而且構成不法謀錢的風氣，也已經有人企圖以宗教的情懷洗淨金錢的汙慾。中華民族的文化傳統是「君子喻於義，小人喻於利」，和「見利思義」。我手邊有一張卡片爲齊白石自畫像，畫角題字：「宰相歸田，囊中無錢，寧可爲盜，不可傷廉」，孔子也曾說：「富而可（合於禮法）求，雖執鞭之士，吾亦爲之，如不可求，從吾所好」（述而）真是「出錢汙而不染」。

目前台灣另有一種汙泥，汙了人心，還汙了人的頭腦，權力慾和錢慾，大家都說不好；性慾，大家不僅不說不好，輿論和學人還讚揚是發揚人格。試婚、同居、婚外情、同性戀，一男多女、一女多男，成爲改革進步、自由、婦權的標記。教育界儘量擴充性教育，造成台灣離婚爲亞洲之冠，婦女性慾開放爲全球之首。性慾汙泥使人頭腦不清，誰也不敢說不，苟而有人說，必被罵爲衛道之僞士。我是一位老教士，今天仍舊要說：性交祇能在婚姻之內。婚姻爲一男一女，終身不貳。男女都有貞操的義責。一個人的人格，要在「有所不爲而後有爲」的操守裏建立，人格的建立則顯出「出性慾汙泥而不染」。

大成報，民國八十四年十月十六日

參觀孔子文物展有感

五月十七日下午三點，到國父紀念館參觀孔子四千年文物展，中國時報一位年輕服務員盡情招待，導遊講解，歷時一個鐘頭，四點半離開國父紀念館，門前仍舊大雨如注，洪修女擎傘扶著下階梯，上車時，身上已多雨點。

孔子文物展，物件雖不多，可以使人對孔府、孔廟、孔林有一大概的觀念，尤其孔廟的模型和碑刻拓本，彰顯規模的宏大和歷史的久遠。孔子的子孫世代相傳，脈絡不斷，且聚族而居，死又同葬子林。這一個文化家族，較之中國歷代帝王的家族，都更幸運，可以說是世界唯一獨特的家族。這就表示中華民族是一個人文倫理的民族，又是一個文化深厚的民族，歷代帝王尊崇孔子，高封孔子的嫡系不居官而擁有一品的爵位，尊孔子爲中華民族的先師。全國人民的生活規則，都遵照孔子的教訓，養成中華民族的儒家文化，孔府、孔廟、孔林乃是儒家文化的模型。

民國初年，智識界興起革新運動，領導人高呼打倒孔家店。領導人之首，胡適，口誅筆伐孔子的儒家文化，抑一生履行孔子的倫理道德，中共攬權以後，紅衞兵摧毀了民族文化的遺蹟，但孔府、孔廟、孔林仍得安全，目前中共已在復修民族先賢輩的故居，作觀光勝地。連昔日政敵的蔣中正總統的故居，也整修，開放觀光，中華民族的文化素養，儒家文化浸潤深久，真正表露光輝，使遊客到大陸雖在中共物質主義的籠罩下，都感到中國大陸是一片文化燦爛的大地，就連我祇看大陸尋奇電視節目，也能體驗到中華民族文化的美麗。

台灣目前已經重視歷史古蹟，口口聲聲高呼保存，希望不要有民代再演昔日民代要強收錢穆的住處，要收回士林官邸的鬧劇。更希望政府能夠以傅心畬在北投的故居，黃君璧、郎靜山、楊三郎、牟宗三等人的遺物設立紀念館，這種文化人的紀念館，較之中山橋和台北市政府辦公樓意義高得多。

社團組織法要有彈性

近年來又常遇到以前常遇到社團組織法的問題。例如中國哲學會或聖光社應該召開常務理事會了，但是大家都忙，又沒有討論的事項，何必開會呢？例如中國文化復興委員會或三民主義統一中國大同盟，或孔孟學會又召開理監事聯席會議，促迫出席的電話也來了。最怪的還有三民主義大同盟大會開會人數不過半數，通過議案無效，大同盟許多會員是在海外，同盟總會被迫決定詢問會員願意留作會員或名譽會員，以減低出席開會的人數。還有，孔孟學會會長歷年都由陳立夫資政擔任，今年按章改選，依照內政部規定會長或理事長祇能連任一次，陳資政不能再當選，大家感到很遺憾。同樣三民主義統一中國大同盟的理事長，第一任是何應欽上將，何上將逝世，由馬樹禮資政繼任，下一年可改選，馬資政的連任將成問題。

這些困難都是因爲內政部所規定民間社團組織法，全都採用劃一的模型。一個文化社團和一個工商社團的性質完全不同，一個文化社團，會員沒有權力或經濟的爭奪，對開會沒有興趣，一定硬性規定大會的次數，理監事會、常務理監事開會次數，和工商社團的次數同樣，開會人數就常成問題。一個文化社團的理事長或會長沒有權力和經濟利益，大都或是社團創始人或是文化界有名人物，硬性規定和別的一切社團一樣，祇許連任一次，就造出許多蹊蹺問題。這種社團組織法統一模型，現在應當揚棄了。現行大學法對於大學組織儘量彈性化，內政部民眾社團組織法必定要彈性化，內部規定模型，規定組織要點，要點細節利由各社團自定，再送內政部審核即可。例如，董事長人選、選舉辦法、任期、連任，都由社團自定。又如大會、理監事會、常務理監事的開會次數、出席人數，由社團自定。一個立法院對出席人數，還常須改變決定人數。

再一種怪現象是，社團開大會，理監事開會，必須先報內政部，請派員指導。這種官家架式實在難看，不是指導，而是監督，把民眾看成小孩。通常是部內要員不來，派一個科長或科員，發言也是長官訓辭。文化復興會開會，會長李登輝總統主持，請內政部部長訓話，吳伯雄部長常是長揖辭謝，有時次長代表出席，則堂而皇之取出寫好的講稿，當眾宣讀，氣氛頗為尷尬。

在民主時代，民眾活動在法律範圍以內，讓民眾自由活動，不必處處監視，如發生事故，官家也清閒一點，民眾也輕鬆一點。

多保存些「君子的行爲」

中央日報在十月廿四日長河版，刊有「溥儀出宮，胡適的抗議及論辯」一文，文中記述胡適致函攝政內閣外交總長王正廷的抗議信，信上說：「堂堂的民國，欺人之弱，乘人之喪，以強暴行之，這正是民國史上的一件最不名譽的事。」又記述胡適答覆周作人的信，信上表示事件完全可以從容辦理，多保存一點「紳士的行爲」。

近年國際電視播映中華民國立法院和國民大會的強暴鏡頭，重演中華民國歷史上最不名譽的事。我們大家都和胡適當年一樣，抗議這些暴力行爲，要求多保存一點「君子的行爲」。

胡適所要求保存「紳士的行爲」，是用大英帝國所風行的「紳士風度」。英國的紳士風度，在穿衣服上要求整齊，在言語上要求高雅，在行動上要求守禮，在辯論上要求講理。可是當前英國社會風行專翻人的私隱，另外是翻皇家的私人生活，以賣資訊賺錢，完全走入了流氓的途徑。中國傳統的標準人格，則是君子。從孔子在《論語》和《周易》的「象曰」，標出了君子，一直到民國，中華民族的文化裡常是標著「君子」「小人」兩種人格。兩種人格的成因雖然很多，孔子用簡單的話解說明白：「君子喻於義，小人喻於利。」（里仁）義利兩個字，就是君子和小人的招牌。「君子謀道不謀食；君子憂道不憂貧。」（衛靈公）「君子之於天下也，無適也，無莫也，義與之比。」（衛靈公）目前，要講這種話，大家必定罵他「老不懂事」，目前不單不談君子，連小人都不談了，做的是流氓的事件，在堂堂的國會裡，說話用「三字經」，爭論用手用腳；流毒所及，是教給了社會基層人士用暴力，而且教給了小學生在學校用暴力。

文化不是一天可以造成的，也不是一天可以摧毀的。想一天摧毀幾千年的文化，自身必定遭殃。還是「多保存一點君子的行爲」。

在目前選舉的風浪裡，多保存一點「君子的行爲」，相爭時有君子之爭。「君子成人之美」，君子的人在選舉的競爭中不作人身攻擊，更不造謠去誹謗人。多就人民公益和國家公益的義字上說話，少就自己本人和自己政黨私利的利字說話。

大成報，民國八十三年十一月九日

要自省不要自吹

最近在中國時報家庭版看到「婚姻進行曲」，有知名女士們說婚姻生活中，需要男女隨時「自省」。當女性習慣開口問男性：「你愛不愛我？」時，也許應該先問自己：「我『可愛』嗎？」在人際關係裡，常要有這種「自省」。孔子當時就教訓自己的學生：「不患莫己知，求爲可知也。」（里仁篇）清朝陳澧用白話解釋說：「讀書人要講學問，知己也是不可少的。但知與不知，這由在人，我作不得主，愁他何用？需要想我若沒有長處，又叫人知道什麼呢？平日切實用功，求自家學問長進，真可以不負知己，就是沒人知道，終久也不能埋沒的。可見讀書人總要自修，不要務外；若精神全向外走，盡用去貪位慕名上，那些經濟學問，便全然靠不住了。」

目前的社會風氣，正正相反，貪位慕名的人用各種方式「作秀」，祇求能夠把自己的名字，登在報上，把自己的面貌出現在電視螢幕上，罵人越臭，打人越兇更好。或是舉行座談會，或是召開記者會，次數越多越好；提高知名度，成爲生活的目標。

在選舉的期間，政見會的內容充滿了各項建設計畫，登台發言的人說得天花亂墜，似乎他一手可以改造乾坤。選舉完結以後，風平浪靜，社會恢復舊觀。誰也不會想到孔子教訓弟子的話：「仁者，其言也訒。……為之難，言之得無訒乎！」（顏淵篇）自己知道做事不容易，做不到的事就不要說，所以不隨便講話。「古者，言之不出，恥躬之不逮也。」（里仁篇）說了，不能做，古人認為是可羞恥的事，說話便謹慎。現在沒有人考慮這一點，反倒認為不會吹牛，是可羞恥了。傳統的價值觀，大概現在都改了！你不改，人家笑你骨董，選舉必要落選。

但是，孟子卻說：「言無實，不祥！不祥之實，蔽賢者當之。」（離婁下）說話虛假，不吉祥，將得禍。不好的人，假造一些事實去說。說假話，不祥；禍不會臨時就來。迨紙被拆穿了，便不好受了。古今人心在根本上相同，古來人厭棄吹牛的人，現代人也厭棄吹牛的人。上天不會容許一個人一生靠假話走紅，當他的紙包飛在天空時，颳起一陣風，紙包破了，掉到地上，掉得很慘。

說話以前，「自省」一下，乃古今的明訓。

農曆甲戌八月二十八日

我看「人口會議」

報載日前在開羅的聯合國人口會議，梵蒂岡不再反對家庭計畫，論戰暫歇。梵蒂岡資深與會代表馬丁表示，教廷已經不再反對「家庭計畫」的名詞，因為新條文註明家庭計畫的方法，不得包括墮胎。

開羅人口世界會議的一百七十國代表，從九月六日開幕以後，五天的時間糾纏在墮胎問題上，祇剩下三天討論行動計畫其他議題。最後梵蒂岡也不會簽署這項計畫。梵蒂岡在一九七四年和一九八四年兩次聯合國人口會議也沒有簽署最後決議。

梵蒂岡不簽署聯合國人口會議決議，不是政策問題，而是倫理原則問題。「家庭計畫」在聯合國人口會議即是人口計畫；人口計畫，即是人工節育。對人工節育天主教的倫理原則不能贊同，因為違反「性交」的主要目的。以自然方法節育，則符合天主教倫理原則，梵蒂岡當然贊成。

今天的人口會議，進一步以墮胎為人口計畫的方法，在草案剛公布以後，教宗若望保祿二世立即公開反對，致函各國元首，指出草案嚴重違反倫理道德。開會以後，梵蒂岡代表堅決反對墮胎。歐洲聯盟國家提出折衷案，把墮胎排除在家庭計畫以外，梵蒂岡代表停止對家庭計畫的攻擊，但在方法以外，討論婦女墮胎權，梵蒂岡代表仍舊要反對無限制的墮胎。天主教會反對墮胎，是保障胎兒的生命權。

這次人口會議，以人口眾多爲國家發展的障礙，可見中央人口政策影響多大。但人口眾多的國家，都是在進行開發的國家，所有農工業，還在使用人力的階段，就像二十年前的台灣，工業以人力多、工資低仍能起飛。大陸人口真正多，但若讓人民有建廠造業的自由，所生產的糧食，不僅養所有的人口，還可以使國家經濟迅速發展。台灣卻因地方小，怕人口多，這幾年來實行人口計畫，目前則急需引用外勞，以繼續工業。

非洲人口成長率很高，經濟成長低，但工業建設也很少，聯合國的人口政策都是對著非洲，也對著亞洲。回教組織說：這是白人透過家庭計畫，壓抑「非白人」的出生率，爲求保有白人在國際上的優勢。人口問題不直接擔負貧窮的責任，直接的責任是這些國家因有內在和外在的原因，不能發展國內的工業，生產率不能提高。節育政策在另一方面引起副作用，是父母不願多生子女的心理，開發國家的人口祇有減少，不能增多，一切逐漸老化。所以有人說廿一世紀的世界，是亞洲人和非洲人的舞台。

大成報，民國八十三年九月十六日

行行出狀元，社會有公道

鄧麗君歌星，王詹樣老太太，同日舉行出殯，殯禮在社會媒體上所引起的關注，是平民殯禮所未曾有的。而據媒體所顯映的感情，全面一色的敬佩和惋惜。兩位出殯的女士，一位壯年的歌星，突然病逝；一位百歲人瑞，安然謝世。百歲人瑞爲財團巨人王永慶先生的母親，社會大眾仰慕她福祿壽三全。殯禮雖然從約，上自總統，下至台塑勞工，都誠心悼念，王永慶先生親自撰文，追念慈母的生平，以今日王家兄弟姊妹能對社會有所貢獻，多來自母親在生活中點點滴滴的教化。靈車發引時，二千多人執紼送別。鄧麗君自去世的一日起到出殯時，每天報章電視報告悼念的訊息，總統頒褒揚狀，僑委會和國民黨中央贈送華夏獎章，出殯時，靈柩覆蓋國旗黨旗，一萬多歌迷，夾道告別靈車，殯禮的隆重除兩位蔣總統以外，可以說是空前。鄧麗君乃一歌星，藝術成就並不是空前的歌后，雖然壯年突然病逝，使大家惋惜；但全國人的悼念，還是因爲她有操守，人品純樸，專業不懈，愛國愛軍。

五月十八日殯禮的次日，有老畫家楊三郎的殯禮在他的藝術館舉行，李總統親自致弔。還有前一月日期相連的郎靜山先生和牟宗三教授的殯禮，這三位都是文化人士，殯禮備極哀榮，各界都表示由衷的哀悼。三位文化人士，生前都是專業，埋頭工作，終生不踏入宦途，不求聞達於社會。

前一兩年，電視曾放映包公案連續劇和阿信連續劇，轟動了台灣，收視率一直居高不下。全國評論界認為兩套連續劇回應了民界心理的共同企望；企望社會有正義，企望社會有吃苦耐勞的精神。同時也反應大家厭惡社會的不公平和投機取巧。這幾次的殯禮，也表現社會大眾敬重專業而有操守的人。電視界的明星歌星，在聲色中作秀，可以數一時之名，不能得全社會的敬重。耀眼而露逼人聲勢的女強人，祇能引入側目。單身貴族作未婚媽媽的女士，可以有社會的同情。至於炫眾獲寵趕走座談會或記者會的學人，在學術史上留不下芳名。

社會人心的測驗，常不能由民意測驗公司的問卷測出，而在大家的自然表現心態時，則可以見到底蘊。我們很高興社會的人心光明正大，善惡分時。

大成報，民國八十四年六月九日

台灣錢淹心

台灣錢淹脚，是好事；台灣錢淹心，則是壞事。

外勞來台灣工作，大陸少年偷渡來台，都望著台灣的錢而來。連續假日，高速公路塞車；年假往大陸旅行，買不到飛機票，都因爲有錢可以花費。在社會上，這些景象表現富裕，是好現象。最近台灣遭遇了幾次金融風暴，四信、國票，驚動了全國人心，每天警察抓毒販，越抓越多。綁票叫價，愈破案愈叫高。雛妓救不完，又多大專女生坐檯，男生陪酒陪舞。連國小學生壓稆同窗，軍警官員作線欺騙，民代賄選判罰，這些現象，表現錢淹心靈，可怕可惡。

台灣社會在民國四十年代，大家爭生存。由戰後爬出來，從大陸逃出來，大家所要的，在有口飯吃，有地方蔽風雨。每一家人都茹苦含辛，四出謀生。在五十年代，大家尋求立足，既不愁衣食，便打算立家，開始設工廠，經營外銷，政府也是先求生存，次則求立脚。在六十年代，地方安寧了二十年，生產力加高，經濟政策制定，大家求富了，所謂台灣經濟奇蹟開始露曙光。在七十年代台灣已是亞洲四小龍之一，外匯存底在世界名列前茅。政府在國際上聲望增高，民間往國外觀光足跡遍五大洲。在八十年代，民間爭求享受，政府爭入聯合國，這一切都靠著經濟力量，都站在錢上面。

台灣的人，每個人的心裏都抱著錢，都經歷了沒有錢的苦，有錢的福，大家都愛錢，有許多人的心靈被錢所濺沒了，祇想著錢，祇想用費少許勞力賺大量的錢。有了錢，便要享受；嫖、賭、吸毒、玩電具。台灣的社會乃不安，婚姻亂了，家庭亂了，學校亂了，社會亂了，政黨也亂了。這些亂的現象，都是錢所引發的。社會好心人士，對現象起了反感，群起進寺廟，坐禪淨心。教育部也作了反應，鼓勵學校有宗教教育。但是這些行動，都是治標的方法，治本的方法，要使人心從愛錢貪錢的慾情解救出來。解救的方法，是淨心的教育。

第一，李登輝總統在講建設大台灣新中原時，明確標明傳統文化的勤樸精神，勤於勞作，樸於生活。

第二，政府貫徹學校的生活教育，提高生活的品質。

第三，輿論界和學者，不提倡「祇做自己喜歡的事」、「不以高性慾的放蕩」，不讚譽「獨立自高自私」。

第四，電台廣告少推銷消費高的滿漢席，昂貴的汽車。

第五，父母對兒女的零用錢和穿戴宜節儉。

第六，鼓勵宗教教育。

社會各方面群策群力，造成勤勞負責，不貪錢的風氣。

大成報，民國八十四年九月十三日

見賢思毀？見不賢思齊？

孔子曾經說：「見賢思齊焉，見不賢而內自省也」。私人的修養要這樣做，大家作事也該這樣做，因此，人格才可以升高，事業才能夠進步。

教育是社會的一種基本事業，教育辦得好，社會有進步的良好基礎。可是，在台灣的教育界卻有一種怪現象，不是「見賢思齊」，而是見賢思毀。私立中小學，有多數辦得好，有的還成爲明星學校，公立學校辦得不好，而對私立學校辦得好，興起嫉妒忌恨，生怕好的學生都跑到私立學校去了，於是逼使教育當局用行政手段，企圖阻止私立學校的發展。訂立學區制，不許越區就學；規定小學入學要抽籤，同校幼稚園不能直升；同樣規定小學不能直升同校初中，初中不能直升高中，私立高中不可和公立高中同辦聯招，私立高中不許增班，這一串的行政措施，使筆者看到教育當局不在辦教育，祇是在搞行政。

公立國民小學、初中、高中，以政府的力量，應該較私立的辦得好。若看到私立學校辦得好，便自須改良，努力勝過私立學校，學校好，少花錢，學生自然會來公立學校，不向這個方向走，用行政手段阻礙私立學校發展，侵害家庭和學生選擇學校的自由人權，又阻礙教育的進步。公立學校校長們說出理由，說私立學校專搞升學主義。實際上，升學主義不是私立學校搞起來的，是進大學的門太窄，學校少，名額不多，考試爲唯一的鑰匙。考生多，錄取額少，便產生了補習。補習學校如雨後春筍，遍布城市。私立學校雖然辦補習，卻仍注重生活教育，公立學校的生活教育，早已名存實亡，造成目前學校暴動問題。假使教育當局取消對私立中小教育的行政阻礙，公立學校將會逼著自求改進，以求生存。

目前台灣社會又興起另一種現象，不是見賢思齊，而是見不賢思齊。女權運動者，因見男子常多不回家，提倡婦女也要多不回家。見男子不以有一個女人爲足，提倡女人也要有多數男人。見男子發洩性慾的範圍很廣，提倡女人也要縱慾。將來社會將更亂了，因爲家庭和婚姻遭蹂躪了。原本女權運動者，以女人在家也要求男人也回家分擔家務。見女人守貞操，也要求男人也守貞操；見女人從一，要求男人也從一。說是做不到，便要求和男人平等壞。但若女人提出和男人平等壞的要求，男人更有藉口可以公開地做了，將來實際上吃虧的還是女人。

「見賢思齊，見不賢而內自省也」。這句古老的話，到二千年時代，仍舊符合新時代的人生。

大成報，民國八十四年八月二日

謝謝

一、

「謝謝！主教！」

每次我給司機的兩個小孩一件東西，他們都笑臉向我說這句話。

我又在用飯前用飯後教他們祈禱，飯前爲求祝福，飯後爲表感謝。這是我們教會的習慣，聖保祿宗徒就曾教訓信友們「爲一切事，要因我們的主耶穌基督的名義，時時感謝天父。」——（致尼弗所人書　第五章第二十節）

美國人民信基督，國家有感恩節，每年全國人民感謝上帝。我們中國古代皇帝祭天，也在秋天獻祭，致謝皇天。

現在，台灣原住民，也還舉行一年度的豐年祭。

二、

在台北縣八里鄉，有一座安老院，由天主教貧窮小修女所建，院中養育一百三十幾位老人，修女們盡心服侍他們。

常有朋友向我介紹病苦無依的老者，託我向修女們申請收容。有一次，一位朋友給我通電話，說明一位老年婦人，久病，孤單。兒子在美國，雖可以寄錢，但不能來台，也不能接母親去美，央請我代爲申請入八里鄉安老院養老。我詢問修女，修女答說既有兒子，便不是孤身寡婦，安老院祇收孤身老年人，也不接納可以送生活費的老者。

常聽說多少老年人，一生省衣省食，胼手胝足，供給兒女出國留學。兒女學成，在美國就業。父母卻老了，兒女只通通音問，有時匯點錢，病了祇來送終。

三、

輔仁大學天主教會創立，德國、美國、法國教士和中國教士共同工作。德國天主教會慷慨捐款建築校舍；美國教會也大量援助。輔大校園不大不小，校路平坦，樹木蓊鬱，花草遍地。但十年來，臺灣經濟發達，家富室足，德國教會停止對輔大的捐助，美國捐款也斷。我們計畫組織募捐室，向校友勸募。董事長蔣夫人宋美齡女士，十年前就說美國私立大學全靠校外捐助，輔大也應照樣辦理。但，輔大在臺復校剛三十年，校友在事業上尙沒有重大成就，當時沒有照辦，現在計劃進行，然而目前一般青年的心理，認爲私立大學收了學雜費，辦學乃當然的事，學生求學已花了錢，沒有所謂回饋。所以我們現在爲向校友勸募，還很擔心。

四、

在去年總統選舉的時候，臺灣大學有發生戲弄蔣中正總統銅像事。最近聽到李鍾桂女士說爲青年團訓練，編輯教材，編輯館指示不要提　蔣中正總統的名言或訓詞。

四十年前，若沒有　蔣中正總統在臺復職，堅守寶島，勵精圖治，建立安定的社會，奠定經濟建設的基礎，臺灣恐怕早就被中共吞併了。

五、

前幾天，在一次餐會上聽到孫震校長講述，臺大日文研究所曾請一位日本學者講演。日本學者說日本人的本性是知恩，對於父母，對於社會、對於國家、對於天皇，常懷知恩的心。孫震校長感概地說今天中華民國的青年，則祇知道父母該爲他做什麼，學校該爲他做什麼，國家該爲他做什麼，卻少有人知道自己該知恩。

我驚奇功利的思想已經透入我們青年的心裡，胡適當年作「我的兒子」一文，慷慨激昂地說他對兒子沒有恩惠，祇有義務，因爲兒子並沒有意思要生出來，是他們夫妻把他生出來。我想胡適一定沒有想到今天的思想有了怎樣的效果。

謝謝，人的感情的第一個表現，孟子曾說小孩天生愛母親。小孩對母親的微笑，就是第一個謝謝！

迎奉萬金聖母

我們剛過了孔子誕辰，慶祝了教師節，舉行了祭孔典禮。祭典在孔廟大成殿舉行，大成殿後面有一別殿，供奉孔子的父母靈位，敬禮孔子的父母。這是中國的孝道，「父子一體」，兒子的光榮，必定和父母同享。古代皇帝誥封一位大臣，一定也封或謚封他的父母。中國歷代的人都是想「揚名顯親」，以自己的名譽，顯揚自己的父母。

耶穌基督是一位最孝的人，祂一生就用爲顯揚天主聖父，祂不求自己的光榮，只求光榮聖父。祂也孝敬自己的生母聖瑪利亞。福音上記載祂青年時，完全服從母親，祂第一次顯靈跡是遵從母親的指示，祂被釘在十字架，臨終時，把母親托付給自己的愛徒若望。

中國傳統道德，學生尊敬自己的老師，一定要尊敬老師的父母。中國歷代朝廷的禮儀，皇帝尊敬自己的母親爲母后，自己稱爲皇兒，全國的人民也就尊敬母后。母后的生日，爲全國人民共同慶祝的節日。

耶穌基督是我們的老師，教導我們怎麼做人，四部福音就是祂的教訓。聖瑪利亞是耶穌基督的母親，我們便敬禮耶穌老師的母親；這很合符中國的孝道。

耶穌基督乃是我們的救主。我們人常是生活在罪過中，因爲人的情慾常常引人向惡，孔子和孟子就教人克制情慾，改變氣質。可是我們人卻常是心有餘而力不足；而且作惡犯罪是違背造物主天主的誡命，侮辱天主，孔子曾說「獲罪於天，無所禱也。」天主仁慈乃遣聖子降生，爲人贖罪。聖子耶穌遂順命獻身，被釘在十字架上，自作贖罪犧牲。在十字架傍邊，站著聖母瑪利亞。她的心和自己的獨子耶穌一起受苦。耶穌的身體是她的「遺體」，耶穌所流的血，也是她的血，她參預了耶穌基督爲贖人罪的祭獻，她深深瞭解救贖的工作，爲耶穌全心靈所追求的工作，是比自己性命更重要的工作。瑪利亞有了站在十字架傍的經驗，也全心靈追求協助耶穌。

我們是耶穌救贖的對象，祂願意我們因祂的犧牲，能夠脫離罪惡，能夠和祂共度精神的新生命。耶穌基督給予信服祂的人一種新的精神生命，和祂結成一個精神體，享有一個和祂共有的神性生命。聖保祿宗徒說我們和基督結成一個奧妙身體，基督是我們的頭，我們是祂的肢體，基督乃是聖母瑪利亞的兒子，這樣聖瑪利亞也就成爲我們的母親。

聖母瑪利亞對我們信仰基督的人，確確實實地懷有慈母的心腸。她希望我們常和基督在一起，遵守基督福音的教訓，也常常助佑我們勉力行善。我們教會幾乎二千年的歷史，記載著多少次在重要關頭，教會有大難臨頭的時候，大家呼號聖母助佑，常能脫離危險。

萬金聖母大殿，爲台灣最老的天主教堂。萬金聖母是台灣第一批傳道的神父所恭敬的聖母像也是台灣第一批教友所恭奉的聖母像，一百多年來常有許多信眾去朝聖。這次巡遊到台灣各縣市，接受教友的供奉，是母親和兒女團聚；我們迎奉聖母，迎奉我們的老師和救主的母親，也更迎奉我們精神上的母親。我們要向她表現的，是我們的孝心；我們要向她說的，是我們的「愛」，「我們愛這位純潔無玷的母親，全心愛我們的母親。」

懷念劉德宗蒙席

劉德宗蒙席住在榮民總醫院檢查身體時，我去探望過一次。那時他的病情相當穩定，我送他一冊《我們的聖母》，他給我看帶在身邊的《福音生活》，我們同唸了一遍聖母經。我知道他患的是血癌，但在開始時，有辦法可以治好，我祝望他的病情轉好。以後，我沒有他的消息。後來，突然聽說他去世了，心中非常悲傷。

我認識劉蒙席很久了，當他任聖多瑪斯總修院院長時，我任台北總主教，多次到總修院看問修士，看修士以前，總是到院長室向他談話。後來，我在輔大的課程排在一天，上下午都是兩個鐘頭。中午，有時我在總修院用飯，飯後，稍作休息。晚飯，回牧盧吃；但有時，到台北小修院吃飯看修士。又有時在聖多瑪斯修院晚飯。飯後，同修士們開座談會。那時，修士有些問題，對修院章程和規矩提出質疑。座談會時，院長劉蒙席常在座，細心聽修士講話，自己則很少發言，爲答覆修士的問題，常要我說話。

當時聖多瑪斯修院有幾個記得的問題，哲學系的修士在輔大上課，因著系的活動，晚間要去參加。哲學系的修士白天或晚間，要去找指導教授談話，或往圖書館參考書，這些修士的進出，和修院的時間表和規律都有出入。還有一種隱藏的問題，這些修生中會不會有藉故而另作其他違規的活動，其至於和女生有約會。還有神學院的修生，和修女的接觸，是否能有不正常的遭遇。對於這些問題，劉德宗蒙席以院長的身份，心中常常焦慮。但是我們倆談論時，他表示對修生有信心，避免外面的干預，希望神師能進一步去輔導。修院晚間的時間表，重要點必要維持，如公共祈禱，如關閉大門的時間。當時修生們因著社會的風潮和趨勢，感覺院長有些保守；但還能相安無事。在院長任期十週年，劉蒙席辭去了院長職務。我請他來主教公署，整理公署的檔案。

過了一年，一九七七年，教友生活週刊社長出缺，前一年仁愛本堂主任胡德夫副主教去世，教友生活週刊社長李善修神父調任仁愛本堂主任，遺缺久覓無適當人選，我乃找劉德宗蒙席，請他暫時兼任社長，劉蒙席以自己對於辦報爲外行人，自覺難於稱職，然以司鐸服務的精神，接受暫時兼任。教友生活從梵蒂岡第二屆大公會議後，台灣教會各種衝突的思想，常表現報端，在李善修神父接任時，前任社長就因爲主張司鐸可以結婚，引起台北教區國籍神父的不滿乃去職，幸神父主張教區週刊，由教區主教爲發行，所代表的思想應當是教會正統的思想，把教區生活週刊穩定了下來，劉蒙席接任，繼續了這項原則，外間不免有人批評他保守。

一九七八年，我離開台北教區公署往輔仁大學校長室，劉蒙席的社長職務，由暫時性而變成了長久性，一直到去世，共十七年，最近幾年遇到他，他就說：「主教說是暫時，一拖就是十幾年了」。去年他對我說：「一定要辭職了。老了，不能應付變化的時局。」天主沒有讓他辭職，就收他升天了。我很懷念他，懷念他的謙遜而又內剛，盡職而且細心，信仰的熱忱，支持他一生的工作。

台灣聖統制成立四十週年感恩祭證道詞

新經默示錄第二十一章第二節說：「我看見那新耶路撒冷聖城，從天上由天主那裏降下，就如一位裝飾好迎接自己丈夫的新娘。我聽見由寶座那裏有一巨大聲音說：「這就是天主與人同在的帳幕，他要同他們住在一起；他們要作他的人民，他親自要與他們同在，作他們的天主。」

聖統制的建立，是聖教會的正式成立。默示錄所說新耶路撒冷就是聖教會的象徵，她如同新婚的新娘降來地上，迎接基督。新耶路撒冷象徵的教會，爲天主和人同住的帳幕。基督住在教會內，總不離開，如同夫婦不能分離。聖保祿又說，基督以自己的血，洗滌教會的臟污，使教會潔淨無瑕。（致厄弗所書　第五章）

四十年前的今天，台北監牧區改爲總教區，即是建立台灣聖統制，也就是聖教會正式在台灣成立，台灣聖教會爲基督的淨配，基督常住在台灣教會內，決不分離。這是基督正式臨在台灣的開始，實現基督與教會相結會的奧跡。

默示錄在同一章裏，描述新耶路撒冷的光輝，如像一座純潔明朗的寶石，「像水晶那麼明亮的蒼玉。」新耶路撒冷象徵的教會，因受基督聖血的洗滌，所以就像一顆蒼玉的寶石，成爲「至聖」的教會。成立在台灣的教會就是至聖的教會，放射基督的精神光彩。

中華民族在傳統的文化裏，所敬重的宗教精神，是佛教的脫離塵世，六根清淨的生活。儒家學者雖然反對佛教，然而喜歡和佛教高僧作朋友。今天我們社會人士對佛教的敬重，仍舊是清心寡慾的禪靜生活，許多人傾心學習，造成今天學習禪靜的風氣。

我們天主教會要在中國社會發生精神的吸引力，須要在「至聖」的生活上，充分表現基督不愛世俗的光輝。我們須要聖人，聖人的高尙精神生活，使聖教會在台灣的社會裏發生的精神吸引力。

聖保祿宗徒在致羅馬人書致格林多人前書和致厄弗所人書裏，說明聖教會是基督的奧體，第二屆梵蒂岡大公會議論教會的憲章也聲明這端奧蹟。「天主子藉著與祂結合的人性，以自己的死亡與復活戰勝死亡，而救贖了人，使人變成了新的受造物。祂從一切民族中召選了祂的弟兄們，把自己的聖神賦給他們，而組成祂的玄奧身體。」（第七節）基督是教會的頭腦，以聖伯鐸的繼位者羅馬教宗爲代權各處地方教會是祂奧體的肢體，彼此相連，不能分離，否則失落基督的生命。台灣的教會視爲中國教會的一個教省，中國教會是整個教會的肢體。我們便不能眼看中國教會以脫離羅馬教宗的愛國教會爲代表，失去基督的生命；我們組織了主教團，不是脫離中國教會，也不能實際代表中國教會，但是我們立志代表中國聖教會所有至聖，至一，至公由宗徒傳下來的教會的信仰和精神。

第二屆梵蒂岡大公會議，在論教會的憲章裏，特別聲明教會爲救恩的訊號和聖事，「基督從地上被舉起來，曾經吸引多人歸向祂；從死者中復活，把自己的生活之聖神派遣給弟子們，並藉著聖神把自己的身體，就是教會，定爲拯救普世的聖事。」（第四十八節）大公會議的教會傳教工作法令也規定各傳教區新立的地方教會特別負有宣傳福音的使命。台灣聖教會四十年來努力爲福傳工作，成績非常美好。就台北教區說：建立總教區時，教友四千八百六十餘人，現在七萬七千餘人；當時聖堂祇有華山一處，現在一百二十八處；當時教會學校祇有靜修女中，現在有大學一所，中學十二所，小學四所，還有大小修院。看到這種成績，我們誠心感謝天主的恩祐。但是低著頭靜靜的想一下，近二十年來，我們全台灣教會爲福傳所有的工作成績，則不能不抱憾所作的太少。這是台灣環境的影響，也是大公會議後教會改革過程的副作用。然而目前台灣的社會，因著濫用財富以致道德淪落，已經激起中華民族傳統精神的甦生。傾向精神層面的追求，整個教會的革新已經進入全面再福傳的階段；這兩點都催促我們作台灣福傳的新計劃，項目要少，範圍要大，集合全台灣各教區和各修會的人力財力，共同合作；加強宗教教育，建立向外的刊物和電視台，辦好修院教育和司鐸進修，加強社會工作，尤其提高清心寡慾，默觀祈禱的聖化生活。凡事容忍，凡事禮讓，台灣的聖教會表現愛心的大團體。那裏有愛心，就有天主同在，以戰勝一切困難，台灣聖教會的新福傳工作，必定能夠因聖神的神力，得到豐富的效果。

我景仰的剛毅表率—教宗庇護十一世

今年八月初，我到國父紀念館去參觀一位畫竹青年的竹畫展，我很少到國父紀念館和中正紀念堂參觀書畫展覽，雖然因我掛名兩館管理指導會委員，兩處常給我寄畫展開幕邀請書，今年祇七月廿三日去參加了朱秀榮校長女士畫展開幕禮。那次去參觀竹畫展，我並不認識青年畫家，祇因爲我自己畫竹，而且心喜竹的精神，便愉快地去觀摩。青年竹畫家，藝術天才頗高，功力也相當深，但畫法則是鄭板橋一派，這是教我畫竹的謝壽康大使所最忌諱的，謝大使曾囑咐我畫竹須學元朝畫家，千萬不要學清朝鄭板橋，鄭板橋的畫完全失去了竹的剛毅精神，我喜歡畫竹，就是喜歡竹的這點特性。

湖南產竹，我少年就讀聖心修院，修院在一小山崗上，後庭種兩株大桂樹，陰滿後庭，秋季滿樹金黃色桂花，全院飄溢香氣，桂樹後一排兩株茶花，兩株蠟梅，春季茶花鮮美，冬季蠟梅對雪。再後，有一竹林。竹大如碗口，高至五六丈，綠葉密集，太陽曬不進，夏天林中非常清涼。我們修士常兩手抱竹幹，兩腿下伸，用手攀竹直上，鍛鍊身體。

竹幹勁直，暴風不折，教人修養剛毅精神。

在羅馬我則親見一位剛毅不屈的教宗，庇護第十一世，令我終身欽佩，我現在述說他的幾樁事蹟。

當德國希特勒雄霸歐洲，睥睨一世，蓄意發動歐戰。希氏和義大利墨索里尼結盟，官式來訪義大利，按照義大利和教廷締結的拉特朗和約所定，凡來羅馬訪問義大利元首或國務總理，在結束正式訪問後，應該進梵蒂岡訪問教宗，希氏於一九三八年五月初來羅馬，庇護十一世於四月初離羅馬往城外行宮休息。教廷和德國互派大使，教宗不便正式拒絕接見德國元首。庇護第十一世在希氏來羅馬以前，不在梵蒂岡避見希氏，但在希氏在羅馬受歡迎的當天，在行宮見客，發表演講，痛心說：「今天羅馬城掛滿了十字旗，但可惜不是基督的十字。」指著掛滿希氏國社黨的卍字。

當墨索里尼仿效希特勒大講亞利安種族主義（Razzismo），壓迫猶太人。庇護第十一世於一九三八年七月二十八日召見我們傳信大學學生，傳大爲國際學院，學生有三十七國國籍，教宗接見我們時，發表訓言，說我們如同聖保祿宗徒所寫，因著聖洗，大家成爲一家人，不分羅馬人、希臘人、自由人、奴隸人，今天主張種族主義的人，用「拉雜」（Rozza）這句話，這是野蠻人的話，拉丁民族的羅馬文明爲種類是用「潛恩」（gens），現在義大利文稱讚一個人文質彬彬，就用gentile，稱道人家的禮貌爲gentilezza。

墨索里尼第二天在辦公樓威尼斯宮陽台，面對歡呼的民眾，大聲喊說：不管在世界最高的講座上說什麼話，我們仍舊邁步向前（Tiriamo avanti）。這句話後來成了義大利民間的口頭禪。

庇護第十一世晚年患足疾，病重時，臥床辦公見客，病稍輕，靠坐躺椅辦公見客，病稍癒，在辦公室，逝世前一年，暑期在行宮休息時，到傳信大學別墅看學生，傳大別墅和教宗行宮花園相鄰，庇護第十一世乘車入校園，到大廳門前，下車坐輪椅進廳，向學生們講話。

一九三九年二月十一日為教廷與義大利締結拉特朗和約十週年，教宗計劃召集義大利全國主教來梵蒂岡，教宗向主教們發表演講，譴責墨索里尼侵犯條約，二月八號，教宗心臟病增劇，不能起床，九號，指示秘書，十一日在寢殿大廳接見主教們，由秘書代唸演講詞，或至少由主教們進入寢室，依次走過床前，吻手致敬，但於十日清晨五時三十一分逝世，次日，義大利全國主教在梵蒂岡西斯汀殿共唱追思日課。

無玷童貞，救助我們罷！

—一九九五年聖母無原罪節

一八五五年四月十二日，教宗庇護九世，到羅馬城外朝拜殉道聖亞立山的墓。午後三時許，到聖依搦斯古聖堂，在堂側修院一樓大廳，接見傳信大學的學生。大廳的橫樑驟然中斷，全廳樓板破裂崩倒，教宗和全廳人員一體掉入七公尺深的地窖。當下掉時，庇護九世大聲呼籲說：「無玷童貞，救助我們罷！」（Vergine Inmacolata, aiutateci）大家一身灰土，卻沒有人受傷。當晚，全羅馬城聖堂，鳴鐘慶賀教宗平安脫險，感謝聖母保佑。庇護九世曾於一八五四年，欽定聖母無染原罪爲教會信條。一八五八年聖母在露德顯現，簽覆伯爾納德問姓名時，自稱爲無染原罪者。大家因此相信庇護九世掉入地窖，平安無事，乃聖母特別保佑。

「無玷童貞，救助我們罷！」從那時候起，直到今天，成爲傳信大學的標語。傳信大學宿舍，爲一修院制的學院，院內都是修生，來自傳教區的各國教區，學生分組而居，組設正副組長。組內修生各有寢室，公共生活常在一起。參加公共生活，在出分組組門時，排隊而行。出組門外，組長唸「無玷童貞，救助我們罷！」組員齊聲重唸「無玷童貞，救助我們罷！」大家才開步走。進組門時，組員齊聲回唸，才散隊進房，這樣每天五、六次唸這句短經，習以爲常。

傳信大學特敬一尊聖母像，稱爲「仁慈之母」。聖像爲一古油畫像，供在院內聖母右側一祭台上。每年有固定一天，慶祝仁慈聖母節。院外運動場側，築有一座聖母洞。第二次大戰後，改爲聖母亭。學院別墅樹林中，築一座聖母洞，每年暑期舉行一次聖母洞慶禮。

我在傳信大學學院裡，住了十三年，養成孝愛聖母的孝心，誠信依賴聖母，重要工作的起點或終點，常訂在聖母節。我到駐教廷大使館服務，在羅馬有一所公寓內的小住所，在住所的大門走道，供著一座法蒂瑪聖母像。出入大門，我習慣念「無玷童貞，助佑我們罷！」。這座聖母像現在供在輔仁大學聖堂內。

一九六一年我被派來台南任主教，選擇了九月八日聖母聖誕日在台南就職。那時我連睡的地方都沒有，一切託靠聖母，次年若瑟瞻禮三月十九日，我進入台南主教公署。八月十五日聖母升天節，迎接自羅馬送到的吾樂之緣聖母像到玉井聖堂，九月六日聖母落成，成爲朝聖聖堂。九月八日，就職週年，降福神父住宅，和大專同學中心。一九六三年五月卅一日舉行主教座堂基石，和碧岳修院聖堂基石祝聖禮，主教座堂定名中華聖母堂，正面牆上供一尊碎石嵌成的中華聖母像。一九六六年被調來台北任總主教，五月一日就職，台北總主教公署於一九六八年八月十五日聖母升天節行落成祝福禮。後兩年同日，主教公署友倫樓落成。一九七八年轉任輔仁大學校長，照例於八月一日就職，學校內聖堂於次年落成，定名淨心堂，供奉聖母無原罪爲主保。學校內多所建築的破土或落成禮，選在聖母節舉行。一九九二年退休，選在二月二日，聖母取潔節舉行交接禮，以交接一巨形聖燭爲象徵，象徵校長職務在放射聖經的光明。

輔大中華天主教文物館，陳放我所藏的聖母畫像和塑像，大小不下四十種。我在天母的牧廬中，書房裡供著二尺高聖母像雕，像上戴著韓國古王冠。書桌上供有小型馬電飛所塑台南主教座堂中華聖母銅像，桌旁供有大陸刺繡的耶穌聖心和聖母聖心兩面繡像，正面牆上懸掛駐教廷吳祖禹大使夫婦所贈銀質浮雕聖母像。寢室桌上供有唐汝琪主教所贈精緻象牙聖母像，牆上懸有台南玉井朝聖堂吾樂之原聖母像。床側小箱上供有模仿傳信大學仁慈之母小型油畫，聖堂牆上懸有羅馬一位修女所繪痛苦之苦聖母像。牧廬門旁走廊端，供一尊二尺高水泥塑製聖母像。我出入門時，口唸Vegine Inmacolata aiutateci無玷童貞，助佑我們罷！

我的出生日期，天主安排在正月一日聖母天地之后節，我的墳墓預計在輔大後部側門旁聖母洞內。我很希望離開世界進入永生的一刻，能弱聲念Vergine Inmacolata aiutateci手指上帶聖無原罪聖母像的主教戒指。

中國哲學—我的執著

牟宗三教授曾公開指責我講中國哲學，希望我祇講我的神學不要將基督的話和孔子的話相混。蔣復璁院士曾一而三地推薦我作中央研究院院士，評審會議則說主教和中研院是站在兩個不同的世界，一個是學術科學界，一個是宗教信仰界。民國七十四年孔誕教師節，蔣經國總統邀我在總統府紀念會上，講生命在儒家的意義，會後報上批評爲何請信耶和華的人作紀念孔子的演講。外界人士的心目中，常認爲宗教教士守著信仰，不能作學術的研究。天主教內人士則說主教責在宣傳福音，不要作世俗學術的工作。有人訛傳教宗庇護十二世曾責備于斌主教的爲何常講孔子，不講基督（其實庇護第十二世所說，是留守南京教區的事）。有教友看到我壁櫃排著大藏經和續藏經近一百冊，驚奇主教看佛教經典，有修女對我說：主教所寫教會靈修書籍，滿紙都是「子曰」、「中庸曰」，或是長篇的唐詩宋詞，誰可以懂！

我把這一切的話都記在心裡，但是腦子裡所想的仍舊是中國哲學思想，在羅馬求學時，我有心研究傳記文學，也寫了幾本傳記。後來想專攻羅馬法，因爲在中國很少有人作研究，民國二十五年我還沒有完成學業，就被母校傳信大學聘任教授中國思想史，學成回國。不料莫索里尼在民國二十八年向英法宣戰，東西航運不通，被迫留在母校任教，乃決心專心研究中國哲學思想。在母校教了十八年，被派來台任台南主教。事務無論如何忙，夜間必讀中國經籍，還到剛復校的輔仁大學哲學研究所授課。五年後，調任台北總主教，堅持日間在主教公署辦公，晚間在我母校讀書。十二年後改任輔仁大學校長，乃以中國哲學爲正式研究工作，用十年的時間，寫了中國哲學思想史九冊，不用五年的時間，改寫五次生命哲學，還寫了中國哲學的精神、儒家的生命哲學等書。

我腦子裡常浮現教宗保祿六世多次對我說的話：「要使基督的信仰，進入中國文化裡。」我便盡心研究中國文化，文化以哲學爲基礎，我就執著研究中國哲學。

佛教的禪靜、莊子的心齋、孔子、顏回的得道而樂，都使我更能體會基督所說：「人不可事奉金錢又事奉天主」，也更能深深體驗基督所說：「人活不單靠飲食，更要靠天主啓示的聖言，每晚，臨睡前二十分鐘，我讀一節聖經，一兩段論語，一首唐詩，一首宋詞，上床就寢，心曠神怡。」

教宗若望保祿的難題

——大陸天主教會共融及合一

一、

本年八月十九日，教宗若望保祿二世，接見來述職的台灣地區主教，發表講話，近年全球各方來羅馬述職的主教團，絡繹不斷，教宗接見來見的團體主教，常發表一篇講話，鼓勵主教的工作，提出應面對的重要問題，指示應付問題的原則。這次對台灣區團體主教的講話，教宗鄭重囑咐「中國教友也應該感到深深地投入新的福傳，以及『向萬民』宣講福音的工作。教會傳教使命的這兩方面，是真正教會革新的兩方面」，「亞洲期待聽天主的道，是亞洲人自己要確保使福音根植在亞洲古老文化中」，「非常重要的，是要在修院教育和持久陶成計劃中促進傳教精神，使司鐸的生活和職務，能反映眾所週知的聖保祿有關傳教迫切的那一句話：『假如我不傳福音，我就有禍了。』」教宗的這幾點訓示，可以說是普遍性的，對亞洲區域的團體主教都可以說，事實也是以不同方式向亞洲主教們說了。

在對臺灣區的團體主教，教宗提出了一個特列點，一個個別的事實，一個切身的問題。教廷機關報—羅馬觀察報，刊登教宗這篇講話時，標題說：「我們祈禱使全體中國天主教教友和全教會合而爲一。」教宗提出的問題，即是中國天主教會的共融與修和，重覆今年一月在馬尼拉的勸言：「我誠懇地請你們追求共融及和好的道路，此道路是從真理本身—耶穌基督—得到光明和啓發。」這是教宗向全體中國天主教會人士說的，這次對臺灣的主教，教宗說：「你們各位臺灣的主教，要盡你們的一切力量，在中國大家庭所有教友中，進行和諧、耐心和了解。以手足之愛及和好，以愛德的精神，並尊重在大陸的教會的成長。在此微妙的時刻，我要求你們大家爲此意向不斷地祈禱。」

中國天主教會的共融與合一，是教宗指示我們要做的工作。

教宗所要求的共融與合一，有兩層的意義：第一層是大陸天主教會的共融與修好；第二層是大陸天主教會和普世教會和伯鐸繼承人的圓滿共融及合一。教宗把這份工作交給臺灣區的主教，就是重新肯定一九八四年二月向臺灣區團體主教講的作橋樑教會的使命。

二、

大陸天主教會的共融修好與合一問題，是艱難很深的問題。

對第一層大陸教會彼此間共融修好，我於本月（九月）十四日，接到從香港轉來的一位大陸負責教區者的來信，他要我把他的幾點思想向大家說一說，他說大陸天主教會在外表上完全相同，大家唸同樣的經，舉行同樣的彌撒，講道理、行聖事完全相同，公開的教會有時在聖堂唱「偉大的教宗，我們擁護你」，但是在靈魂深處卻有兩個不同：（一）地上公開教會以無神政府爲宗教首領，地下隱藏的教會以羅馬教宗爲首領。（二）地上公開教會在考慮問題時，以利益爲先（所謂利益，是他們認為教會的利益），地下隱藏教會以良心爲先，這樣結果是地上公開教會的主教，生活舒服，有人還帶女伴。地下隱藏教會的主教，一生貧苦，衣食常缺，而且多人被監禁，被苦死。在這樣的情形下談共融修好，祇有三種模型：①地上和地下教會各保持各自的主張（信條），②地上教會接受地下教會的信條，③地下教會接受地上教會的信條。第三種模型的第二和第三，現在都作不到，也行不通，採取第一種模型，兩方各不相防，作爲修好的起點，在原則上可以做，但是在實際上，地下主教若一旦公開身份，公開執行職務，中共宗教事務所，常有五個條件：不准干涉教區的事務，不准行使主教職權，服從人民政府任命的主教，保證與愛國會合作，住在總堂不准在聖堂行彌撒。不過在實行上，按照地方情形，可作修改，在少數地方，地上的主教出缺，地下的主教公開身份。也在更少數的地方，地下主教公開身份，和地上主教同住，形同輔理主教。地上主教多取得教宗的承認，也有好心要與地下主教相安，但是中共的宗教事務所，不會輕易放過，近來更加嚴厲。香港聖神研究中心發刊的雙月刊「鼎」本年八月號，討論中國政教關係面面觀，第一篇文章中國政教關係的特點及發展，作者劉澎為中共中國社會科學院美國研究所副研究員，他在文裡說：「天主教和基督教，這兩個西方傳入的洋教，為政府帶來的麻煩是實實在在的。天主教的問題是：在政府認可的，與羅馬教廷切斷了聯繫的愛國教會之外，出現了一個忠於教宗，不承認愛國教會的地下教會。這個地下教會勢力之大，已經到了政府的宗教和公安部門需要聯合工會、共青團、婦聯等組織，共同對其進行「綜合治理」的地步……天主教、基督教內兩種教會並存的格局，不僅是對愛國教會和三自教會的嚴重威脅，而且也是對政府宗教管理極大挑戰。這種苦藥，政府實難咽下。為了盡快結束這種難堪的狀況，政府方面動員了包括愛國教會和三自教會在內的一切可以使用的力量，對地下教會和家庭教會發動了全面堅決的鬥爭，包括不斷地逮捕、關押地下教會的神職人員和骨幹份子，關閉地下教會和家庭教會的活動點，查禁非法傳入的宗教印刷品，取締地下修院、神學院但迄今爲止，政府方面大規模的努力，並未從根本上阻止天主教地下教會和基督教家庭教會的發展，反而在國際上招致廣泛的關注，和某些宗教及人權組織的強烈批評。

「另一方面，出於經貿、外交與國際政治方面的考慮，中國十分需要保持和發展與西方基督教國家的友好關係，甚至需要與梵蒂岡逐步改善關係，在這一種情形之下，結束天主教和基督兩教中兩種教會並存，遏止和減緩基督發展的勢力，就成了一項十分複雜棘手的問題。政府奉行『宗教信仰自由政策』和宗教界『團結合作，互相尊重』的關係準則，在這裡遇到了真正的考驗。」

「由於地下教會、家庭教會的不斷發展，不可能完全由專政機關進行打擊而清除，隨著這些人與愛國教會力量對比的變化，爲了國內和國際各種現實利益的需要，政府有可能在一定範圍內與地下宗教力量進行對話，或予以有條件的變相承認。因爲從根本上看，政府不可能同意將宗教作爲一種需要花大力氣與之鬥爭的政治敵對勢力，況且這種鬥爭已經證明是不能奏效的，因此，問題就是，就成爲何時以何種方式在何種程度上承認現實，對其實施懷柔政策。」

我引了上面相當長的文據，爲使大家明瞭中共的立場，因爲問題的造成和解決，都是中共的政治政策。

三、

接著上面的話，我們聯想到第二層共融與合一，就是大陸天主教會和全球教會及伯鐸繼承人圓滿的共融與合一。

大陸天主教會在宗教生活上是合一的，教友和天主的關係都相當正常，教友的得救良心上和外表上，不堅持向教宗斷絕關係，並沒有特出的問題，但是天主教會也是一個有形的教會，有自己的組織章程。救主基督自己規定了伯鐸爲教會的磐石，伯鐸和繼承人爲教會的首領，對全教會有統治權，這一點爲教會的信仰、爲教義的一款，教宗若望保祿二世今年元月從馬尼刺致全中國天主教友簡短文告中，明明說到：「合一不是人世政策的成果，也不是隱秘和玄妙的意向，而是來自內心的皈依，也就是真心誠意服膺基督爲教會所立的永久不變更的原則。其中特殊重要的，是教會所有各部份與其有形可見的基礎，伯多祿磐石，有實效的共融。」宣道部部長董高樞機去年九月廿六日向臺灣區主教們的談話，說明了這種共融：「在感恩祭祈禱文中，爲教宗祈禱是件美好的事，但仍沒有完全與教宗共融，沒有包括伯鐸行政管轄權的教會模式，並不是天主公教會的模式，這些爲我們都是信仰的真理，而不僅是紀律問題。」董高樞機也引了梵蒂岡第二屆大公會議教會憲章對完整參加天主教會的文據。

大陸公開地上教會的主教中，多數取得教宗的承認，心靈上真正與教宗共融，然而這是私人的隱秘關係；一個公開的教會，公開不接受教宗的共融，聲明與教宗斷絕關係，這種教會不能宣稱爲天主公教會。

中共說這種情況由於兩種原因所造成的，第一，教宗干涉內政，第二，教廷和臺灣有外交關係，這兩種原因乃是中共的藉口；在全球一百四十多個國家，除共黨政權的國家外，都和教廷通使，沒有任何政府控告教宗干涉內政，教宗所管理的，是教會內部的事，教廷駐華使節，在中共建立政府時，留在南京沒有撤退，中共政府後來把教廷公使黎培里總主教驅逐出境，黎公使才和美國、西班牙、巴西等國的使節一樣，遷館來台北，中共後來陸續和美、日、西……等國締約，這些國家在台北的使館才關閉，中共卻口口聲聲要求教廷關閉台北使館，而不按國際慣例，先和教廷談判締結和約。中共的心理是祇要教廷切斷和中華民國外交關係，仍不願作外交談判，改善大陸天主教會和教廷的聯繫。教廷明瞭中共的心理，當然不答應先撤台北使館，要求先談後撤，這乃理所當然。

在中共進入聯合國以後，教廷國務院多人主張教廷駐台北使館，爲教廷駐中國的使館，臺灣的政府既不代表中國，教廷的使館便該撤消，我和當時任教廷政務副國務卿（後來昇樞機升任國務卿）嘉撒洛里總主教談話多次，堅持按理不應當這樣做。教廷駐台北大使，向中華民國總統呈遞國書，承認中華民國政府是一個主權滿圓的政府，聯合國不承認中華民國政府代表中國，並沒有損傷中華民國政府的自立的圓滿主權，教宗保祿六世也同我談到這問題，他不同意副國務卿的看法，教宗若望保祿二世更不讚成。但是國務院還是在葛錫迪大使離職後，不再派大使，只派代辦駐台北，實際上教廷視臺灣教會爲中國教會一部份，所以要求作大陸教會的橋樑。

四、

我們希望中共早日跟大陸地下教會對話，予以變相的承認，到那時候，地下教會也成了公開教會，和原先公開的地上教會便可以對話，以求修好。兩方能有了對教廷關係的共識，便可以向中共當局建議和教廷談判，期能達到和解，大陸的天主教會將能取得和教宗及全教會的合一共融。

在目前的狀況下，修好的空間很少，祇能在小事上，地上地下的教會負責人以默契方式，互相表示好感。一種可能減低磨擦的途徑，是減少在同一地區重疊的主教，一方主教出缺，不選主教，祇選神父署理，別的任何方法，我不能想，也不知道怎麼做。

我這篇文章，可以說是引經據典，沒有敢多說我自己的話，因爲不是我能夠解決的，我還是請大家遵照教宗的話爲這個意向多祈禱。

我的宗教觀

今年三月間，輔大法學系一年級的一個學生，爲宗教與和諧人生的課寫期中報告，走來訪問我，提出了四個問題請我答覆，我想他所提出的問題，也是當今許多青年心中所有的問題，我就把這次的問題，向大家說一說。

第一個問題，對你而言，宗教的價值如何？

我答：宗教爲我，乃是生活的基礎，生活的原則，自身不是價值，而是價值的標準。我對人生事物的評價，以我的宗教信仰爲標準。稱謂新人類或新新人類的青年，很難瞭解這種意義。他的道德標準，是每個人的一時興趣，既然變得快，也變成多元方式，似乎伴著電影廣告走。

第二個問題，你爲何如此認同你的宗教？

我答：宗教給我指示了生命的來源和歸宿，生命來自造物主天主，生命歸於造物主天主。我生命的活動在生命裡朝著這個目標走。宗教不祇是敬拜神靈，而是指示生活目標。我看著這個目標，生活的各方面，生活的每一個活動，都不能離開。我的生命歸於天主，還不僅人的本性方面，而且要在神性的超性方面，即是我的生命要和基督的神性生命結合爲一，我獻身基督，參與基督的救恩工作，就像《中庸》所說「參天地之化育」，度「天人合一」的生活。

第三個問題：對你的宗教是否有任何懷疑或埋怨？

我答：對我的宗教信仰，我沒有懷疑或埋怨。對我的教會，因爲教會由人所組成，教會的一切行動，免不了我有所懷疑或埋怨；但這一點不影響我的宗教生活。

第四個問題：你從宗教獲得什麼？

我答：從我的宗教信仰和宗教生活，我獲得心靈的安定和生活的快樂。生活有了目標，生活不亂。生活歸向天主，不求人世的金錢和地位，更不想物質的享受，不看人家的顏色，不計較社會的毀譽，不看事業的成敗，祇誠心做該做的事，說該說的話，心靈安定自由，這是人生真正的快樂，老年人也可以享受。

轉自自立晚報，中華民國八十四年四月三十日

金毓瑋執事晉鐸

基督內親愛的弟兄姊妹！

今年基督普世君王節慶典有一個特別重大的意義是：金毓瑋執事晉陞司鐸。

1. 這是八年來我們教區又一次獲得了一位司鐸。八年來才又一次，確實是難能可貴。

2. 能獲得一位司鐸，是天主給我們教區的一項殊恩。一項殊恩：因爲我們正處於聖職高齡化、老成凋謝、後繼乏人而聖召又非常短絀的時刻。

3. 金毓瑋執事是獨生子，他的雙親從毓瑋感覺天主召喚的開始就全力支持他；他的雙親曾率全家大小院，而且在毓瑋修道整個全力支持；令我們感動、感激、欽佩。

4. 根據無數聖職弟兄的親身經驗，司鐸聖召的引發多來自有幸遇到的模範司鐸。而信友家庭對司鐸聖職的尊崇，對聖職人員的愛戴，同樣是促進聖召的必要因素。

5. 聖職人員在教會內曾擁有特殊地位和權力，今天這種情況已絕對不再存在。聖職人員要靠「信仰實踐」與「生活見證」去建立自己的「權威」與「地位」。

6. 「司鐸」是天父特選的救世工具，必須與天主聖三及聖母維繫一種特別親密的關係，而且該有增無已。

7.恆常祈禱，貞淨甘貧，慷慨無我，全力奉獻；真愛人，常喜樂；不謀求職位，不選擇工作；獨處居廣常能心安理得；世事變動不居，會應變制宜；熱愛教會，常以忠實而無用的僕人自居。

8.「你們求，就得」！讓我們為聖召增多祈禱。

「那聽了天主的話而遵行的，是有福的！」讓我們為聖職人員的福祉祈禱。

「你們為我最小弟兄中的一個所做的！就是為我做！」讓我們愛護那跟我們同樣軟弱的聖職人員，讓我們真誠地互助互愛。

敬祝

主佑平安！

你們的主教

新聞人的救弊之道

我不是新聞界的人，但是對於新聞事業非常關心；因爲我是天主教的主教，主教要關心世道人心。新聞傳播事業爲社會教育者，爲社會道德的監督者。現在社會倫理墮落，青年犯罪頻率驟增，大家認爲是教育失敗；所說的教育，大都指著學校教育。在事實上，教育有三部份：家庭教育、學校教育、社會教育。三部份須要互相連接，互相融會。沒有時間先後，兒童、青年同時兼受三部份教育的影響。目前家庭教育因職業婦女而瀕於破產，學校教育因升學壓力而走偏，社會教育因新聞傳播事業沒有原則爭利而失道德，怎麼可以避免青年人失足作惡呢！

臺灣社會道德墮落，社會學者以爲是經濟制度轉型期的現象，但是社會的爭利，竟造成立法院以及民意代表機構的道德墮落，則不能認爲轉型期的通常現象，而是社會第四權力——輿論沒有予以合理的監督；而且不僅是隨波逐浪，還是興風作浪。不但以立法院之亂，或街頭示威之亂，作爲高度新聞，還是多以爲亂乃合理。國家的制度，以立法院監督行政院，立法則不受國家的任何權力的監督。在許多民主國家裏，國家元首有解散國會之權，中華民國總統則不享有這種權力。眼看立法院自行膨脹，行爲出軌，阻礙立法，甚且破壞民主道德，拋棄通常禮規，教導全國國民強橫野蠻，輿論界理應發揮監督的制裁力。

再者，國內多數成年人和老年人都想進修，增加學識。因此，有空中大學、婦女大學、老人大學、老闆娘高級班。然而，成年人和老年人的通常進修工具，乃是每天的報紙；因爲報紙負有社會教育的責任。報禁開放以後，日報不說是滿天飛，但是在小小地區的臺灣，今日所有報紙，應該算是數量夠飽和了。報禁剛宣佈取消時，皇甫河旺教授寫著「本國的一些民營報業已經商業化，急功近利習氣已重。……本國報紙還可能以製造新聞來促銷報紙。這怎能不令人關心報禁開放後的報業品質？」（多關心報禁開放後的報業品質）事實顯露報業的品質沒有提高，反而下落，這種情形，皇甫教授在這冊書裏說得很清楚，而且提出了適當的救弊之道。

我和皇甫教授認識很早，因爲他是一位誠心信仰天主教的青年。當他編輯「綜合月刊」時，常向我索稿，我也寫了幾篇。六年前，我從香港請他來輔仁大學，主管大眾傳播系。這次他送來這本《報業的一念之間》書的手稿，我正在榮民總醫院休息數天，讀了他的文章，看了他的自序，很高興這本書很合於時勢的需要，故高興寫篇短序。

中央日報，民國八十年七月廿七日

中國人的生死觀

一、中國哲學思想的生死

「未知生，焉知死。」（論語　先進篇）孔子的這句話，封閉了儒家討論生命的門，歷代儒家學者沒有人對於人的生死正式討論；就如同對於宗教，孔子曾經「不語怪力亂神。」（論語　述而篇）儒家學者也不討論宗教。

但是生和死乃是日常的事，而且是每個人親身的事，學者總免不了遇到機會，要對生和死表示意見。

「莊子妻死，惠子弔之，莊子則方箕踞鼓盆而歌。惠子曰：與人居，長子老身，死不哭，亦足矣，又鼓盆而歌，不亦甚乎？莊子曰：不然！是其始死也，我獨何能無慨然！察其始而本無生，非徒無生也而本無形，非徒無形而本無氣。雜乎芒芴之間，變而有氣，氣變而有形，形變而有生

，今又變而之死，是相與春秋冬夏行也。人且偃然寢於巨室，而我噭噭然隨而哭之，自以為不通乎命，故止也。」（莊子 至樂篇）

莊子在中國哲學史上是第一位學者正式以「氣」爲宇宙萬物的元素，「氣聚則生，氣散則死。」如同一年四季自然連續，沒有特別的意義。

「子列子適衛，食于道，從者見百歲髑髏，攓蓬而指顧謂弟子百豐曰：唯予與彼知而未嘗生未嘗死也！此過養乎！過歡乎！……人久入于機，萬物皆去于機，皆入于機。……精神者天之分，骨骸者地之分，屬天清而散，屬地濁而聚，精神離形各歸其眞，故謂之鬼。鬼，歸也，歸其其宅，黃帝曰：精神入其門，骨骸反其根，我尚何存？人自生至終，大化有四：嬰孩也，少壯也，老耄也，死亡也。其在嬰孩，氣專志一，和之至也，物不傷焉，德莫加焉。其在少壯，則血氣飄溢，欲慮充起，物所攻焉，德故衰焉。其在老耄，則欲慮柔焉，體到體焉，雖未及嬰孩之全，方于少壯間矣。其在死亡也，則亡于息焉，反其極矣。」（列子 天論篇）

莊子和列子的生死觀，以人由氣聚而生，氣散則死。莊子以死爲安息於天地之間，「偃然寢於巨室。」列子也以死爲反歸太真，「之于息焉，反其極矣。」

《左傳》記鄭伯有爲鬼，殺他的敵人，子產立他的後嗣行祭，但有再不出現。子產到了晉國，趙景子問這事究竟是怎樣，子產答說：

「人生始化曰魄，既生魄，陽曰魂，用物精多，則魂魄強，是以有精爽，至於神明。匹夫匹婦強死，其魂魄猶能憑依於人，以為淫厲。況良宵，我先君穆公之冑，子良之孫，子耳之子，敝邑之卿，從政三世矣。鄭雖無腆，抑諺曰：蕞爾國，而三世執其政柄，其用物亦弘矣，其取精也多矣，其族又大，所馮厚矣，而強死，即為鬼，不亦宜乎。」（左傳　昭公七年）

子產相信人的魂爲精氣，精氣因家族氣強可以加強，因積德積功可以加強，強健的精氣在人死後不立刻消散，變爲鬼神。普通人的精氣，在突然死亡或冤枉死亡時，也不立刻消散，也變爲鬼，過了相當時間，精氣就會消散。

東漢王充反對鬼神，以人死氣散，不能有鬼神。他說明自己的思想說：

「人之所以生者，精氣也，死而精氣滅，能為精氣者，血脈也。人死血脈竭，竭而精神滅，滅而形體朽，朽而成灰土，何用為鬼！」

「人未生，在元氣之中；既死，復歸元氣，元氣荒忽，人氣在其中。人未生無所知，其死，歸無知之本，何能有知乎？」（論衡 卷二十 論死篇）

王充主張人死，精氣回歸天地之氣，身體化爲灰燼。但是中國從古就祭祖，若人死氣都散了，祭祖有什麼意思呢？宋朝理學家朱熹就遇到門生提出這個問題。

「只是這箇天地陰陽之氣，人與萬物皆得之。氣聚則為人，散則為鬼。然其氣雖已散，這箇天地陰陽之理，生生而不窮。祖考之精神魂魄雖已散，而子孫之精神魂魄自有些小相屬。故祭祀之禮，盡其誠敬，便可以致得祖考之魂魄。這箇自是難説，看既散後，一似都無了，能盡其誠敬，便有感格，亦緣是理常只在這裡也。」（朱子語類 卷三）

「自天地言亡，只是一箇氣。自一身言之，我之氣即祖先之氣，亦只是一箇氣，所以才感必應。」（同上）

「人死雖是魂魄各自飛散，要之魄又較定，須是招魂來復這魄，要他相合復，不獨是要他活，是要聚他魂魄不救便散了。聖人教子孫常常祭祀，也是要去聚得他。」（同上）

「氣聚則生，氣散則死。」（同上）

王船山說：

「人之與物皆受天地之命以生，天地無心而物各自得，命無異也。乃自人之生，而人道立，則以人道紹天道，而異于草木之無知，禽蟲之無恒，故唯人能自命，而神之存于精氣者，獨立于天地之間而與天通理；是故萬物之死！氣上升，精下降，折絕而失其合體，不能自成以有所歸，唯人之死，則魂升魄降，而神未頓失其故，依于陰陽之良能以為歸，斯謂之鬼。鬼之為言，歸也，形氣雖已而神有所歸，則可以孝子慈孫，誠敬惻怛之心合漠而致之，是以尊祖祀先之禮行焉，五代聖人所不能變也。」（禮記章句 卷二十五）

朱熹用他的理氣二元說去解釋鬼神和祭祖，勉強不通，連他自己也承認這種事不好說。他自己常主張有理必有氣，有氣必有理，卻又說祖宗死後氣散了，理常存；這個常存之理，乃是生生之理，是個抽象觀念，怎麼可以用來作爲祭祀感召的基礎？他又說，人死後魂魄則自飛散，又說祭祖是召魂來復魄，使相合聚，魄已朽化成灰，而且祭祖不是在祖墳上祭，這一點就是不通。王船山則以人在陰陽氣中有神，神爲氣之靈，人死不散，成爲鬼，可由祭祀感召，但是他也說不清楚神究竟怎樣。

中國哲學的傳統，是「氣聚則生，氣散則死」；中國宗教的傳統則是祭祖，孔子曾說「祭神如神在」（八佾），祭祖則祖宗的神魂應該在；這兩個傳統互相衝突，學者想法解釋，解除衝突之點，但沒有能夠做到。佛教信仰傳到中國，就從這一點提出輪迴報應的信仰，中國民間便都接受了佛教的信仰，「生死是輪迴，生活是業報。」

二、中國人對於死亡的態度

「伯牛有疾，子問之，自牖執其手，曰：亡之！命矣夫！斯人也，而有斯疾也！斯人也，而有斯疾也！」（雍也）

「命矣夫！」，孔子說出了中國人面對死亡的態度，「死生有命！」死，是命中註定的。莊子對妻子的死亡，若悲哭不安，「自以爲不通乎命。」

中國人對「命」的態度，《中庸》說出「故君子居易以俟命，小人行險以徼幸。」（第十四章）君子人以平常心而順命，小人則想以不正當的行爲逃過命運。中國人對著死亡有兩種態度，一種是樂觀，一種是悲觀。

程頤註《易經》的離卦九三：「九三：曰昃之離，鼓缶而歌。則大耋之嗟，凶。」

「九三，居下體之終，是前明將盡，復明當繼之始。人之始終，時之革易也，故為日昃之離，日下昃之明也，昃則將沒矣。以理言之，盛必有衰，始必有終，常道也。達者，順理為樂，缶常用之器也。鼓缶而歌，樂其常也。不能如是，則以大耋為嗟憂，乃為凶也。大耋傾沒也，人之終盡。達者，則知其常理，樂天而已，遇常皆樂，如鼓缶而歌。不達者，則恐怛有將盡之悲，乃大耋之嗟，為其凶也，此處死生之道也。」

歷代君子賢者，多有面對死亡而樂觀的人，他們對於死亡的命運，常能樂天安命，順命而活。孔子自己作證：

「子曰：天生德於予，桓魋其如予何？」（述而）

桓魋爲宋司馬，想謀害孔子，孔子自信有天賦的使命，修德傳道，桓魋不能違反天意。

「子畏於匡，曰：文王既設，文在茲乎，天之將喪斯文也，後死者不得于於斯文也；天之未喪斯文也，匡人其如予何！」（子罕）

匡人恨作惡的陽虎，想殺掉，孔子來到匡地，匡人以孔子像貌相似陽虎，就把他圍住，門生都害怕，孔子卻安慰他們，認爲自己有傳文王之道的天賦使命，匡人不能害他。

「孟子曰：莫非命也，順受其正；是故知命者，不立乎巖牆之下。盡其道而死者，正命也；桎梏死者，非正命也。」（孟子 盡心上）

孟子以「殀壽不貳，脩身以俟之，所以立命也。」（盡心上）生命的短長，乃是天命；自己脩身立業，不以人爲的事去害自己的生命，對於死亡，安心等候天命。

歷代儒家學者中，如陸九齡的傳中說：「陸九淵調全州教授，未上得疾，一日晨興坐床上，與客語，猶以天下人才爲念，至夕，整襟正臥而卒。」（見圖書集成 第四十八冊 頁一○○二）「朱熹傳，熹以年近七十，申乞致仕，五年依所請，明年卒，年七十一。疾且革，手書屬其子在及門人范念德莫幹，拳拳以勉學及修正遺書爲言。翌日，正坐整衣冠，就枕而逝。」（同上）

曾國藩垂危時，命兒子曾紀澤唸遺囑：

「余通籍三十餘年，官至極品，而學業一無所成，德行一無可許，老大徒傷，不勝悚惶慚赧，今將永別，特立四條以教汝兄弟。

一曰愼獨則心安。……

二曰主敬則身強。……

三曰求仁則人悅。……

四曰習勞則神欽。……。」

「待兒子唸完，曾國藩又努力把手伸起，指了指自己的胸口，紀澤、紀鴻一齊說：『我們一定把父親的教導牢記在心！』曾國藩的臉上露出一絲淺淺的笑意，頭一歪，倒在太師椅上。」（唐浩明 曾國藩 黑爾 卷三 頁二二一）

三國時孔明，出兵伐南越有前後出師表，病重臨危時，作臨終遺表，表中最末幾句說：「臣家成都，有桑八百株，薄田十五傾，子孫衣食自有餘饒。臣身在外，別無調度，隨時衣食，悉仰於官，不別治生，以長尺寸，臣死之日，不使內有餘帛，外有盈財，以負陛下也。」（古今圖書集成 冊頁九七〇）

這些賢達儒者，實實在在做到「修身以俟命」；而且還有自作弔唸以嘲笑自己，如陶淵明作《自祭文》，王船山作《墓聯》。但也有些詩人文人，面對死亡，哀傷悲觀，如魏朝阮瑀的七哀詩：

「丁年難再遇，富貴不重來，良時忽一過，身體為土灰。冥冥九泉室，漫漫長夜台，身盡氣力索，精魂靡所迴。嘉殽設不御，旨酒盈觴極，出壙望故鄉，但見蒿與萊。」

阮籍的五古詩中，多有哀傷老之將至的詩，如：

「昔年十四五，志尚好書詩，被褐懷珠玉，顏閔相與期。開軒臨門野，登高望所思，邱墓蔽山岡，萬代同一時，千秋萬歲後，榮名安所之。乃悟羨門子，噭噭令自嗤。」

「朝陽不再盛，白日忽西幽。去此者俯仰，如何似九秋。人生若塵露，天道邈悠悠。齊景升卸山，涕泗紛交流。孔聖臨長川，惜逝忽若浮。去者余不及，來者吾不留。願登太華山，上與松子遊。漁父知世患，乘流泛輕舟。」

魏晉南北朝時代，爲戰亂的時代，性命常不可保，文人墨客多猖狂頹廢，如所謂竹林七賢，飲酒作樂。唐朝李白也算爲頹廢詩人。

「白日何短短，百年苦易滿，蒼穹浩茫茫，萬劫太極長。麻姑垂兩鬢，一半已成霜。天公見玉女，大笑億千場。吾欲攬六龍，四車挂扶桑，北斗酌美酒，歡龍客一觴。富貴非吾願，為人駐頹光。」（李白 短歌行）

「處世若大夢，胡為勞其生，所以終日醉，頹然臥前楹。覺來盱庭前，一鳥花間鳴，借問此何時，春風語流鶯。感之欲嘆息，對酒還自傾，浩歌待明月，曲盡已忘情。」（李白 春日醉起言志）

頹廢詩人的心情，在於及時行樂。

三、不朽

中國儒家和道家的傳統，都不談身後事；佛教雖講身後五趣：天，人，鬼，畜生，地獄，然後輪迴投胎；但是一般人都不認真地想輪迴，一般人，尤其儒家學者，則關心留名後世。

孔子曾說：「君子疾沒世而名不稱焉。」（衛靈公）《左傳》乃有三不朽的標榜：「立德，立功，立言。」（襄公二十四年）「留芳百世，遺臭萬年」。中國歷代讀書人在腦中都有這兩句話，也都很注意。《中庸》說聖人的品德，「溥博如天，淵泉如淵，見而民莫不敬，言而民莫不信，行而民莫不說，是以聲名洋溢乎中國。」（第三十一章）聖人的聲名不單是盛傳一時，還要流傳後世。孔子作春秋，誅亂臣賊子，不是用刀劍，而是用筆墨，對於一事一人，根據倫理規律，加以評判。所以說「孔子作春秋，而亂臣賊子懼。」

中國的二十四史，擔起了留芳遺臭的大業，明君昏君，賢相奸相，良將庸將，忠臣叛賊，都有了傳記，他的芳名臭名，都遺留萬代。還有各處所建立的烈女牌坊，也爲女子留名。

但是中國普通一般人所想的身後大事，則在於留有後代，有人祭祀。在家族制度的日子，一個人的生命是在家族的生命裡，兒子看爲父母的遺體，兒子一生在縱橫兩方面都要對父母行孝。儒家的孝道以生命爲根基，兒子的生命來自父母，繼續父母的生命，表示這種繼續的事實就是孝道。孝導包括「生事之以禮，死祭之以禮」，事死如事生。（為政）一個人死後，有嗣子主祭，表示他的生命繼續著在。若是沒人主祭，他的生命就斷了。所以孟子說「不孝有三，無後爲大。」因爲斷了父母的生命，罪惡就重大了。

胡適曾反對三不朽，提倡「社會的不朽論」，以社會爲「大我」，一個人爲「小我」。「小我是會消滅的，大我是永遠不滅的。小我是有死的，大我是永遠不死，永遠不朽的，小我雖然會死，但是每個小我的一切作爲，一切功德罪惡，一切語言行事，無論大小，無論是非，無論善惡，一一都永遠都存留在那個大我中。那個大我，便是古往今來一切小我的記功碑，彰善祠，罪狀判決書，孝子慈孫百世不能改的惡謚法。」（胡適 不朽 胡適文存 第一冊 頁六九八）我不相信胡適自己真的是這樣相信自己的主張，我卻相信別的人都不相信他的主張，今天的台灣，仍舊祭祖，仍舊求名以傳世。

胡適在那篇文章裡，首先反對宗教所信的靈魂不滅。「總而言之，靈魂不滅的問題，於人生行爲上實在沒有什麼重大的影響；既沒有實際的影響，簡直可說是不成問題了。」（同

上，頁六九四）

結語

靈魂不滅的問題，絕對不像胡適所說對人生沒有重大影響，不必談為講人的生死，必定要談；否則就要接受道家的成仙論，相信人不死而成仙。成仙既不可能，便要談死，談死就要談靈魂。

「不知死，不足以知生。」這是邏輯的斷語，不知死後如何，一生便醉生夢死。顏氏家訓說：「死者，人之常分，不可免者也。……吾今羈旅，身若浮雲，竟未知何鄉是吾葬地，唯當氣絕，便埋之耳。汝曹宜以傳業揚名為務，不可顧戀朽壤，以取湮沒也。」以死為毀滅，則生時，高則求三不朽，中則求安身立命以自足，下則及時行樂。

既然人一死就完，身後的名有什麼益處？古來飲酒必醉的詩人們就看不起身後的名，人活著便祇求享受。可是享受卻又不能使人滿足，使人幸福；雖然孔子以顏回居陋巷而樂，又或君子憂道不憂貧。實際上這輩賢人君子的心靈之樂，仍然祇是強為之樂，因為一種樂有時間的限制，樂就不能滿足人的心靈；人的心靈乃是無限的。

靈魂不滅，死後仍活；死的意義就不同了。佛教的慧遠就相信靈魂不滅，他說明不相信靈魂不滅，輪迴和業報沒有辦法可以講。相信靈魂不滅，在不滅的束光中，照亮了人生的意義，現生朝向永生，現生預備永生。永生爲目標，現生爲行旅。由永生去解釋現生的問題，由永生以取得現生的意義。

談青年輔導

一、中西融匯

本年初，曾經兩次接到台南教區辦公處寄來的青年專輯的徵文啓事，我抛入了字紙簍，自認年老說話，沒有人聽，不免還要被人譏爲守舊，何必自添麻煩。不料昨天台南鄭主教通電話，堅持請我爲青年專輯寫篇文章，盛情難卻，祇好提筆作文。

首先我談青年輔導的方法。現在台灣我們教會裡的輔導工作，做得很多，方法很新穎。擔任輔導的人員，都是在國外大學攻讀過輔導心理學的神父和修女，接受輔導的青年也都樂意接受輔導，熱烈地參加集會。

但是有一個重點務須注意。輔導心理學不是一門純粹的自然科學，純粹自然科學如同化學、物理學、數學等等，都是客觀的學術，沒有地域或民族的界線。輔導心理學講輔導原則，在實際運用上，牽涉到人，人則是活的，是有個性和民族性的，輔導的工作就不能不注意民族的傳統文化。目前運用全部的西洋輔導方法，使青年心理得到滿足，取得發展，但是輔導的中心思想和目標不能深入青年的心底，青年人一離開受輔導的環境，就不易見到輔導的成果，因爲輔導工作缺乏民族文化的意識，沒有進入青年的生活裡。

當前台灣社會因著青年心理的浮躁，乃興起佛教的輔導工作，教育局和教育廳鼓勵佛教法師舉辦禪靜生活營，有禪一禪三禪七的作法，受過禪靜輔導的青年壯年都表示歷程很苦，得益很多。禪靜的輔導是專門求觀自己的心，在心中找到自己，使生活的目標，深入心底。這是中國的佛教傳統輔導方法，儒家雖不讚成，但也採納了靜坐虛心的一點。不過在目前生活境況下，完全捨棄青年活潑的天性，青年人難於接受，禪靜生活營很難達到全國普遍化。我希望天主教作輔導工作的人員，下苦功研究中國傳統儒釋道的輔導方法，研究一套融匯西洋輔導學裡和中國民族性的方法，既可以使青年活潑天性有發展的空間，又可以使生活的理想深入青年的心底。

二、深入青年心底

青年人應該發揮活潑的天性，在活潑快樂中大家聚會，學習在友愛互助中生活。但是同時也要認識自己，穩立自己生活的目標。

天主教人的生活目標，是一心孝愛天父，在對天父的孝心中，爽快地，勇敢地生活。

輔導青年的工作，要把這個目標深植在青年的心中，而且是在活潑快樂的環境中，深植入他們的心。在這一點上，我有兩點小建議；第一點，在青年生活營，或在青年組織中，教導青年靜坐。靜坐，每次不要過久，但要常繼續；靜坐時，須嚴格執行，不能談話，不能亂動。靜坐的目標，先排除心裡的一切念慮，把心要空了。同時，以一個觀念，或一句話收住自己的心，靜坐時心裡祇有這個觀念，祇有這句話，不要去推想。這個觀念或一句話。當然要是關於我們的宗教信仰。這種靜坐工夫，會習慣青年每天有收心的時刻，會習慣青年想到自己的信仰，這兩點是我們生活裡最重要，最有益的習慣。

第二點：指導青年讀福音，福音是耶穌基督的教訓，是我們生活的指南。在生活營或青年組織中，要有讀福音的時間，輔導員揀選福音章節，指導青年誦讀，再加以解釋，使福音的訓示貫入日常的生活中，養成青年讀經的習慣，終生不忘，則一生受益不淺。

三、配合工作

輔導青年應注意青年人的強健精力，能夠工作，而且喜歡工作，不怕犧牲。我常以爲我們培植青年，偏重在個人的修養和團體的氣氛，沒有多注意到向外的工作。輔導青年的目標，當然在培植青年每個人的修養。但是個人的修養若沒有相應的工作，培植的工作是不能見效的。中國古人的修養說是大學的修身，修身在於正心誠意致知格物，修身的工作則是在齊家治國天下。輔導青年就要注意指導青年去工作，工作不能大，不能多，但是不能沒有。我們天主教輔導和培育教友，都注重在本人的修身，很少在培育時引導他們向外工作。誓友教則注重向外工作，佛教目前也開始培育工作人員。我們的教友組織也要培育教友每人或結隊向外工作，如同佛教的慈濟會在社區服務，輔仁大學的醒新社和同舟社，為盲人、痲瘋病人及社區老人兒童服務。我們的青少年可以在同學中工作，教友可以在堂區社會福利事業服務。為宣傳福音不是一定要向人講道，能夠同教外人一起發揮愛心，為基督福音作證，也就是宣傳福音；而且這第一步的間接傳道工作，機會多，人性味濃，容易取得人的同情。工作是修身的一重要部份，聽了講修身方法，學了靈修的原則，若祇想修自己一身，這種修身是殘缺的修身，定如同聖雅各伯宗徒所說沒有工作的信德。基督的信仰是愛的信仰，愛則對人對物要有動作；心中有愛，身體有愛的行動，才有完全的信仰。愛的行動又不可以圈在教友以內，應該適當地向教外人士表現，從愛心裡輸送基督的信仰。以往我們教會用救濟工作開始了，台灣的現代傳教事業，現在救濟工作停止了，可以說我們的社會傳教工作也停止了，佛教卻展開他們的社會慈善事業，基督教繼續他們的社會運動。中國人傳統習慣不喜歡宗教參加政治性社會運動，一般人對基督教的社會運動多不表同情，對於佛教的社會慈善事業，則樂意捐助並參加，我們天主教人士在文化教育和社會福利方面，想一想，也試一試做點工作，天主會降福，會支持我們的努力。

四、結　語

我寫了不少的話了，短篇文章似乎成了長篇；大家或許還認爲是老年人的舊話，或許更有人以爲是守舊的迂闊話。我不否認是老年人，但是決不承認是守舊，更不承認是守舊的老迂闊。青年人大約不知道我是十九歲到羅瑪留學，五十歲才來到台灣，在羅瑪住了三十一年，生活完全西化，考了神哲法三種學科的博士，在羅瑪傳信大學教了二十五年的書，在駐教廷大使館辦公十八年，所以不是土包子。我是要上攀胡適，兪大維，方東美，吳經熊一輩學者，學好了西洋的學術，再通中國的學術傳統，說適合中國民族性的話，胡適講考據而行儒行，兪大維講中庸而拜觀音，方東美講生生之道，吳經熊講靈修而重禪道，都實行融匯中西。真正一位中國學者，必定應能達到這種境界。

很對不起大家，我自己自誇，但爲使所說的話有點價值，不得已搬出了底！還求天主寬恕。

郭若石總主教的祭台

前幾年，聖家修女會在天母會院舉行一次慶典，郭若石總主教和吉立友代辦都來參加，在四樓茶點以後，到二樓來看我的牧廬，進了小聖堂，吉代辦很欣享小聖堂的祭台和聖體櫃，郭總主教很自傲地說：「祭台是好做的。」吉代辦聽了很驚異，我忙解釋說：「這座祭台是郭總主教計劃做的，原先在台北舊主教公署，台北新公署啓用後，新聖堂用大理石做祭台，舊公署由社會服務修女會改建會院，我把舊公署的祭台遷到天母牧廬，因爲原先田耕莘樞機在天母用長桌作臨時祭台，住天母我搬了兩次家，牧廬房舍改了三次，但是每次都保存了這座祭台，我很喜歡它，和雷修士給我設置的小聖堂很配合。」

郭總主教所計劃的祭台，用紅木製成，木材很厚很結實，漆紅色，加有金花，中央兩鳳凰對吸清泉。聖體櫃也漆紅色，宮殿式，頂有雙龍朝十字，但材質不佳，很輕鬆。郭總主教任台北總主教後，購一日式本房作公寓，在進門處造一小聖堂，他想到剛恆毅樞機在中國時提倡中國天主教藝術，特別請一位荷蘭本篤會士工程師，建造中國式主徒會院，中國式祭台，他便仿照主徒會總會祭台，計劃了這座小祭台。

我在台南時，爲主教小聖堂也造了中國式祭台和聖體櫃，但材料不佳，式樣有似台灣廟宇，複雜而不莊雅，然而當時高理耀大使看了頗喜歡，我就照樣做了一座送給他，他現在放在羅瑪私人小堂內，尤代辦在離台前，偕車代辦來告別，看見聖體櫃很羡慕，認爲比教廷大使館的聖體櫃好，我說我送了一座給高大使，他說高大使帶回去了，我真可以用郭總主教的聖體櫃自豪了。

吳經熊的宗教精神

——去世十週年紀念文

吳德生資政一生最費氣力，最專心的一項工作，是翻譯新經全集和聖詠譯義，正逢八年抗爭時，他作了八年埋頭譯經工作。譯經是蔣中正總統和宋美齡夫人委托的，每譯相當篇數，便送呈總統，蔣中正總統那時是軍事委員會委員長，督揮軍隊和日本人作戰。但是接到德生的譯文必細心閱讀，還用以紅藍色筆圈點、修改、加批。德生資政，當然不能苟且，翻譯必定用心，何以他知道翻譯天主的聖言，一字不能錯，他真的費盡苦心。

從新經和聖詠的翻譯工作，我們可以體驗到他生活工作的精神，德生資政是新態的人物，曾經和林語堂合辦英文刊物，他通常寫作都用英文，英文造詣很深；然而他對中國古詩古文，浸融也深。用古詩翻聖詠，他說是譯義，因爲不能直譯，爲能以古詩譯聖詠的詩意詩情，必定要深入了解並體會聖詠作者的思想和感情。聖詠作者又是因聖神的啓示而動筆寫詩，向天主感恩求救，宣吐胸懷，聖詠乃是宗教精神的詩歌，德生資政深深體會這種宗教情愫，運用中國古詩的詞句，盡情表達，不似翻譯，而像創作。

新經乃耶穌基督親自所傳的聖言，平淺而深奧。保祿書信詰屈聱牙，所含教義甚深，雷永明神父譯經時，寧信達而不雅，德生資政專心翻譯求信達雅，雅在古文有雜，在白話文祇有達，很少有雅。德生資政能夠使譯文讀起來就是一篇中文，其中需要的中文學識和藝術，其中需要的簡選詞句和詞句構造所用的苦心，不是普通一般人所可以知道的，他要我幫他校對，我們倆斟字酌句，我知道他認真和賣力的精神。

他因譯經深深體會聖經內的宗教精神，又每天因翻譯而生活在這種精神裡，他便成為一位宗教精神生活的人。不僅是每天參加彌撒聖體，唸玫瑰經，而是在寫作和談話之間，也充滿宗教精神。他來台灣是承中央邀請寫一本英文《孫中山傳》，傳寫完了，中山先生的兒子孫科批評說太宗教化了。中央又邀他寫一中文傳，為蔣中正總統精神生活，書寫好了，大家又說太宗教化了。他常對人說自己崇拜但丁，但不向但丁的像下跪，然而卻向青年修女聖小德蘭的聖像下跪，他很誠心崇敬小德蘭，還寫了一本小書，宣揚小德蘭的愛心，這本小書大家都看。

我跟德生資政交往二十五年，在羅瑪四年，每天在一起，在台灣二十年，也時常見面；在許多方面，思想相同，在宗教信仰方面則相同而相通。相同相通的宗教信仰生活，在翻譯新經和聖詠，得到培育和滋養。我替他這幾書所作序稍稍有所說明。

促進文化觀光

本月初（元月十日）大成報有一篇標題「光出不進，觀光收支逆差嚴重」，小標題「出國觀光，世界排名由二二名驟升至第十名，來台觀光，排名則由二一名滑落至二七名，旅遊收支呈現逆成長」，文內舉證，「從中央銀行去年十二月公布的國民海外旅遊支出統計分析，去年前三季，赴海外旅遊支出為廿六億四千六百萬美元，國際旅遊收入為八億九千萬元，旅遊支出的金額比收入多出十八億九千六百萬元，旅遊收支逆差情況相當嚴重」。

中華民國政府注意出口進口的貿易額，若出現了出口進口的逆差，政府就要關心，又要想法改進，區區的觀光逆差，政府看為小事；而且政府素來就沒有觀光的政策，可是大陸中共卻特別注意觀光事業，古蹟發掘的成績，隨即展覽；紅衛兵毀壞的古蹟，趕緊重建；昔日政治、文學、藝術界的名人，所有出生地、埋葬地都加整修，連蔣中正總統在浙江的住家，也加修建；毛澤東在故鄉的遺跡，更用巨資營造。每年吸引不少遊客，連台灣往大陸觀光，都在百萬左右。

往遠東來的遊客，想欣賞古蹟、名勝和風景，都往大陸和日本；想滿足娛樂賭博的慾情則往香港、澳門。來台灣的遊客，只有故宮博物院可看。爲什麼政府爲觀光事業不能修理、開放林語堂、錢穆、張大千、傅心畬、胡適的故居？歐美人士不大認識他們，東亞人士則都景仰他們。

令人關心的事，則是名人住宅開放觀光，容易遭受破壞。我曾參觀過台北的林家花園，維護不好，破壞不修復，又沒有導遊指南，我感到很納悶：什麼時代才能培養觀光的道德？

我在羅瑪住了三十一年，我體驗到義大利政府對觀光事業的重視，羅馬爲天主教會的中心，爲歐洲文化的發祥地，每年來羅瑪朝聖觀光者，在千萬人次；義大利政府視觀光收入爲政府財源之一，因此對古物的保管特別留心，我也到韓國大坵參觀古王墓，很稱羡王墓墓園綠樹夾道，滿園青草蓊茸，沒有雜草，沒有落葉，更沒有小販。我想台灣若能做到這一地步，觀光客可以增多，社會生活的品質更可以提高。

亦師亦友

一九三〇年十月十四日，我由上海乘義大利郵輪赴羅馬，在海上走了一個月，到達義大利南端港口，改乘大車，於十一月十五日晚抵羅馬，開始我三十一年旅居羅馬的生涯。指揮我的生命的，當然是天上的天父；在地上決定我這三十一年生活，而且還照顧我的生活的要人，則是剛恒毅樞機。當我出國時，剛公時任教宗駐華代表，他指令衡陽教區柏長青主教，派遣兩名修士赴羅馬傳信大學讀書，柏主教選派了郭藩和我。在上海等船時，剛公託付河南衛輝教區的賈主教，在船上照顧我們。讀完了神學，領了鐸品，我想讀法律，沒有教區柏主教的許可，郭藩神父回國，我向當時已任傳信部次長剛公請示，他囑我安心留在羅馬讀法律，由他寫信給柏主教說明事由。當年一九三六年八月十五日，傳信大學學生在別墅慶祝聖母升天節，乃別墅聖堂主保節，慶典特別隆重。傳信部部長和次長都來別墅參加，學生有運動比賽，還有一年一次的大喝啤酒，吃西瓜。午後，正吃西瓜時，剛公走到我身邊，向我說：「部長樞機有話告訴你。部長和我決定委你在學校教中國文學和哲學。你同我見樞機去。」剛公引我到部長身邊，部長說：「總主教已經告訴你了，你一面教書，一面讀法律，繼續住在學院裡。」剛公吩咐召集中國學生，當面囑咐說：「部長樞機派了羅光神父作你們中文教授，你們不要輕忽你們的國文，要努力。」我只好接受。一九三九年夏，考完了法學博士試，剛公對我說可以回國了。我便買了船票，船仍舊是義大利郵輪，行程則祇要十八天。我把書籍裝在兩隻大型木箱，寄往拿波里港口，在羅馬等開船的日期。不幸六月十日，墨索里尼宣佈和德國日本三國同盟，參加戰爭。義大利郵船停駛，我便被困在羅馬，繼續教書。一九四三年，正月二十五日，中國駐教廷第一任公使謝壽康博士抵羅馬，爲佈置並連絡教廷各機構，邀我到使館作教務顧問，一做就做了十八年，直到來台南任主教爲止。日本無條件投降以後，中共奪了大陸政權，我不能回國，祇能在羅馬久住，便想買一戶公寓的房子，找到了一戶舊建築小型房子，我去向剛公請准許我買。剛公說：「你不是要長住在羅馬，買房子做什麼？」我說：「照現在情形，不知道要住多久。」剛公點點頭說「好罷！」我就買了。

傳信部那時就像我們的家門，時常去，上下人都熟識。去見剛公不用先約時間，普通在上午辦公的時間內，來客排隊，先到先見。剛公和我講話很簡單，有問有答，每事必有答案，決不拖延。剛公性情直爽，該講的話就講，不轉彎，不生氣，遇有事，我下午去見。教廷各機構早上八點到二點辦公，下午休息。我下午到剛公住處，他住在傳信部大廈的一戶房間，下午他常坐在躺椅上看書或寫書，他患腳氣病，腿常要伸直。剛公喜愛藝術，對於天主教藝術的理論和歷史，他都有著作。他常對我說：「越事情忙的人，越能找出時間；越沒有事情的人，越找不出時間。」我在羅馬寫了兩冊簡單介紹儒家和道家思想的書，送給他時，剛公很高興，鼓勵我繼續寫作。他也教給我看報紙要剪報，把對自己研究或寫作工作有關的資料，剪下來，保存爲日後用。有兩三次，我因急事中午用飯時去找他，他和弟弟同住，弟弟也是總主教，時任教廷宗教藝術委員會主任委員。午餐時，一同用飯。一次是從大陸一位主教派來一位已經結了婚，妻子死了的青年修士，到傳信大學讀書，傳信部長樞機認爲有礙校規，不願接受。但那時大陸正因中共迫害教會，修院都關閉，這位青年修士若不被傳大接受，便無路可走。我在中午用飯時，跑去找剛公，剛公說，由他和部長商量。後來那位青年修士留在傳大。正規地讀哲學和神學，受聖爲神父。

剛公最不喜歡人家在慶祝會公開稱揚他，每當傳信大學爲賀他的主保節，午餐時，院長演講致賀，一提他的工作，他就舉手請辭，院長乃換轉話頭。在他升樞機，傳信部人員舉行慶祝會，代表致賀辭的人，稱述他的功勞，他舉手，致辭者繼續說，他大聲喊道「饒了我罷！」打斷了賀辭。我們中國留學聖職人員和修生修女，開會慶祝，我致賀辭，讚頌他的功勳，他微笑點頭，後來他說：「你們說話，來自心頭；別人慶祝說話，祇是禮貌。」剛公八十壽時，他約了我們幾位中國神父，到他寓所，早晨參加他的彌撒，一同用早餐作賀，另外沒有任何慶祝。剛公最後因攝護腺手術住院，我去看望幾次。一次剛接到出版的他自己的書，就送給我們一本。他去世前兩小時，我還陪那時正到羅馬的于斌總主教到病院看他，他說病都好了，正預備出院，也預備進梵蒂岡宮參加教宗選舉。不料晚餐時，電視新聞報告剛公因心臟病發去世。

一次我見教廷副國務卿孟棣義時，孟副國務卿對我說：「傳信部次長剛恆毅總主教向他建議，調我到教廷國務院服務，但國務院體制，來服務者須從低級開始，你資格已經高，不適宜這麼辦。」我很驚訝，我從來沒有同剛公談過，剛公也沒有同我講過，完全是剛公自己主動向副國務卿建議，因爲那時中華民國政府已遷來台灣，駐教廷吳經熊公使辭職，赴夏威夷大學任教，剛公想爲我安排工作。

孟棣義副國務卿曾在法學院教了我一年書，他教教廷外交史，每星期一課。他爲人彬彬有禮，舉止文靜，和藹親熱。我到我國駐教廷使館服務後，他招我去見，說明「若把你的名字列在教廷外交團名單上，就要搬進梵蒂岡城內住，不能出城，義大利政府要求交戰國駐教廷使館人員，要住在城內不外出。你在傳大教書，更好不把名字，列在外交名單上，實際上則享有外交團權利。」我答應照辦。一直到第二次大戰終止後，才列名教廷外交團。

教廷國務院有兩位副國務卿：常務和政務，政務國務卿管理政策和政治有關問題的決策，其他一切外交事務都歸常務次長管理。常務次長還管理教會不歸一部管理的事務，即凡關於一般社會性的事務。因此，常務副國務卿為教廷最忙的主管。但孟棣義副國務卿仍然規定每星期六上午自十點到二點，接見駐教廷外交團團員。吳經熊公使長於英文，也會法文，但不習慣講；孟副卿正相反，長於法文，也會英文，但不習慣講。吳公使便要我代替他去見孟副國務卿。那時中國正是多事之秋，吳公使要我每星期六都去，按教廷外交團習慣法，等候見副卿時，大使在公使以先，公使在代辦以先，我算是代吳公使去見，所以在大使和公使以後。每次都等到下午快二點時才能見。每次見時，孟副卿常微笑地握手說：「請看，這是中國。」一坐下來，他靜聽我講話。有時，他真疲倦了，閉著眼，但須答覆我時，馬上睜眼答覆。孟副國務卿性情和剛恆毅樞機不同，他為人很謹小慎微，不會亂說一句話，也不多說一句話，說話很講理。我所講的事可以辦，他就答說盡力去做，若不能辦，就不開口，轉變話頭。我就知道所要求的事不能做。孟副卿從不直接說不，多不出言傷人。我代替吳公使又代替朱英代辦六年的時間，幾乎每星期六都見孟副卿。謝壽康公使後來升格為大使，則常自己去見副卿，兩人都長於法人，祇在謝使第二次到任，為呈遞國書的禮儀，副卿召我去商量幾次。

孟棣義副卿後來升為代理常務國務卿，後來調任米蘭總主教。我被任命為台南主教，受教宗若望二十三世祝聖後，往德國勸募，路過米蘭，停留一天，往拜會孟總主教。上午見面談話後，他給我一本導遊指南，要我去參觀米蘭聖母大殿，中午回來用餐。中午，我在總主教公署和孟總主教及兩位秘書吃飯。飯後，孟總主教送我一尊聖爵，囑咐說：「聖爵上刻有米蘭一本堂獻聖爵於我，你在下面再刻一行字，我送聖爵給你。」

若望二十三世去世，孟總主教已升樞機，來羅馬參加教宗選舉會，我從台南拍一電報到梵蒂岡給孟樞機，祝他能被選爲教宗。孟樞機當選教宗，取名保祿六世。他由國務院副卿以國務院第二號電報答覆我致謝。次年九月三十號梵蒂岡大公會議第三期會議開幕，教宗主禮彌撒，第一次舉行共祭。共祭樞機和主教二十四位，開幕前半月，大公會議秘書處拍電報到台南，說教宗要我共祭。在開大公會議期間，我祇同中國的主教們共同晉見一次。大公會議後，我參加傳信委員會整理議案會議，又參加新建立的與其他宗教交談委員會和改訂法典委員會，每年兩次往梵蒂岡開會，通常都有全體委員會共同晉見，我則幾乎每年一次單獨晉見。教宗宮官長很不樂意，按規教區主教除述職以外，不申請晉見教宗。但是官長知道教宗要見，祇好替我安排晉見時間。晉見時，常談大陸教會問題，和中華民國與教廷關係問題。常駐華大使嘉錫迪總主教調任孟加拉大使時，我正在羅馬，三次在公私晉見時，要求使嘉大使保留駐華大使名義，實際兼駐孟加拉。國務院不同意，最後在公共晉見時，教宗對我說：「給你把大使保留了。」有一次，我單獨晉見時，教宗排開中國地圖，仔細問我大陸教會情形，也問我出生地在何處。後來看到臺灣，在地圖上那麼小。教宗對我說：「有你這麼好的朋友在臺灣，我們決不會放棄臺灣。」我叩首致謝。

當聖言會福若瑟神父列真福品時，聖言會總會公共關係主任先期邀我和教宗共祭，因爲在列品典禮彌撒，常有新列品真福聖人的同教區或同國家主教參加共祭。但典禮前三天，我到了羅馬，聖言會公關主任來電話說教廷禮部不要我共祭，我知道這是國務院的意見，不願意以台灣代表中國。典禮前夕，聖言會公關主任忽然再來電話，說：「教宗要你明天共祭。」這必定是禮部禮儀長向教宗報告典禮節目時，教宗問起誰代表中國共祭，禮儀長報告聖言會原定的計劃，教宗說好。

保祿六世談話時，屢次問起安德肋神父和嘉俾厄爾神父怎樣，教宗常記得錢志純主教和李震校長青年時，曾在米蘭爲華僑工作。保祿六世送我一尊精美「聖體光」，及一尊貴重的聖爵。

保祿六世最後三年，身體抱病，腿不便於行，我便沒有再申請晉見。最後一次，我和其他多數主教共同晉見，當我跪著獻上張大千和傅心畬的畫，因爲教宗機要秘書曾要求我，取得中國幾位名人的墨蹟，爲慶祝教宗八十壽，在梵蒂岡博物院設名人墨寶欄，我請吳經熊先生將蔣中正總統爲翻譯聖經的一封親筆信，送贈教宗，又請張大千大師和傅心畬兒子獻一幅畫，畫由我親自呈獻。教宗接到畫，對秘書說：「羅光總主教的一生，就好像一幅美好的畫。」這是我最後一次晉見保祿六世。

教宗逝世後，本鄉人設立「保祿六世學會」，專門研究保祿六世生平的言行思想。創會人給我來信，說因我是保祿六世的好友，邀請我作學會委員，我感到十分榮幸。現在每年都接到學會出版的研討學會的論文集和研究保祿思想的專書。

附錄一

羅光的生命哲學

一、中國傳統哲學的生命

1. 生生之謂易

哲學界對於生命的研究，在西洋早有論著，中國哲學界對於中國哲學，以研究生命爲中心，有熊十力、方東美、唐君毅、梁漱溟諸位先生。我因久居羅瑪，少讀這幾位學者的著作，自己暗中摸索，以《易經》的中心思想在於「生生」，後代理學家發揮了「生生」的思想，儒家哲學的一貫之道，應以「生生」思想爲最恰當。來到臺灣以後，在這二十多年中，讀了熊、方、唐三位先生的著作，發現他們都已早在講這種思想了，自心非常興奮，也就肯定我的一種信念：凡是真正以哲學的眼光去研究儒家哲學，必定要認定「生生」爲儒家哲學的中心思想。

「生生」是化生生命，宇宙常在變易中；《易經》研究宇宙，發現宇宙常在變動，因爲伏羲氏遠觀天地的現象，近察身邊的事物，就體驗到一切都在變，因此用卦來代表宇宙的變，卦由爻而成，爻象徵變，《易經》一冊書乃稱爲「易」，易就是變易。希臘的哲學開始就研究宇宙，講論宇宙由何而成？或說由水，或說由火，或說由原子。中國哲學家研究宇宙，講論宇宙由變易而成。

變易是什麼？變易就是變化，變化又是什麼？「是故易有太極，是生兩儀，兩儀生四象，四象生八卦。」（繫辭上 第十一章）這種變化的歷程都稱爲「生」，《易經》乃說：「生生之謂易。」（繫辭上 第五章）

「生」不是普通所謂生產或產生，所謂父母生子女，一個生命由同樣的另一生命而生。這種生產，假定兩個生命是同樣的生命，又假定在兩者之中，存有因果的關係。《易經》的「生生」，上面的生字，是化生，下面的生字，是動的「存有」，宇宙間的一切「存有」，都由化生而來。

所謂「化生」並不是講進化論，胡適在他的中國哲學史裏，講莊子的「化生」爲達爾文和赫胥黎的進化論，「化生」是由原素變化而生。原素是動的，動乃有變，變乃有化。

《易經》祇提到太極，沒有說到太極的內容，漢朝的學者都以太極爲「一元之氣」，宋朝張載以太極爲「太虛之氣」。「一元之氣」或「太虛之氣」不是呆靜不變；自身激盪不停，周流天地。由「太虛之氣」之變，化生「陰陽」，陰陽繼續變化不停，化生萬物。《易經》說：「一陰一陽之謂道，繼之者善也，成之者性也。」（繫辭上　第五章）由太極之變而有陰陽，由陰陽之變而有四象，由四象之化而有八卦，由八卦之變而有萬物。四象和八卦實際即是陰陽，又如漢朝所講的五行，也就是陰陽，所以《易經》說陰陽爲變化之道，由陰陽的繼續變化，化生萬有的本性，萬有乃能生，乃能有。

這種「化生」不是生物學上的化生，乃是哲學的一個觀念，萬物由原素變化而生，原素即是陰陽，陰陽乃是氣。氣和陰陽又不是物理學的觀念，現在有些學人用心去尋求「氣」是什麼？又有學人認爲人身有氣，人由氣而成。哲學上的氣祇是原素的代名詞，並不指定原素是什麼？如同我們說「一切物都由原素而成」，你贊成或不贊成，祇在肯定或否定這項原則，並不講原素是什麼，如果我說「水是由兩元素而成」，那就要談到兩種元素是什麼了，可是這個問題不是哲學問題，而是物理學的問題。

陰陽和五行，也應該是哲學上的術語，代表哲學的觀念，而不代表物理學的物質。從哲學上去講，陰陽乃是原素——氣的兩種變化，《易經》稱爲剛柔，又稱爲動靜，又稱爲進退。因著變不同，變所成的內容也不同，陽是陽，陰是陰。五行，又是陰陽的變化，漢朝學人以四季或四方來解釋五行，即是以陰陽在變化中的盛衰來解釋。漢另外的氣說，以一年代表宇宙一年的變化，爲四時爲十二月爲二十四節，爲七十二候爲三百六十五日，漢以六十四卦的卦相交配一年的變化。一年的變化，爲五穀生長。漢族爲農業民族，以農業生活去看宇宙，宇宙變化的年曆，按農業而定稱爲農曆。

周敦頤畫「太極圖」，又作太極圖說。他說先有太極而無極，太極生陰陽，陰陽生五行，五行成男女，男女生萬物。我們要從哲學的觀點，看這些名字都是代表原素的變化，不用作物質方面的普通意義，「太極圖」才有哲學的價值，否則在現在的物理學上，「太極圖」祇是一點原始物理學的古老知識，連一點價值都沒有。

太極來自道教，漢末道家以知氣講煉丹和呼吸，煉丹和呼吸是爲人的長生，太極圖以男女生萬物，這個萬物指著人，周敦頤的化生，歸到人的生命。

從哲學去看，一種變化，應有一起點，起點爲一。一種變化又要有兩個動力，動力爲二，兩種動力相接相離，相合相分，變化乃成。離接分合的原始方式應該是四，這是數學的原則。《易經》稱四爲四象，漢人稱四爲五行，因爲五行之土爲五行的基礎，不算爲一行。例如仁義禮智信的五常，信是仁義禮智的共同條件，不算單獨一德。

宇宙的變易爲有形色的變易，形色的變易，必定有數、有象。有數，乃有一有多，用數分別變易。數，本可超於形色，成爲抽象的數；但既是數，便有量，量則占空間；因此，宇宙的變化必定在空間以內。有空間就必有象，象是形，最簡單或抽象的象，就是由數而成，《易經》的卦，所以有象有數。卦的變，由爻而顯；爻的變，由數而變。爻數的變又在空間以內。即是爻的位，數和位相連，構成卦的變。卦的變，代表宇宙萬物的變；宇宙萬物，便是由原素——陰陽的數和位之變。數和位之變本是量之變，量之變，不是本性之變，祇是附加性之變。但是原素——陰陽不是代表物質，而是代表本體的原素，超越「量」而是抽象的觀念，然有實際的存在，但不是物質體。因此數和位的變，不是物質量的變，而是原素結合的變。陰陽的結合乃成物性，每一變所成的性不同，物性也就不同。

宇宙的變，是在時間以內的變。沒有時間，不可能有變，或更好說沒有變便沒有時間，《易經》特別注意「時位」，因爲宇宙的變是在時間空間以內；時間爲變化的延續，空間爲變化的延伸。

宇宙既是常在變化，萬物由變化而化生。宇宙變化的起源爲太和或太虛，爲氣的本體，太虛的氣有變化之道，即是變化之理，又有變化之力。氣因著自有之力，按照動之理，乃浮沈升降，進退不停，遂生陰陽，五行，萬物。宇宙便是一個活動的宇宙，繼續不斷的變易。《易經》稱這種不停的變化爲「生生」，爲化生生命的變化，以宇宙爲一個延續不停的生命。生命爲內在之力的內在動。

宇宙萬物由內在的動而化生，變化不停，宇宙的化生也不斷，宇宙乃是一延續不停的生命，宇宙的萬物又是各變化不停；因爲原素——陰陽，在每個「物體」以內，繼續變化；王船山乃說「命日降而性日生」。每個「物體」既有內在的動，內在的動不改變「物體」的本性，王船山說因著天命常是一樣，內在的動繼續不停的化生同一的性。

「生命」的意義又和通常生物學與哲學上的意義不相同，「生命」即是內在之力的內在動。整體宇宙不斷的動，整體宇宙便有生命，每一「物體」也不斷的化生，便也有生命。內在之力的內在動，有程度的高低，程度來自氣，氣有清濁。氣濁則生命的理不顯，氣較清，生命的理較爲顯露；氣輕的程度到了人，則爲最輕，生命之理乃能完全顯出，即是心靈生命，人的生命爲神秘的化生，不可測。朱熹乃說「物得理之偏，人得理之全」。

人的生命來自天地，人得天地之氣以爲形體，得天地之理以爲性，得天地大化流行之力而動。周敦頤太極圖說：「太極之其二吾之精妙合而凝」以成人。

2. 人

周敦頤的太極圖說「惟人也，得其秀而最靈。形既形矣，神發知矣，五性感動，而善惡分，萬事生矣。」朱熹說：「天即人，人即天；人之始生，得於天也。既生此人則天在人矣。」（朱子語類 卷十七）又說：「天地以生物爲心……，人物則得此生物之心以爲心。」（同上，卷五十三）「發明心學，曰：一言以蔽之，曰生而已，天地之大德曰生，人受天地之氣而生，故此心必仁，仁則生矣。」（同上，卷五）

人的氣，性，心，生，都來自天。氣爲陰陽五行，在人體內繼續動而有變，即是人的生命。生命的中心在於人的心，張載說：「合性與知覺，有心之名。」（正蒙 誠明）心的生命乃孟子所說是人的大體，感官則是人的小體，心生命的活動，如荀子所說爲徵知和主宰。理學家解釋荀子的徵知和主宰，爲《中庸》所說：「君子尊德性而道問學。」（第二十六章）尊德性爲行，道問學爲知；行則爲《大學》所說的「脩身」，知則爲《大學》所說的「致知，格物。」

「致知，格物」，在宋明理學分爲朱熹和陸象山兩個學派，朱熹主張窮究外面的物理以知物性，陸象山主張反觀自心即知物理。實際在根本上，兩派思想相同，朱熹也主張家學物理和自心的理相通，因爲天地萬物的理爲唯一，雖然「理一而殊」，殊而仍歸於一。這種理爲行動之理，也就是生命之理，生命之理在萬物爲同一之理，同在物性。人得生命之理爲人性，人性之理昭然顯明於人心，即《大學》說「明明德」之明德。明德自然顯明於人心，即《中庸》所說：「誠者，天道也」。人心卻有慾情，慾情能掩蔽明德，人須要脩身去慾以明明德，即《中庸》所說：「誠之者，人道也。」

人心的知，有感覺之知和德性之知。感覺之知，人心由感覺得知物之形色，由形色和物的行動，推知物的行動之理。行動之理，即物的生命之理，生命之理爲物體常有內在動之理，內在之動顯於物的外在之動，即生命的表現。萬物的生命爲一，互相關連，外物動之理和人行動之理相連；這種相連，在人心和物相接時，自然由人心之理顯出；朱熹說人心自然知道應付萬物萬事。應付萬物萬事，乃人的人生之道，人生之道在人心，人心對於人生之道，不學而知，不學而能，孟子稱爲良知良能。王陽明發揮這種思想，成爲他的「致良知」學說。

莊子則以爲天地人物都由氣而成，天地之元氣週遊天地，貫通人物。人物的生命爲元氣的動，動之道爲元氣之道。人若能排除人物的物氣，而保守心台的元氣，不由物氣的感覺和理智去認識，而用心台的元氣和物的元氣相通，便能直知物理，所知物理也是行動之理。

中西哲學的認識論，在對象方面有所不同。西方哲學的認識論，以理智認識外物之理，理爲物的存在之理，存在之理不顯由行動而顯，行動之理來自存在之理，由行動可以推知存在。然而行動並不和存在相等，行動爲存在本體的一部份，由行動可以推知存在本體的一部份。再者，至於行動之理須由人所推測，推測準不準可能成問題。因爲理在形色以內，人的理智在人以內，人和物相隔，有主體和客體距離的問題。對於這些問題，西方哲學的認識論乃有多種主張。

中國哲學的認識論，以德性之知爲眞正的知識，德性之知爲人生之道之知。人生之道在於人性，人性爲明德，自然顯於人心。德性之知乃是人生之道自己顯知自己，人反觀自心可以直接見到，因此沒有主客距離的問題，也沒有推知的問題。可是明德人性，不是西方哲學認識論的認識對象，而是倫理學的良知，良知在西方哲學也是天生之知；然而所知，祇是行爲的善惡，而不是外物的物理。

致知格物爲脩身，脩身在於正心誠意。心和意乃人生命的內在根本，意爲心的動，心爲性的用，正心誠意在於確實按照人內心去生活，也就是率性，率性發育到盡性，人的生命也發揮到最高點，達到參天地化育的聖人境界。

儒家的修身，爲發展自己的人性，人性本來是性，就是明德，明德就是孟子所說人心有仁義禮智之端，發揮善德，便成四達德：仁義禮智。達德在生活上的表現爲善行的習慣，達德的本身則是人性的善能。孟子所講良知良能，人生來就知道達德的善行，如小孩生來知道愛父母，人生來也行善德，如小孩生來就愛父母。因此，善德不祇是善行的習慣，而是人心靈生命的發展；善德本身就是人的心靈生命。善德便成爲形而上的，人的本體所有的。這也是儒家哲學的一個特點。西方哲學以善德爲善行的習慣，屬於倫理學，不屬於形上本體論。善德推爲人的心靈生命，但能被慾情所阻礙，慾情使人不知善德之端，不行善德之行，良知良能失去作用，須要克除慾情，修身養性。儒家特別注重修身，知和行要合一。

儒家的生命哲學，理論和實踐一貫。

道家老子和莊子主張自然，自然爲生命的天然發展。老子以道生一，一生二，二生三，三生萬物。莊子以天地萬物皆一氣，氣成萬物。氣爲天地之元氣，人生時得有天地的元氣，以爲生命之根，元氣聚於人心，心爲靈合。莊子主張隳形骸以養心。心的元氣，自然流動，和天地萬物相通，不能讓人慾和人爲制度而被阻礙。人的元氣自然發展，通於天地的元氣，人乃能達到真人的境界，與天地而長終。

二、生命哲學的生命歷程

中國傳統哲學雖一貫講生命哲學，然而對根本觀念和根本哲理並沒有說明，我們現在要發揮傳統儒學，使成爲現代的哲學，我們便要採納這個傳統的根本觀念：「生生」，而加以說明，予以發揚。因此，我講生命哲學，生命哲學爲生命本體哲學，爲形上生命哲學。

當代物理學揚棄了靜止物體的觀念，以量子力學解釋物體的存在，物體爲「力」的結合，物體內部的力常動。天文學以宇宙開始時是一個氣體，可能爲極大的封閉橢圓形，也可能是大而向外開放形。體內具有不可想像的力，發動劇烈的大爆炸，漸次形成恒星和銀河。宇宙的大爆炸由宇宙的「能」所發動，就是宇宙的力所發動。物理學家以「能」和「質」相同，所有基本原子，都由能量組成，能量因動而轉成物質。

這個極大的宇宙不能是自有的，由天主—上帝所創造；因爲宇宙逐漸變化，有開始點，有始即不能自有。天主創造宇宙，用自己的神力，不是用自己的本體，宇宙不是天主本體分化出來的，不是由天主所生的。創造宇宙萬物的天主，爲純粹的，絕對的精神體，必定要超越宇宙以上，不和宇宙同性同體，祂的本性本體也不在宇宙以內。爲創造宇宙萬物，天主不用自己的本性本體，而是用自己的神力；這種力，稱爲「創造力」。

天主創造宇宙，用自己的神力為動力因，「質料」則由創造力從無中創造，在創造宇宙以前，宇宙的「質料」不存在，由天主創造。創造宇宙的「理」，即宇宙的元形，乃是天主創造宇宙的「理念」。天主按照自己的「理念」，創造「質料」，以創造力使「理念」和「質料」接合，成一動力的宇宙。被創造的宇宙有自己的「理念」，有自己的「質料」，有自己的「力」。宇宙的「力」，稱為「創生力」。

「創生力」使宇宙常動，使「質料」常起變化，變化而成物體。這種變化，即是《易傳》所謂「生生」，〈繫辭上〉第五章說：「生生之謂易。」

所變化而生的物體，所有的「質料」，為宇宙中的「質料」，所有的「理」（六形），為天主造生這物體的理念，經過「創生力」而和「質料」相合以成物。

創生力常和創造力相結合；天主創造宇宙不是一次創造，就全部完成，而是繼續不停的創造。聖多瑪斯曾稱天主對宇宙萬物的「照顧」，「宰割」，為繼續創造，而且從本體論去看，被造的宇宙萬物由「創造力」而有，離了「創造力」就不能存在。這是從靜態的或抽象的本體去看，若從實際的動態去看，宇宙因「創生力」常動，「創生力」的力來自「創造力」，因為「創生力」也是天主的「創造力」所造，離不了「創造力」。「創生力」常動而化生萬物，即是「創造力」繼續以「創生力」繼續造萬物，天主的創造便繼續不停。每一受造物體的「理」，來自天主造這物的理念。

關於這一點，即是「個體」的性，即所謂「個性」由何而來？「個性」在朱熹的哲學稱爲「氣質之性」，氣質之性由氣之清濁而定，即是氣限制性。朱熹以種類之性，由理限制性。例如人之性和狗之性，爲理；人之理和狗之理，限制人之氣和狗之氣，使氣同理相符合，人之理，即人性，對於一切的人都是同一的性；同一的性的人爲什麼每個人卻不相同，朱熹說每個人的氣有清濁不同，氣質之性便不相同。問題又在爲什麼這個人和那個人的氣有清濁不同？你的氣爲什麼比我的氣清，你比我更聰明？朱熹說不出來理由。西方士林哲學則有聖多瑪斯和思高圖的學說；聖多瑪斯主張元質（質料）爲「個體」的成因，因元質有「量印」，元質不能是抽象空虛的，常是有量，量便有限制，因此具有「量印」的元質爲個體的成因。每個人的性是同一的，個體不相同來自量，量的成份都是附加體。因此一切人的「實體」相同，「附加體」不相同。童思高不同意每個人的不相同點祇是附加體，應該在每個人的實體內；他乃主張Heaiceitas「這個」爲成因，但他沒有講「這個」是什麼。培根則認爲在已成的共相性上，宇宙內沒有任何力量或物體可以加上「個性」而成單體，只能歸源於造物主。

這個一與多的問題，不能在附加體方面去求原因，一與多的分別是本體實際的分別，宇宙萬物都有元質，由元質去講一與多，把問題歸到「量」上面，但是天使也一與多，士林哲學說天使只有一，每位天使是一類，因爲天使沒有元質，沒有量，可是我們卻稱所有天使，都稱爲天使，天使便是一類名，天使乃有無數的天使。因此，我主張個體的成因是「個性」，「個性」爲天主造這物體的理念。中國人也常說每個人所有天生的，如智慧，脾氣，美醜來自「命」，命爲天命。

在人一方面說，人由父母所生，父母所供給的是「質料」，元形靈魂直接來自天主。每個人的靈魂不是完全相同，每個人的分別不能都來身體，否則人死，身體不存在，祇有靈魂，便都沒有分別了。靈魂仍舊有我你他，靈魂由天主所造，每個靈魂有自己的個別點，成爲每個人的個性。

萬物的元形，（理），（性），都直接由天主而來，經過「創造力」而到「創生力」，由「創生力」而使和質料接合而成物。物的「元形」不能含在宇宙質料或宇宙理以內，因爲宇宙祇有宇宙之理，不能含萬物眾理，否則宇宙不成一物體。別的物體也不能含別物的理，因爲一物祇能有本體之理，也不能說在一物內有另一物之理之端（種子），端被分出而成另一物之理，理不能分，物理不能像在抽象邏輯上，一理由另一理推出，物理是實際物理，不能由他物之理而分出。所以祇能由造物主而來，爲造物主造這物的理念。我不同意德日進所講進化的新種之「元形」，由造物主先置於宇宙「元質」內。

三、生命的意義

普通講論生命，對生命的意義，說是「內在的動使本體發育」。礦物沒有內在的動，更沒有本體的發育，因此稱爲無生物。但是，士林哲學和中國詩經書經都承認有上天上帝，也相信上天創造天地，上天爲無形無像的精神體。士林哲學更相信上天天主爲絕對精神體，又相信有純粹精神體的天使。天主和天使都是活的，有生命，天主和天使都不再有發育。因此，生命的觀念便不能「使本體發育」的思想，而祇是「本體的內在活動」。中國傳統哲學的生命，也是這種意義。生命的定義是「本體的內在動」。

中國傳統哲學以物體由陰陽兩氣爲質料和生命之理相合而成。陰陽兩氣在物體內常動，一切物體便都有內在之動，所以都是生物。

按士林哲學去講解，每個實體由「有」和「在」而成，「有」爲「元形和元質」而成。在理論上說：「有」包含「在」，元形元質所成的祇是「性」，「有」應該具備「性」和「在」。但是聖多瑪斯主張「有」和「在」分離，因此「有」若包含「在」，則「有」即「在」，那「有」即是「自有」，爲絕對之有，爲天主。受造物爲相對之「有」，「有」和「在」不是在觀念上即相同爲一，而是在實際上，「實有」即是「在」。西方哲學形上本體論講「有」，「有」爲抽象觀念，雖然是「在」，「在」也是抽象觀。中國哲學儒家講萬有，從萬物去講，從實際的「在」去講，實際的「在」，爲動的「在」，因爲「物」由陰陽合成，陰陽在物體內常動。中國《易經》的「易」，相同於「物」。「物爲易」，因爲宇宙爲易，爲動的實體。實體是本體，也是主體，不是抽象觀念，而是實際實體。實體爲一整體，例如人爲心物合一體，心靈和身體合成人的實體。

我講生命哲學，以「在」爲「動」。實體的成，由元形（物個性）元質（質料）創生力相合而成。創生力結成元形元質，常留在實體內，繼續使元形元質繼續結合。元形元質因創生力而結合成物，即是一種創造。雖然元質是宇宙所有質料，但互相結合是賴創生力，而不是元形元質本體自相結合，也不是一次結合就不分離，就如受造物受造後而存在，不是本體自有存在，而是來自造物主，仍然常需要造物主繼續支持存在，也就是繼續創造。宇宙內每一實體內，因「創生力」而存在，「創生力」常動，每一物體便常有體內的動，即內在之動，即是生命。所以生命即是存在。

生命即是存在，實際表現爲「力」。實體本身的力使實體爲一，一塊石頭是一，一棵樹爲一，一匹馬爲一，一個人爲一。中國人說石頭有脈絡，山有脈絡，人有脈絡，脈絡使成爲一。人的脈絡使人的血脈流通，血脈流到的地方有生命，生命力使人成爲一個人。人有生命，靈魂和身體合而爲一，身體各肢體合而爲一體，一旦失去生命，靈魂和身體分離，身體各肢體分離，便不是一個人。生命爲力，力使實體爲一，凡是物體都是這樣。所以說每一物體都有生命，即都有生命力，即成爲一之力。

生命力在實體的表現不同，在絕對精神體祇有純粹的動，稱力行。在天使精神體有動而無變，在宇宙物體內則有變，變的程度高下不齊，生命的表現乃有高下，不可勝計。朱熹也說生命之理爲一，然理一而殊，生命有高低，他說人得理之全，物得理之偏。

生命的力，力常動，動是由能而到成。生命爲內在之動，由內在之能而到內在之成。一個人的生命由父母之生育能而成胚胎，生育能賴創生力而動。士林哲學講「動」，謂有四種因：動因，理，質，目的。生命力動的動因爲創生力，理因爲造物主造此人的理念即個性，質爲父母的質料，目的爲生育一人。士林哲學又講宇宙之變有四種：本體變的生和滅，附加體的量變和質變。士林哲學傳統以生命不能變動，一變就是滅。人的一切變，都是附加體之量變或質變。關於這一點，我有另外的解釋。

第一，人生命的變，不僅是附加體的變，而成本體的變。人爲心物合一體，靈魂和身體屬於人的本體。靈魂沒有物質，沒有分子；身體的物質，有分子，分子屬於身體的本體。身體的變，有的是外面形色的變，有的身體本體的變。小孩身體發育了，發育是身體本體的變，發育在身體外面有表現，表現有形色的變，因爲身體不是抽象的觀念，是實際的物質；

身體的發育，不僅是長高了，五官四肢長大了，而是身體自己發育了，高和大祇是身體發育的形色罷了。

本體的變，由能而到成。宇宙萬物的每一物，在開始存在時，開始的能是在另一物體內，另一物體爲一實體，由這實體傳到新的實體，這是「生」，新的實體由生得有存在。存在則因「創生力」常動，常繼續由「能」而到「成」。「能」是在實體上，「成」也是實體上，便不是滅而是繼續的「生」。生生相繼續，及到「能」已經盡了，不能再到成，生命就滅了，就是死亡。因此，本體的變，是本體的動，動而帶來本體的變。動的開始和終點都是實體，便沒有滅亡，還繼續存在。

第二，傳統所謂附加體的體字，翻譯不恰當。體，指著有元形元質的「有」；附加體祇有形，沒有質，以主體的質爲質，又沒有自己的「存在」，以主體的「存在」爲「存在」。普遍傳統祇注意附加體的「存在」，所以說主體的「自立體」，附加體爲「依附體」，依附在主體的「存在」上。其實，附加體沒有自己的「質」；假使有「質」有「形」而依附在主體的存在上，便不能稱爲主體的附加形，它還是自己的質的形。在亞里斯多德的宇宙論講附加體時，以附加體作「範疇」，「範疇」都是主體對外的關係，就是對外的形式。所以附加體不是附加體，而是附加形，即是「附形」。

「附形」爲主體的附加的形，附加形都是由能而到成的動所造成。天主爲絕對精神體，沒有由能到成的動，所以不能有附形。純粹精神體的天使，所有形動是由能到成，所以有附形，附形爲精神性。宇宙間萬物有物質，物質有份子。物質的份子一有動，必有變，最少必有空間的變；因此，宇宙萬物有動就有變，變是物質的變。通常傳統哲學稱萬物的變爲附加體變，爲量變和質變。質變雖是指非物質性的變，但不是精神體的變。宇宙萬物中僅祇人的靈魂爲精神體，通常傳統哲學以質變爲靈魂的變，然而靈魂是不變的。又常以質變爲其他物體的元形之變，如一種新種，又如一種果，一種蔬菜改良了，一種稻改良了，新種的成，新種的元形來自造物主。物種的改良，是量的變，不是形的變。宇宙萬物的動，都要經過自身的物質，何況物質物就是物質，量變當然是物質的變，質變也是物質的變；因此，當前的物理學以量變進爲質變，都是「能量」的變。

物質是物體的本體，物質變便是本體的變，通常傳統哲學以本體變是元形的變，例如人死了，是靈魂離開了身體，人臨死時，身體還是身體，人死後，身體才變化。然而在實際上，人死的變化，從身體才見到，靈魂是見不到的，而且靈魂沒有變化。在人生命中的變化，人身體的發育，是身體的變化，元形靈魂不變。在所謂質的變化，例如人知識增多了，品格增高了，或者人格變壞了，這些變化，通常傳統哲學認爲不是身體的變化，而是人心靈的變化，其實乃是靈魂的工作，運用身體器官，在身體上所起的變化。量變和質變都是身體的變化，也就是物質的量變，量變爲身體本身的變化，質變爲靈魂工作所引起身體的變化。這些變化在身體向外發生關係，乃有外形，這些外形就是附加形。附加體不是體，祇是形。

人的身體爲物質，質料不能自動，人的靈魂爲人生命的中心，具有「創生力」。「創生力」就是生命力，能發動身體，身體動而有變。「創生力」在靈魂是常動，也常發動身體，由能而到成；這種動不是生命的存在之動，不是生命自己，而是生命的行動，例如讀書，說話，又如吃飯走路，我們稱這些行動爲生活，發動生活的「能」，稱爲才，稱爲特性。才或特性，通常傳統哲學稱爲附加體。然而才或特性，是元形的成素，造物主給每個人的元形，即個性，就是才或特性集成的，都是「力」。祇是人爲相對的實體，所有「力」不常是行，而是人要運用時才成爲活動，活動有外形。活動是本體的動，而不是本體的變，活動的變是外形的變，即通常傳統哲學所說的附加體的變，實則是附加形的體。

四、生命的發育

1. 生命的整體性

生命使實體成爲一，實體因生命而成一實體，生命在實體內不可分。生命有高低強弱的程度，生命高而強的實體的份子所有結合的程度也高而強，生命低而弱的實體的份子所有結合的程度也低而弱。然而生命在實體常是整個實體的生命，實體的生命也祇有一個生命。宇宙爲一實體，份子結合的程度非常低，然而宇宙的生命是一，是宇宙整體是一生命。中國傳統哲學便肯定這一點，張載的《西銘》就是文據，《西銘》說：「乾稱父，坤稱母，人吾同胞，物吾與也。」王陽明的《大學》問也說：「一體之仁」，即一體的生命。宇宙萬物因宇宙的生命互相連接，宇宙的生命爲「創生力」，「創生力」週遊在宇宙萬物裡。萬物爲生活，須要互相聯繫，互相協調，互相幫助，決不能互相衝突，也不能互相殘害。自然界的物體，具有造物主製定的規律，彼此不會衝突摧殘，有時突然有損害的現象，自然又會恢復。但是人類有自由，人類可以傷害自然界的物界，傷害它們的生命，就是現在所謂污染，所謂濫殺濫墾，造成環境的破損，害了物，又害了人自己。

生命在每一個物體裡，也是一，也是物體的整體生命。人的整體爲「我」，個體的生命即「我」的生命。

「我」由心物合一而成，即是由靈魂和身體結合而成。靈魂和身體結成一個「我」，靈魂和身體有同一的生命，生命貫通靈魂和身體的各部份。我的生命的活動，由靈魂和身體共同執行，沒有一件純身體的行動，沒有一件純靈魂的行動。普通認爲生理的生活，祇是身體的行動，人心不參加；然而人心，即心靈，即生命根源；人身的生理生活，爲「我」的生活，必定要有心靈的生命力的動，祇是沒有我的意識。同樣，也沒有靈魂離開身體的活動，我們教會聖人的「神見」，例如聖保祿宗徒所述說的魂登天國，那是天主的神蹟。通常理智的活動，須要用身體的神經；理智用神經，不能就認爲理智是物質。

心物合一的生活，應是平衡和諧的生活。當然心靈的生活爲精神生活，身體的生活爲物質生活，精神生活在物質生活以上。但是身體生活有身體的要求，要求身體的完好，要求身體的享受，心靈生活有心靈的要求。兩方面的要求，須要平衡，「我」的生活才能和諧幸福，爲平衡的生活有各種規律；爲生理生活有自然規律，爲修身立業有倫理規律，爲社會生活有國家法律。在這些規律以內，心身可以獲得平衡。但爲求精神生活的特別高深，得有天主招召的人，則可以按照聖經的教訓，貶抑身體的生活，例如苦修會的長齋苦身，例如修士修女和教士的獨身。這些人不是渡通常的生活，是守天主特定的規誡。

2. 理智生活

「人是理智的動物」，理智是人的特點，人的生活以理智爲燈塔。理智的生活在於認識事理。認識在中西哲學裡既是一門學術，也是一種爭論。人有感官，感官可以認識外物的形色，中西哲學都沒有爭論。人有理智，理智可不可以認識事物的理，中西哲學都爭論不休。西方哲學的傳統士林哲學肯定理智可以認識事理，事理存在外面事物裡，也存在人心裡，理智和事理在人心相結合。其他的西方哲學派則有的主張祇有感官經驗的智識，有的則主張祇有人心的觀念爲智識，康德則主張人心有先天範疇，能夠分析綜合感覺的認識，像因是主體理智和客體事理不能相接合。中國哲學的道家，主張理智的認識爲對實體的局部認識，沒有智識的價值。真的智識是人心和「道」或「氣」的相通。佛教則根本否認理智和外物，主張一切皆空皆虛，真的智識爲智慧，在於唯一實體真如的自己顯明。儒家承認理智的功能，然而認識的理爲生命之理，理智對外物的認識要歸到人心，和人心天生的而又自己顯明的理要相符合;人所知的理就是人心所有的生命之理。

生命哲學的認識論,肯定理智和事理,彼此可以相連相通,沒有過不了的鴻溝。人的認識作用,是人的整體作用,是人物合一的作用。同時,認識作用,是整體主體的作用;我看,我想,是我整體在看;我想,是我整體在想。另一方面,被認識的對象,也是一個整體的實體。在認識作用上,主體和客體的接觸,都是整體的接觸,客體整體地顯露給認識主體,主體整體地接納客體,感官接納客體的形色,理智接納客體的本質,主客之間沒有距離。物的本質即事物之理,事物之理為事物存在之理,存在即是生命,生命為「創生力」,「創生力」在宇宙萬物裡互相連互相通,不會因著物質體而被阻塞。

生命即創生力,在物體內自然顯出,顯出的程度即生命的程度。生命在人心的顯明最高最完全,因為人心為精神體,虛而靈。人心虛而靈,乃能接納外物的理。感覺的印象一入人心,人心就從感覺印象中認識事物的理。這種認識為心物合一的認識。

3. 意志生活

人心靈能知能主宰,主宰為意志的生活。意志依照理智之知,尤其依照善惡的良知,指揮人的行動。意志指揮行動時，常含有情感，激動喜怒哀樂之情。意志的指揮，造成人的行爲之善惡。

西方哲學以行爲之善惡，爲倫理的善惡，即是否合於行爲的規律，合於規律者爲善，不合於規律著爲惡。良知的善惡之知，自然地傾於行，就是《中庸》第二十二章所說的「誠者，天之道也。」在自然界萬物都按「性」而行。人因有自由，自己作主，能夠執行良知之知。即《中庸》所說的「誠之者，人之道也。」人就行善。人也能不執行良知之知，人便行惡。這種善惡爲倫理的善惡。倫理的善惡，爲行爲和行爲規律的關係，規律在行爲以外，倫理關係便是行爲的外在關係。由善行爲的習慣養成善德，善德爲善行的習慣，善德就是外在的形式。由惡行爲的習慣養成毛病，毛病爲惡行爲的習慣。

從生命哲學講倫理道德，則將倫理道理提到本體論，成爲形上的道德論。人生命的發育，爲「創生力」的活動，「創生力」活動的目的和方向，在於發育生命，發育生命爲生命本體的活動。發育生命的活動必須有活動的規律，活動合於規律，生命得發育，不合於規律，生命受摧殘。例如人的飲食，須要合於生命的規律，多吃少吃都會傷害身體，多飲少飲也會傷害身體。飲食爲生理生活，指揮飲食合於規律，則是意志。飲食由意志指揮，飲食合度爲善，不合度爲惡。飲食行爲的善惡，不僅是倫理善惡，也是身體生命的受益或受害。同樣在心靈生活方面，心靈的生命也有活動規律，活動合於規律，心靈生命受益，不合格規律便受害。心靈生命受益為善，受害為惡。心靈生命的善惡也不僅是倫理善惡，也是心靈生命的益處或害處，也就歸到本體方面。儒家哲學以善德為人性的發展，孟子主張人性為善，發於人心為仁義禮智之端，人發展善端而成善德，善端乃是人性的發展。生命哲學主張生命自然發展，有發展的力，有發展的規律，規律在生命以內。生命按照規律，生命就得發展。按照規律為善，善便是生命的發展。生命不合規律，生命就受害。按規律為善，不按規律為惡，善惡關係生命的發展。

心靈生命的受益受害，在身體生命上通常不顯明。一個驕傲的人，一個欺負別人的人，他的身體可能非常強壯。一個欺騙而奪錢或奪權的人，一個不貞而有婚外情的男女，身體也可能很健康。但是他們自己反省，要體驗良心責備自己對於做人有了虧缺，自己品德低下，人格掃地。一個受騙而破產的人，吃苦而不怨；一個受壓迫的妻子而仍愛自己的丈夫，身體可能受傷，心靈反而安定，自知問心無愧，心中有樂。良知或良心，是善惡的判斷，不僅是知，也是善惡的感受。孟子所說的君子三樂中的第二樂，就是「仰不愧於天，俯不怍於人」。

4. 欣賞美

美，是合於生命，使生命感到快樂。通常哲學說明美是有秩序，引起人快樂感。秩序為每一實體天生所有的，也就是實體本來就要秩序，實體若是物質，物質有份子，份子的結合天生有秩序。實體若是精神，精神常動，動天生有秩序。生命為內在的動，所以天生有自己的秩序。人為人物合一體，身體各份子有天生的秩序；心靈的動有天生的秩序。身體的秩序為美，四肢五官各得其所，在外面顯出秩序的光彩。心靈的秩序為善，心靈活動各按規律，互有和諧，和諧使心靈愉快。

心靈和身體，具有各自的秩序，雖然在實際存在上，因個性的不同，表現的程序也不相。每個人的身體，美醜不齊；但是遇到秩序美滿的身體，或是人，或是動物，或是植物，或是自然風景，人也感到愉快。同樣，人的品德高下不齊；但是遇到人品高尚的人，或是一篇意義高深的文章，人也感到愉快。就有如中國漢代哲學所講「同類相感」，人遇到自己身體或心靈本有的秩序相同的秩序，人乃體驗到愉快。這個體驗為切身的體驗，為生命的體驗。

美和善相連，善為生活的適合規律的發展。生命的秩序為生命天生的一種規律，遇到相同的秩序而有同感的愉快，同感的愉快使人體驗自己生命本有的秩序，而喜愛自己生身的秩序。生命的秩序不是物質性的，因此美的體驗超於物質。黑格爾所以說美感使人回到絕對精神，蔡元培主張以美術代宗教；這些主張都過於偏，但也顯出美的精神善。

單祇講善，可以不講感情，善惡由意志所決；談到善和美而有善惡的感受，則必談到感情。美，則常連結到感情，普遍所謂美感。善惡的感受，爲人心普通所謂七情，《中庸》所謂善怒哀樂。善惡爲人發展的關鍵，善的人生命所需，惡爲生命的傷害，善惡感受的感情常合生命的利害相連。生命的需要在人，常由理智去認知，由意志定奪，理智和意志卻不免受情慾所左右，善惡的感覺便常可能不合於生命的本性。美的感受，是天生生命秩序的同感，沒有生命需要的利害；所以說藝術美就僅只是美，不關道德。然又不免受情慾的左右，便不能在實際上單有美感而無善惡感；美與善實際上不能分離。

5. 社會生活

宇宙萬物的生命，互相連貫，彼此相通。沒有心靈的物體，生命自然連貫相通，沒有所謂弱肉強食，而是依照生命的秩序，有些動物要供別種動物的食品。人的生命，需要各級物體的資助，宇宙萬物由造物主的意旨，供人的使用，人有心靈的理智和意志，可以知道利用萬物之道，而且應該遵守。

人的生命彼此相連，更不可分，更不宜孤獨，人類天生分成男女兩性，兩性在生理上，心理上，工作能力上，各有各性的特點和缺點，天生須要互相結合，以成完滿的生活。男女兩性天生互相追求，追求心靈的結合，心靈的結合為愛，又追求身體的結合，以能延續人類的生命，因此，婚姻為人的生命發展而成社會團體的第一步，係人性天生的要求。在婚姻生活內，男女的生命獲得完滿，男女兩性以各自的特點，補充另一方的缺點，生理生命可以完滿，心靈生命更得完滿，工作能力也得完滿。

人類生命的延續，天然以婚姻為管道。男女結婚，相愛性交而生子女。嬰孩天然愛父母，父母天然愛子女，父母子女結成一家，新生子女在家裡獲得父母的教養，長大成人。父母老了，子女回饋父母教養之恩，照顧老人。人在嬰兒幼小時，在老年衰頹時，能夠不孤獨而有人關心扶持，這是人類天然的發育。夫妻，子女，天生有互相愛的感情，再用心加以培植，人的生命就有滿足的愉快，體驗到生命的幸福。

單身生活，不是生命正常的發展，祇是因宗教信仰，因工作使命，犧牲天然的婚姻家庭生活；但單身生活必要在信仰和工作使命中，取得心靈的滿足。

人類生命的發展，可說是最脆弱的，須要多方面的保護和多方面合作。孟子曾批評許行主張每人都要種田，問他的門徒：「許子必種粟而後食？曰：然！許子必織布而後衣乎？曰否！許子衣褐。許子冠乎？曰冠。曰：奚冠？曰：冠素！曰：自織之與？否！以粟易之。曰：許子奚爲不自織？曰：害於耕。曰：許子以釜甑爨，以鐵耕乎？曰：然！自爲之與？曰否！以粟易之。……許子何不爲陶冶，舍皆取諸其官中而用之，何爲紛紛然與百工交易，何許子之不憚煩！曰：百工之事，固不可耕且爲也，然則……一人之身，而百工所爲備，如必自爲而後用之，是率天下而路也。」（滕文公上）一個人生命所需要的，要百工來供給，人生命的發展便要有社會團體。

社會百工供給人生所需，但是人的生命還須有人保護，自然界的災禍，危害人的生命；自然界的野獸，傷害人的生命；還有人自相殘害，侵犯人的生命；對付這一切天災人禍，自然地應有國家的權力，來保護國民的生命；而且還有些爲發展人生命的工具方法，不是私人團體所能做到的，也自然地應有國家的權力，去設置這些發展生命的大型工具和方法。國家的組織所以是人天然的需要，不是由民約而始有的。國家組織的形式和權力的運用，則由人去支配，所以有國家憲法和法律。

家庭、社會、國家，爲人生命發展的旋律，也是生命發展的層次。在每一個層次裡，生命循環週遊，夫婦生命相旋流，家庭親人生命相旋流，社會人士生命相旋流，國家國民生命相旋流；旋流爲愛，愛乃生命的旋流。缺少愛，生命旋流被阻塞，生命乃萎縮。

生命旋流的成效，結成人類文明，文明顯示愛心。學術、藝術、技術爲文明的三方面，三方面的文明，都爲幫助人生命的發展，從事三方面文明工作的人，心中都對人類生命懷有愛心。

人生命發展，也逐漸認識自己和生命的意義。男女結了婚，男人才認識男人的意義，女人才認識女人的意義；兩人各因生活需要而反觀自己，便多認識自己的長處和短處；兩人合作，又認識合作對生命的意義。有了這份認識，努力去執行，男女生命的發展，才能夠完滿。

夫婦生了子女，成爲父親母親，兩人又認識父親母親的意義，認識家庭對新生的生命之意義，努力去做，家庭天倫之愛，更能完滿。子女從襁褓開始，父母啓示他們的智識，在家庭中開始認識父母，認識兄弟姊妹，漸漸認識自己。父母若常在外工作，不陪伴子女，子女若是獨生子或獨生女，對於父母長輩的關係不能認識，對於兄弟姊妹平等的關係，養成孤獨孤立的心態，生命的發展將要受害。

人在社會中，天天是對人的經歷，也是對事的經驗，經驗中都是認識。孔子曾講對人認識的經驗：「視其所以，觀其所由，察其所安，人焉廋哉！人焉廋哉！」（為政篇）。《論語》中的話，都是孔子認識人的經歷，一個孤獨的人，或是自傲輕視別人的人，缺乏這種對人的認識，生命發展必受害。

人生命的發展，還要展到自然界，對於動物、植物，和山水礦石，都要有生命的旋流，才可以認識宇宙萬物的美麗，而予以欣賞；才可以體驗到《易傳》所說宇宙萬物化生的神妙，也就是認識宇宙整體生命的意義。

五、生活的超越

1. 超越時空

人爲心物合一體，人的生命爲心物合一的整體生命。物，是人的身體，身體是物質，物質有量，必在空間以內。物質動則有變，物質的變必有前後，前後就是時間。人身體的生活常在空間時間以內。《易經》所以非常看重時位，多次說「時之意義大矣哉」。人的心靈爲精神，精神沒有份子而沒有量，不佔空間。心靈的動，由能而到成，有前有後，精神體動的前後，和物質體動的前後，意義不相同。物質體的動，因有份子的變，份子爲物質，物質份子變動的前後就和量連結在一起，便可以計算；精神體的動沒有物質份子的變，就不能計算，兩者變動的時間所有意義便不相同。

物體的空間，是每一份子在另一份子以外，當然可以計算。物體的時間，爲變動的前後；物體變動爲份子的變動，因此有空間的變化，由空間的變化便也可以計算時間的變化。

人的生命，由心靈和身體整體發展，心靈生命的動也和身體相連，生命的活動即是生活，便常在時空以內，就帶有物質性，身體生活有本體的物質性，心靈的生活有連帶的物質性；又因爲人的生活嵌在物質性的宇宙裡，日常所感覺到的是身體的生活，生活的傾向便傾向於物質生活。生活既天然求發展，能夠得到發展，生命感到愉快，有愉快就有享受；人生求享受，便也趨於身體的享受。告子曾說：「食邑，性也。」

但是生命，天然要回到自己的根源，老子所以講「復」，《易經》所以講循環，黑格爾所以講正反合。人的生命由心靈出發，爲精神性；人的生命的根源爲造物主，造物主爲絕對精神，人的生命乃天然歸於造物主，常以精神生活爲愉快，但是，人的生命又是心物合一的生命，不能撇開身體的物質要求，爲求精神生活的愉快，中國歷代賢者便以淡樸的田園生活爲樂，或至少追求自然美景的享受，在欣賞自然美景中，忽然忘記了時間。道家有隱士有仙人，儒家有聖賢有文人雅士。劉禹錫作〈陋室銘〉：「苔痕上階綠，草色入帘青，談笑有鴻儒，往來無白丁。可以調素琴，閱金經，無絲竹之亂耳，無案牘之勞形。」王禹偁作〈黃岡竹樓記〉：「公退之暇，被鶴氅衣，戴華陽巾，手持周易一卷，焚香默坐，消遣世慮，江山之外，第見風帆沙鳥，煙雲竹樹而已。」在西嶽華山，曾有道士結廬絕壁，畢生不下山。也有不是道士，隱居華山，顧炎武作〈復庵記〉，記范養民明朝以後，步入華山：「太華之山，懸崖之顛，有松可蔭，有地可蔬，有泉可汲，不稅於官，不隸於宮觀之籍，華下之人或助之材，以創是庵而居之，有屋三楹，東向以逆日出。」

不求名利，不取身體的享受，生活超越時間空間，靜對自己，可以深入自己的心底，認識心中的蘊藏，作宋儒所說「明心見性」。靜對自然萬物，觀賞日月風雲，山水花鳥，心中生氣盎盎，和宇宙生氣相接，體驗到生命的整體意義。

2. 天人合一

生命與宇宙生命相融，乃是天人合一。中國儒家常守生命的標準：「夫大人者，與天地合其德，與日月合其明，與四時合其序，與鬼神合其吉凶，先天而天弗違，後天而奉天時。」（易經 乾卦文言）人的生活同宇宙的運行，秩序相同。宇宙運行的目的爲生化萬物，「天地之大德曰生。」（繫辭下 第一章）人的生活的目的就在輔佐宇宙以生生，《中庸》

說至誠之人，參天地之化育，（第二十二章）聖人的至德：「洋洋乎發育萬物，峻極於天。」（第二十七章）

但是儒家的天，過於抽象，失於空泛。《詩經》《書經》的天，又過於高高在上，令人難於親近。我們天主教的造物主天主，既是「位稱」的天主，又是降生成人的天主耶穌。耶穌曾向天父祈禱說：「父啊！願他們在我們內合而爲一，就如祢在我內，我在祢內。」（若望福音第十七章第二十節）

天主教的聖人，就是和天主日常結合在一起的人。十七世紀法國有一位聖衣會修士，名叫赫爾曼・勞倫斯，他在一冊小書裡說：「我活動工作時，和祈禱誦經的感受毫無差別，我在廚房鬧市裡，常有好幾個人同時間找不同的事情，那時，天主臨在心的深處，和我在耶穌聖體前，雙膝跪下時一樣，我領受同樣的平安。我的信念有時純淨透明得令我以爲失去它了。朦朧的夜幕好似已經撤去，來世永生中萬里晴空的日子已露出曙光。」（劉巧玲譯　請修庖廚中　光啓出版社）

聖人的生活時刻和天主結合，結合以愛，聖人因愛天主耶穌，接受天主對生活的處置，或順或逆，心常喜愛；又因愛天主耶穌努力做好每天所做的事，爲討天主的歡心；再以愛天主耶穌之愛，愛人愛物。聖女嬰仿德蘭懷著這種精神，渡苦修該的苦修生活，她說：「修道的生活，也如在戰場，爲此超性學士，也稱這種生活爲殉道致命。致命人獻身於天，主本身的知覺仍在。修道人獻身於天主，本性的性情，情誼等等，亦復存在。不過胸襟更寬大，更隆重，更純潔，一變而爲超性的罷了。」（靈心小史 頁一八五）

這種「天人合一」爲超性的生活，不僅是人心超出人世事物以上，而是「合一」的動力，直接來自天主的愛，教會神學稱爲聖寵。聖人與天主結合，不是從世物中看天主，是從信仰中看超出宇宙以上的天主；然而天主降到聖人心中，攝升聖人到天主心中，這種超性，在動力，歷程，目的，都超越人的本性。這種「天人合一」不是在哲學的範圍了。

3. 神祕生活

人的生命由神而來，自然應歸到神的生命裡，天主教的「天人合一」的愛之生活，人的每天生活，常和神—天主結合在一起。這種結合的生活，在愛的感情中實現；因著天主的降臨人的心中，不是本性的事件，「天人合一」的生活乃是超性的生活。但是人的每天生活，是在身體的各種動作中進行，人和天主的結合祇是在意念中的結合，人心所注意的還是每一時刻在的做的事，同時要想爲愛天主而做事，事情必要做得合法，合理，合情。

聖人的生活，卻有例外。聖人中有人和天主的結合，不祇在意念中，而是在整體生活中，他每一時刻所想的，不是眼前的事，乃是心中的天主，有時很可能把事情做錯，有時根本失去身體的感覺。他整體的「我」和天主相連合，外面看來似乎精神失常。實際上真有失常的狀態，可是理智很清晰看事非常高明。他的「我」研究如何與天主相結合，則是神祕不可知，因此稱爲神祕生活。

聖保祿宗徒說：「我已同基督被釘在十字架上了，所以我生活已不是我生活，而是基督在我內生活。」（迦拉達書 第二章第二十節）

聖大德蘭所經驗的「安靜祈禱」，有「默觀」，有「欣賞」。「默觀」是面對天主，心心相印；「欣賞」則有「神見」，直接看到天主，不用感官，也不用理智，而是天主直接顯示自己。「神見」爲天主的特恩，可以有，可以不有，而且時間不久。聖保祿宗徒曾有了「神見」。「我知道有一個在基督內的人，十四年前，曾被攝升到三層天上去，……他被攝到「樂園」，聽到了不可言傳的話，是人不能說出的。」（格林多後書 第十二章第二節）

「默觀」則爲「神祕生活」的常景。西方天主教神學習慣用新婚夫妻相愛比喻這項情境，一對全心相愛的青年，在黑暗中對坐，不言不語，肢體不相接觸，滿心卻充滿情人面臨的喜悅。聖大德蘭在《心靈堡壘》書中說，第七庭院，爲神婚的境界，心靈進入神祕生活最高處，和天主相結合，有似新婚夫婦，兩心成一心，兩愛成一愛。心靈享受「默觀」，有時也能有「欣賞」的神恩，安靜安樂。

神學家討論神祕生活的本質，理智有何作用？意志有何作用？神祕生活雖然是高廣的超性生活，但是人的生命仍舊留在人世，生命活動的器官仍舊是心物合一的器官，祇是不使用理智去想，就好比新婚夫婦相愛對坐，在黑暗中不言不語，不思不想。可是意識則在，而且很強，自己知道是自己在。意志的運用是愛，愛情升到最高點，同情愉悅的感受也很高，使心靈滿足。天主臨在發出吸引力，吸住人的整個心靈。耶穌曾說在祂被舉在十字架以後，要吸引人歸向祂。在默觀神祕生活中，人心靈感受到天主萬能的愛的吸引力，人整體歸向祂。這是人的生命發展到最高點，人的生活到了最高峰，不祇是《中庸》所說的盡性，而是達到超性的頂巔。

許多人要嗤之以鼻：「這祇是可笑的神話。」沒有信仰的人，或所信的神不是真正的神而不存在，當然神祕生活祇是神話。兩千年天主教的歷史，則證明神祕生活是現實，古代有，現代有，當代也有。

不信神的人，以自己發洩男女性慾到高峰，以飲食衣著的享受到了無所不有，以自己所欲無所不爲，乃生命發展顯示自我的美滿，然而這種生命發展，實則是剝傷人性到身爲禽獸。有的人則以藝天才的發展而有美好的藝術品，文學天才的發展而有美好的文章詩歌，科學天才的發展而有高深的學術發明，爲生命發展的成就，使人心靈洋溢著滿足感。天才的發展，確實爲生命的發展，文藝科學的活動，也是人的優良精神活動，黑格爾曾認爲足以使宇宙和他對精神體有正反合的作用；但這一切精神活動都在宇宙以內，超不出人的本性；人的生命天然傾向造物主天主，天主超越宇宙乃以神力提攝人心靈同祂結合，使生命進入神性的生命，超越人性，邁向永恒的目標──身後永生。

譚嗣同的仁學

一、仁的意義為通

戊戌政變殉難的烈士譚嗣同，是一位三十三歲的青年，愛國愛民的熱情非常高，守節守志的勇氣特別強，同時又是專心研究學術思想的學人，幼年因老母，受父親的妾虐待，「故操心危，慮患深，而德慧術智日益增長」㈠年青時，遊歷直隸，新疆、甘肅、陝西、河南、湖南、湖北、江蘇、安徽、浙江、台灣各省，視察風土，交結豪傑。甲午戰事以後，康有為設強學會於北京和上海，譚嗣同往北京，求見康有爲。康有爲當時有事往廣州，嗣同乃見梁啓超，向啓超求教。梁啓超把康有爲講學的宗旨，改革政治的理想，給他講述，他便請自己爲康有爲的私淑弟子。這時他的父親薦他作候補知府，在金陵住了一年，和楊文會研究佛學。「閉戶養心讀書，冥探孔佛之精奧，會通群哲之心法，衍繹南海之宗旨，成仁學一書。」㈡

梁啓超推崇「仁學」，彙集耶穌的兼愛，孔子的春秋論語，佛教的華嚴宗和相法。「仁學何爲而作也？得以會通世界聖哲之心法，以救全世界之眾生也。南海之教學者曰：『以求仁爲宗旨，以大同爲條理，以救中國爲下手，以殺身破家爲究竟。』仁學者，發揮此語之書也。」㈢

從梁啓超的話，我們可以知道譚嗣同寫仁學，是爲發揮康有爲的大同思想，雖然《大同書》那時還沒有刊行，但是梁啓超讀過原稿，必定向譚嗣同講過。

現在我們看譚嗣同自己，怎樣解釋他的仁學。

仁，爲兩人相處之道，又和元和無意義相通。

「仁，從二從人，相偶之義也。元，從二從儿，儿，古人字，是亦仁也。旡，許說通元為旡，是旡亦從工從人，亦仁也。故言仁者不可不知元，而其功用可極於旡。」（仁學 自敘）

從字義上說，仁爲人和人相處之道。仁和元字相通，這是譚嗣同以仁爲平等，把元解爲二人，二人的關係爲平等關係，不是上下關係。元和旡相通，乃是譚嗣同以佛教的無我，無眾生，無淨土，伸說大同理想，譚嗣同在《仁學》書裡，作了詳細的說明。

從含義上說，仁爲通。

「仁以通為第一義，以太也，電也，心力也。以太也，電也，粗淺之具也，借其名以質心力。

通之義，以『道通為一』為最渾括。通有四義：中外通，多取其義於春秋，以太平世遠近若一故也。上下道，男女內外通，多取其義於易，以陽下陰吉，陰下陽吝，泰否之類故也。人我通，多取其義於佛也，以『無人相無我故相』故也。」（仁學　卷上　界說）

仁，在儒家的傳說哲學裡，曾經有宋明理學家的解釋。理學家中，謝良佐以「活者爲仁，死者爲不仁，今人身體痲痺，不知痛癢，謂之不仁。桃杏之核，可種而生者，謂之仁，言有生之意，推此仁可見之。」（上蔡語錄）張栻（南軒）說：「元晦前日之言，因有過當，然知覺終不可以訓仁。如所謂知者，知此者也，覺者，覺此者也，此言是也。然所謂此者，乃仁也。」（南軒學案）朱熹詳細說明仁是生生，「生底意思是仁。」（朱子語類　卷六）「仁是箇生底意思，如四時之有春。繼其長於夏，遂於秋，成於冬，雖各具氣候，然春生之氣皆通貫其中。仁便有箇動而善之意。」（朱子語類　卷二十）「仁是天地的生氣。」（朱子語類　卷六）「仁者，天地生物之心。」（朱子語類　卷五十三）「心即仁也，不是心外別有仁。」（朱子語類　卷六十一）

清初王船山說：「仁者，人也，二句精。推夫仁而見端於天理自然之愛。」（讀四書大全　卷三）

清朝戴震說：「易曰『天地之大德曰生』，氣化之於品物，可以一言盡也，生生之謂歟？觀於生生，可以知仁。」（原善上）

儒家哲學由《易傳》所說「生生之謂易」，以宇宙的變化，都爲化生萬物，萬物的化生，由於天地一元之氣，週遊宇宙，循環不息。因此，解釋生生爲仁，即是生命。宇宙萬物爲合一的生命，互相連繫，互相貫通。萬物各有生命，互來發展，各愛自己的生命，所以說「仁是愛之理」。萬物既然互相連繫，互相貫通，萬物各愛自己的生命，也愛別的物體的生命，因此須要互相協助，才可以使生命有發展。孔子乃說：「夫仁者，己欲立而立人，己欲達而達人。」仁成爲人與人的關係之原則，仁便是善德的總綱。王船山說：「仁者，心之德，情之性也，愛之理，性之情也。」（讀四書大全　卷四）人心便是仁，因爲人心是生命。人心自然愛生命，人心自然愛。

譚嗣同以仁爲通，用以太和電作譬喻，實質則是「心力」。「心力」即是生命。儒家以「心力」爲「一元之氣」，爲「大化流行」，都有通的意義。王陽明曾主張「一體之仁」，即一體的生命。

譚嗣同的「通」，從四方面去講：第一從本體論講，取《易傳》的陰陽相通，以泰卦爲代表，這就是儒家傳統所講的生命相通之理。第二從政治方面講，取孔子春秋的太平世，這是康有爲所講公羊學的三世說。第三從平日生活說，有上下相通，男女相通，這是《中庸》《大學》的思想。第四從心理方面講，取佛教的無物無我的思想。

在譚嗣同寫仁學時，他在南京研究佛學，從楊文會請教，楊文會有一弟子，爲歐陽竟无提倡佛儒融會，後來熊式一的新唯識學就表現這種思想，譚嗣同在仁學裡，也表現這種研究途徑，用佛教的不生不滅，無物無義來解釋仁。

二、仁的實踐為平等

譚嗣同援用佛教思想來解釋仁，是爲說明仁的實踐；仁的實踐在於平等，這種思想，來自康有爲的《大同書》。《大同書》爲一種烏托邦思想，既不是孔子的大同思想，也不和公羊學的三世思思，完全是康有爲自己所造。康有爲曾條陳這種烏托邦的制度。

「一、無國家，全世界貫一總政府，分若干區域。
二、總政府及區域政府皆由民選。
三、無家族，男女同棲不得逾一年，屆時須易人。
四、婦女有身者入胎教院，兒童出胎者入育嬰院。
五、兒童按年入蒙養院，及各級學校。
六、成年後由政府指派，分任農工等生產事業。
七、病則入養病院，老則入養老院。
八、胎教，育嬰，蒙養，養病，養老諸院，為各區最高之設備，入者得最高之享樂。
九、成年男女須以若干年服役於此諸院，若今世之兵役然。
十、設公共宿舍公共食堂，有等差，各以其勞作所入自由享用。
十一、警備為最嚴之刑罰。
十二、學術上有新發明者，乃在胎教等院有特別勞績者，得殊獎。
十三、死則火葬，火葬場比鄰為肥料工廠。」（清代學術概論）

康有為尊孔反佛，主張毀滅家族，使佛徒無家可出，沒有家即沒有私產，也沒有國家。梁啓超以為這種荒謬思想來自《禮記・禮運篇》的大同，實在一點根據也沒有，更不能說和近代世界主義社會主義相合。

譚嗣同從梁啓超取得，康有為的大同思想，他把大同和仁相結合，主張仁的實踐為平等，因為「通」在於平等。康有為在《大同書》裡破除一切社會制度，男女相通，產業相通，工作相通，飲食住宿相通。譚嗣同乃捨棄孔子的守禮，也揚棄孟子的推己及人，接受了墨子無差別的兼愛。但是他為更徹底，更深入取消差別，乃採用佛教的平等，引長華嚴經。華嚴宗講三重觀：真空觀，理事無礙觀，周偏含容觀。華嚴宗以宇宙萬物都是真如（絕對眞實，佛）的用，萬物稱為事，真如稱為理。從佛的智慧去看萬物，第一重視真空觀就客觀的事物去看，事物就是色（形），色就是空，沒有實相。但是事，色，空，不相分離去色，三者合一：事，色，空，同是一。第二重觀理事無礙觀，從主觀和客觀的關係去看，即是真如（佛）和事物的關係，真如是體，萬物是用，萬物和真如同一，彼此不單是相通無礙，而且萬物祇是真如的外形，對外的表現，如像海波和海水，海波就是海水、海波祇是海水的一種形狀。外面形狀沒有本體，沒有價值。第三重視周偏含容觀，是事物彼此間的關係，又全體事物和真如的關係。全體事物的理，同是真如；理既相同，彼此便相同，事物是多，真如是一；多攝入一中一入多中，多和多也成為一。宇宙事物和真如為一，宇宙萬物彼此也成為一。每個事物中，有真如；每個事物中又有宇宙萬物；宇宙萬物完全平等。

佛教的最高目標，就在消除一切分別，一切歸於一。中國佛教的最高兩宗：天台宗，華嚴宗，就以「觀」的智慧，滅絕一切分別。華嚴宗講三重觀，天台宗講一念三千，即一念之中，有三千世界，三千世界代表宇宙一切，宇宙一切都在心的一念之中，完全不分彼此。

佛教的平等，是以萬物無自性，無實相，祇是形色，雖不是完全沒有，不是完全的空，但祇是真如向外的表現。佛教的平等，是在空無中平等，是沒有實體的平等。

譚嗣同又引佛教的「不生不滅」。這一句出於佛教中論的八不：「不生亦不滅，不常亦不斷，不一亦不異，不來亦不去。」中論的八不爲破因緣，破有無。

譚嗣同說：「不生不滅烏乎出？曰：出於微生滅，此非佛說菩薩地位之微生滅也，乃以太中自有之微生滅也。不生不滅至於佛入涅槃，而代以加矣，然佛固曰不離獅子座，現身一切處，一切入一，一入一切。……求之過去，生滅無始；求之未來，生滅無終；求之現在，生滅息息，過乎前而未嘗或位。是故輪迴者，不於生死而始有也。彼特大輪迴耳。……夫是以融化爲一，而成乎不生不滅。」（仁學　頁四三）

在一節中，譚嗣同引王船山所說：「已生之天地，今日是也；未生之天地，今日是也。」又引孔子所說：「逝者如斯矣，不舍晝夜。」

實際上，講仁的通，並不須要用佛教的平等，更不須要康有爲的大同。在康有爲的大同世界已經沒有仁愛，因爲沒有夫妻，沒有家庭，失去了仁愛的根本。大同的社會有似乎大陸中共開初時的社會，祇有公社，沒有家庭，夫婦分析，父母子女離散，全國平等，一律貧窮。然而這等平等並不通，所通的祇是中共幹部的威權。譚嗣同沒有套用康有爲的大同，他引用佛教自由平等。若從學理上講，根本把他的仁學引入了空無，還講什麼政治改革。他強調時間的昨日明日，固不存在，今日也不存在。我不存在，非我也不存在。「一多相容」也，「三世一時」也，此「下士所大笑不信也，烏知爲天地萬物自然而固然之真理乎！」（仁學 頁四七）既一切空無，一切入一真如（佛），又何必分君主專制，君主立憲？又何必分漢族和滿族？

但是譚嗣同又說傳統的禮，強分親疏，而親疏大亂，「仁則自然有禮，不特別爲標識而刻繩之。」（仁學 頁四三）仁既然有禮，則必有分，有分就不是佛教的平等。

傳統的禮，固然不合於現代，然而現代也不能沒有禮。譚嗣同說：「禮，依仁而著。……禮與倫常皆原於仁。」（同上）仁是生命，是愛，按照生命和愛，可以規定生活的次序，有次序，則有分；有分，並不是不平等。例如，排隊買車票，排隊是次序，是分先後，不是不平等，因此仁的平等不必，也不能用佛教的平等，更不必用康有爲的大同主張不分男女，不分家族。

為求平等，譚嗣同主張廢名：「仁之亂也，則於其名。名忽彼而忽此，視權勢之所積。」（頁二九）「然名，名世，非實也；用，亦名也，非實也。名於何起？用於何始？人名名，而人名用，則皆人之為也。」（三二）淫用為惡，若開始用為善，「向使生民之初，即相習以淫為朝聘宴饗之鉅典，行之於朝廟，行之於都市，……沿習至今，亦孰知其惡者。」（頁三一）這一種說法，是把名實相混了，名代表實，淫之實為惡，不是淫之名為惡。

結語

以上所講，是就仁學卷上的思想大綱去講，沒有講到細節。仁學的下卷，屬於政治思想，批評君主制度，提倡孔教，附合康有為的主張，但是實際上譚嗣同則主張歸一，以孔教與佛教合而為一。對於政治，以《易經》所說：「用九，見群龍無首，吉。」天德不可為首也，又曰：天下治也，則一切眾生，普遍成佛，不惟無教主，乃至無教；不惟無君主，乃至無民主；不惟渾然一地球，乃至無地球；不惟統天，乃至無天；夫然後至矣盡矣，蔑以加

矣。」（頁一〇三）

譚嗣同說佛度眾生，「時時度盡，時時度不盡。」（頁一〇四）佛度眾生，達到普遍成佛，眾生都入涅槃，自然天地都沒有了，民主君主當然沒有了；但是「仁學」也消失了。

譚嗣同的仁學，爲一本救國救民的熱血書，一個壯年有抱負的政治家，全心希望改革社會，創造一個新的社會，用熱情的想像，構造一種和平安祥的太平，康有爲想像一個太平世界，吳稚暉想像一個無政府的世界，譚嗣同想像一個「仁」的世界。

仁學一書較比康有爲的大同世界多有學術性，以仁爲通，爲平等，觀念很正確。但是全書在說明上，把儒家，道家，墨家，佛教，自然科學，混在一起，則爲一冊初稿的書，譚嗣同不幸壯年被難，沒有時間再深入研究，加以修改，很爲可惜。

註：

㈠ 見梁啓超　譚嗣同傳。

㈡ 同上。

㈢ 梁啓超　仁學序。

王船山形上學思想的系統

在所寫的中國哲學思想史清代篇，我系統地寫了王船山的哲學思想，共一八二頁，可以說是很詳細。原先我想複印下來，附在這本書後面，作爲附錄；但是因爲頁數太多，幾乎和這冊書的頁數一樣，作爲附錄便不適當。因此祇好再寫一篇短的文章，根據這本書所研究的材料，介紹王船山的思想。

一、太　虛

王船山的哲學思想，以《易經》爲根據，然後接納張載的思想，加以發揮，成爲他的形上學。他在張子《正蒙注・序》說：

「周易者，天道之顯也，性之藏也，聖功之牖也，陰陽動靜，幽明屈伸，誠有之而行焉，禮樂之精微存焉，鬼神之化裁出焉，仁義之大利興焉，治亂吉凶生死之數準焉。故夫子曰：彌綸天下之道以崇道而廣業者也。張子之學，無非易也。……自朱子慮學者之騖遠而忘邇，測微而遺顯，其教門人也，以易為占筮之書而不使之學，蓋亦矯枉之過；幾令伏羲文王周公孔子繼天立極，扶正人心之大法，下同京房管輅郭璞賈耽，壬遁奇禽之小技。而張子言無非易，立天立地，，立人，反經研幾，精義存神，以綱維三才，貞生而安死，則往聖之傳，非張子其孰與歸。」

周《易傳》的〈繫辭〉說：「易有太極，太極生兩儀，兩儀生四象，四象生八卦。」這是宇宙變化的歷程。但是《易傳》沒有解釋太極兩儀和四象。漢朝儒者，解釋太極爲太一，兩儀爲陽陰，以五行代替四象。宋周敦頤作《太極圖說》，以太極而無極，太極有動靜，動而生陽，靜而生陰。張載主張太極爲太和，太和爲氣的本體，不分陰陽。

王船山不接納太和的名詞，但以太和的氣，雖是氣的本體，已經分有陰陽，祇是陰而不顯，稱爲太虛，虛不是無，而是實體，稱爲太極。太極有動靜，動靜是陽陰的動靜，陽動陰靜，不是動而生陽，靜而生陰。王船山對於《易經》乃主張「乾坤並建」，《易經》的卦開始就有陽爻陰爻，六十四卦都由陽爻陰爻而構成。氣的本體就分陰陽，沒有不分陰陽的氣。氣的本體內有陰陽，所以沒有純陽不帶陰的氣，也沒有純陰不帶陽的氣，陽中有陰，陰中有陽；動中有靜，靜中有動。

張載在〈太和篇〉說：「太虛不能無氣，氣不能不聚而爲萬物，萬物不能散而爲太虛，循是出入，是皆不得已而然也。」王船山注說：「氣之聚散，物之死生，出來，入而往，皆理勢之自然，不得已止者也。」一氣的聚散即《易經》的宇宙變化，循環不已，變化生物，物化回歸元氣。元氣爲未成形之氣，稱爲太虛，太虛也就是太和，整個宇宙爲氣的運行，氣運行而化生萬物，繼續不停。成爲宇宙的生命洪流。氣成物形，理在氣內。氣常運，所以性便日生。性的生由於天以陰陽五行而運行，好似天的命令，因此說命曰降。

宇宙運行，神妙莫測。王船山接納張載的「神與性乃氣所固有」思想，以神爲天德，化爲天道，德爲體，道爲用，皆是氣所具有。宇宙萬物由氣而成，氣中有理，理爲健順五常之德。

陰陽五常運行而化生萬物，萬物的形成稱爲化生，形成的萬物稱爲生命。易經以生命貫通萬物，王船山在《周易內傳》說明「生者，所以舒天地之氣而不病於盈也。」（臨卦）氣的運行爲聚散，聚散爲循環，宇宙萬物不說爲生滅，祇說往來屈伸。王船山說：

「以天運物象而言之，春夏為生為來為伸，秋冬為殺為往為屈，而秋冬生氣潛藏于地中，枝葉槁而根本固榮，則非秋冬之一消滅而更無餘也。……

未嘗有辛勤歲月之積，一旦悉化為烏有，明矣。故曰往來，曰屈伸，曰聚散，曰幽明，而不曰生滅。生滅者，釋氏之陋說也。倘如散盡無餘之說，則此太極渾淪之內，何處為其翕受消歸之府乎？又去造化日新，則此太極之內，亦何從得此無盡之儲，以終古趨乎滅而不匱耶？」（張子 正蒙注 卷一）

宇宙運行循環不息，萬物成壞由氣的聚散，聚散不已，萬物化生也不息。宇宙的循環不是機械式的循環，雖有原則，但是變化莫測，非常神妙；而且宇宙萬物呈現日新日進的現象。

「既往之于且來，有同焉者，有異焉者。其異者，非但人死之生死然也；今日之日月，非用昨日之明也，今歲之寒暑，非用昔歲之氣也。明用昨日，則如燈如鏡，而有息有昏；氣用昨歲，則如湯中之熱，溝澮之水，而漸衰漸泯，而非然也。是以知其富有者惟其日新。」（周易外傳 卷六）

宇宙萬物的化生，由於氣的運行，運行不停，宇宙常有新物新事，而不是一個同樣的宇宙萬物旋轉不息，氣的運行，自有原則，即是氣運行之道。運行不停，不必說始終，因爲人不能夠知道。

「天地之終，不可得而測也。以理求之，天地始者，今日也；天地終者，今日也。其始也，人不見其始；其終也，人不見其終。其不見也，遂以為邃古之前，有一物初生之始；將來之日，有萬物皆盡之終，亦愚矣哉。」（周易外傳 卷四）

不見始終，並不是沒有始終，祇是人不能測知。按理說，理常是一，宇宙的始終之理，就是今日氣運行之理。

二、人

宇宙萬物以人爲最秀，人和天地爲三才；王船山說：「天地人，三始者也，無有天而無

地，無有天地而無人。……人之于天地，又其大成者也。」（周易外傳 卷三）

人有性有心有才，能知能行，可以窮理盡性而行天理，可以仁義而合天德。人性乃太虛陰陽五行健行之理：

「秉太虛和氣健順相涵之實，而合五行之秀以成乎人之秉彝，此人之所以有性也。原於天而順乎道，凝於形氣而五常百行之理無不可知，無不可能，於此言之則謂之性。人之有性，涵之於心而感物以通，象著而數陳，名立而義起，習其故而心喻之，形也，神也，物也，三相遇而知覺乃發。故由性生知，以知知性，交涵於聚，而有閒之中統於一心，由此言之則謂之心。」（正蒙注 卷一 太和篇）

「合性與知有心之名」。性爲理，涵在氣內。心由氣而成，涵有性。性爲理，理自顯明，故能知。心感於物，通於物，通於性理，乃有知覺。知覺由形，神，物三者相遇而成。知覺之知爲感覺之知，人還有德性之知，知道人性的天德，則以心盡性，以性合道，以道事天。惟其理本一原，故人心即天；而「盡心知性，則存順沒寧，死而全歸於太虛之本體，不

以客感雜滯遺造化以疵類，聖學所以天人合一，而非異端之所可溷也。」（同上）

《中庸》指示人生之道，在率性，性由天命而定，藏在形內。

「夫天之生人，道以成形，而人之有生，形以藏性。」（尚書引義　卷一）

「言心言性言天言理，俱必在氣上說，若無氣處，則俱無也。……氣之化而人生焉，人生而性成焉。……就氣化之成于人身，實有其得然者則曰性。……張子云：『和虛與氣，有性之名。』虛者理之所涵，氣者理之所凝也。」（讀四書大全說　卷十）

形爲理，理來自太虛，按理而氣凝聚成形，理藏於氣中，所以說：「道以成形」，「形以藏性。」人生以後，陰陽的氣在人以內繼續運行，王船山乃主張「命日降性日生」。

「夫性者，生理也，日生則日成也。則夫天命者，豈但初生之傾命之哉？但初生之傾命之，是持一物而予之於一日，俾牢持於身以不失，天且有心于勞勞給予，而人之受之，一受其成形，而無可損益矣，夫天之生物，其化不息。初生之頃，非無所命也。何以知其有所命？無所命則仁義禮智無其根也。幼而少，少而壯，壯而老，亦非無所命也。何以知其有所命？不更有所命，則年逝而性亦忘也。形化者，化醇也；氣化者，化生也。二氣之運，五行之實，始以為胎孕，後以為長養，取精用物，一受于天產地產之精英，無以異也。形日以養，氣日以滋，理日以成，方生而受之，一日生而一日受之，受之者有所自授，豈非天哉！故天日命于人，而人日受命于天。故曰性者生也，日生而日成也。」（尚書引義 卷三）

「天日臨之，天日命之；命之自天，受之為性。終身之永，終良之頃，何非受命之時？皆命也，皆性也。」（同上）

這種思想，是王船山獨一的主張。他是由生命出發，生命是動，動是氣的象徵。氣在人內，聚散不停。一聚就是化生，化生就有性，化生不停，性的生也不停。一個人的性終生化生不停而不異，是因為天命常是同一的天命，同一的天命日降，同一的性日生。

人的生活之道，《中庸》說「率性之謂道」。率性乃是「誠」。王船山以誠為人生原則。

「誠與道異名而同實者也。修道以存誠，而誠固天人之道也。」（尚書引義　卷五）

「夫誠者，實有者也，前有所始，後有所終也。」（尚書引義　卷三）

「天，誠也。」（同上）

「性，誠也。」（讀四書大全說　卷十）

誠於人性，便得中正。中正爲《易經》的原則，卦爻的變應合於時位。人事的活動合於時位，便是《中庸》。

「惟存養而後可以省察，惟致中而後可以致和，用者用其體也。惟省察而後存養不失，惟致和而後中無不致，體者用之體也。」（尚書引義　卷三）

誠於性，人便居中不偏不倚，性便是善。王船山以性情才都是善。

「形之所成斯有性，情之所顯惟其形，故曰形色天性也。」（周易外傳　卷一）

「人之體惟性，人之用惟才，性無有不善，為不善非才。故曰：『人無有不善』。道則善矣，器則善矣。性者，道之體，才者道之用，形者性之凝，色者才之撰也。故曰：『湯武身之也。』謂即身而道在也。道惡乎察？察於天地；性惡乎著，著於形色。有形是以謂之身，形無有不善，身無有不善。」（尚書引義　卷四）

清朝儒者和對宋明理學，主張性善情也善，惡來自習氣；這一點和孔子的思想相近，王船山也有這樣的思想，然他以情爲惡生的原因。他主張「情爲心之動，情動而向物，物引慾而向惡。」

「然則才不任罪，性尤不任罪，物慾亦不任罪。其能使為不善者，罪不在情，而何在哉？蓋吾心之動機與物相取，物欲之足相引者與取之動機交，而情以生。然則情者，不純在外，不純在內，或往或來，一來一往，吾之動機與天地之動機相合而成者也。」（讀四書大全說 卷十）

以心的動和外物相接，即「吾之動機和天地之動機相合」的時候，產生善惡，好比以火鑠金，火和金事先都沒有不好，火爍時就看鑠得對不對，鑠得對就好，不對就不好。這就是《中庸》所說七情發時中節不中節，中節爲善，不中節爲不惡。但是中國傳統哲學所討論的性善性惡問題，是本體論的問題；爲什麼七情發時或中節或不中節呢？朱熹說是人所稟賦的氣有清濁的不同，王船山的思想則以爲來自習慣。

「後天之性亦何得有不善？習與性成之謂也。先天之性，天成之；後天之性，習成之也。乃習之所以能成乎不善者，物也。夫物亦何不善之有哉？取物而後受其蔽，此程子之所以歸咎于氣稟也。雖然，氣稟亦何不善之有哉？然而不善之所自來必有所自起，則在氣稟與物相授受之交也。氣稟能往，往非不善也；物能來，來非不善也。而一往一來之間，有其地焉，有其時焉。化之相與往來者，不能恆當其時與地，於是而有不當

之物，物不當而往來者，發不及收，則不善生矣。」（讀四書大全說 卷八）

善和惡，在於「氣稟與物相授受之交」，相交合於時間則善；不合，則惡。所以合不合的原因，來於習慣。然而習慣可善可惡，習慣不能解釋善惡的來由。

道成人性，氣成人形，道藏於氣中，如同道在器中。情和才都出於性，才是性的用，情是心的動。心動而有欲，欲和外物相接。心動也有知，知有感覺之知，有德性之知；感覺之知，知外物，德性之知，知內心；內心有五常之德。

太極以陰陽健順五常之德化生人，陰陽之氣成人形，健順之理成人性，五行木火金水土成五常之德。五常之德爲仁義禮智信。《易經》以乾坤爲萬物資生的根源，乾具有元亨利貞的特性，坤具有「元亨利牝馬之貞」；因此人也具有元亨利貞的特性。《易經》乾卦文言曰：「元者，善之長也；亨者，嘉之會也；利者，義之和也；貞者，事之幹也。看子體仁足以長人，嘉會足以合禮，利物足以和義，貞固足以幹事，君子行此四德者，故曰：乾，元亨利貞。」人的元亨利貞特性，便是仁義禮智四德。信，是誠實，爲四德的基礎，如同土，爲木火金水的基礎。孟子曾以人心生來具有仁義禮智的四種善端；漢以後的儒家都以人性具有仁義禮智信五德，稱爲五常。王船山說：

「元亨利貞者，乾固有之德，而功即於此遂者也。……乾本有此四德，而功即於此效焉。以其資萬物之始，則物之性情皆受其條理，而無不可通。」（周易內傳 卷一）

人性具有仁義禮智信五常之德，而以仁爲總綱。王船山說：

「仁者，心之德，情之性也；愛之理，情之性也。」（讀四書大全說 卷四）

張載曾講大心，人要擴張自己的心，愛備萬物，以心外無物；又以「天稱父，地稱母，民吾同胞，物吾與也。」張載以仁如孟子所說：「親親，仁民，愛物。」孟子在實行上，常以仁義並行，他說：「仁，人心也，義，人路也。」王船山以人行仁義和天道相合：

「天地之大德者，生也。珍其德之生者，人也。胥為生也，舉蚑行喙息高騫深泳之生彙而統之于人；人者，天地之所以治萬物也。舉川涵石韞剪榮落實之生質而統之于人；人者，天地之所以用萬物也。」（周易外傳 卷六）

「在人曰性，在天地曰受命。……學易者於仁義體之而天地之道存焉。則盡性而至于命，占者以仁義之存去，審得失而吉凶在中矣。」（周易內傳 卷六下）

「陰陽之外無天，剛柔之外無地，仁義之外無人。」（周易內傳 卷下）

天人合一在於合德，人以仁義合於天德。但在實行上，王船山又以孝爲仁的代表，這也是孟子的思想，孟子曾以仁之實在於孝親。仁和生相配，人由父母而生，故孝親就是仁。

「有子曰：君子之道大矣，而必以孝弟為萬行之原，蓋嘗曠觀於天下善惡之幾，與君子德業之自，而知果無以加於此矣。夫盡天下之大，古今之遠，人之所志與其所行；唯此一心而已矣。心之始發，而無所待於外，心之所切，而不容已於中，則此一心也，志之所自定也，氣之所自順也，而非孝弟何足以當之！……吾身為天地民物之本，而此心又為吾身之本，此心之因於性者，又為萬念之本，務其本而本既立矣，果以無歉於性者成乎德行矣，則所以推而行之者漸而廣焉，因類而達焉。凡為道子之道皆自此而生矣，則孝弟是已。事兄長而盡其孝，事兄長而盡其弟，不失其孩提稍長之心，以極至乎盡誠盡道之實，於此而思之，其所以為人之本與？」（四書訓義　卷五　論語一）

孝弟爲人心的天德，使人心之動，常能合於天。因此乃爲人心萬念之本，爲人之本。以孝弟正人心，王船山發揮《大學》修身之道。《大學》說修身在正心，正心在誠意。王船山說：

「心者，身之所主也。誠，實也。意者，心之所發也。實其心之所發，欲其必自慊而無自欺也。」（四書訓義　卷一　大學）

「敬以直之，正心之實功，持志勿忘之密用也。心常存，常正於正也。正者，仁義而已矣。常存者，不違於仁而集義也。」（禮記章句　卷四十二）

「然正心之實功何若？孔子曰：『復禮』，《中庸》曰：『致中』，孟子曰：『存心』，程子曰：『執持其志』，張子曰：『瞬有存，息有養』，朱子曰：『敬以直之』，學者亦求之此而已矣。」（同上）

王船山批評陸象山和王陽明過於空疏，不求實功。王陽明的弟子更趨於疏狂，明叛孔、孟之道；所以他很強調誠爲實，心發之意要有實，而正心要有實功。

「而誠之為體，藏乎上天未命之先，誠之為用，限極於不見不聞之內，……故人道必敏政，而誠之之學，固在擇執之顯功。」（四書訓義　卷三　中庸　第二十章　訓義末節）

王船山主張實學，處處以人事爲目標，對《易經》書經四書注釋或訓義時，絕不止於高談天道性理，必歸到人事上面，以明人生之道。

三、歷史

王船山注重人事的精神，以天道應用於人事的方法，促成了他的歷史哲學思想。他不是歷史家，但卻是中國一位卓越的歷史哲學家。中國的歷史哲學發源於書經，宏揚於《易經》，成功於春秋，孔子作春秋，目標不在寫歷史，而是在以歷史史事應證他的人生哲學。孔子的人生哲學是「禮」，禮爲人生活的規範；孔子便遵循禮的規範，批評歷史的事實。孔子的歷史哲學是倫理史觀。

《書經》爲一本歷史書，所紀雖是君王大臣的言辭，君王大臣的言辭是歷史史事。在書經的言辭裡，顯示當時的政治思想，以天命爲準則，君王由上天授命爲王，按上天的天意治理天下。這種思想是天命歷史觀的思想。

《易經》講宇宙的變化，以陰陽兩元素互相結合，繼續不停，化生萬物。漢儒加增五行的思想，以一氣化成陰陽五行，作爲宇宙萬物和人間萬事的元素，這種氣運的思想，在漢朝造成了歷史上的五德終始和天人感應。

王船山講論歷史事實的意義，採集了《春秋》的倫理史觀和《書經》的天命史觀，以及《易經》的氣運史觀。他寫了《春秋家說》、《春秋世論》和《春秋裨疏》，研究春秋的微言大義，肯定歷史有「大公至正」的精神。

「天下有大公至正之是非焉，匹夫匹婦之與知，聖人莫能違也。然而君子之是非終不與匹夫匹婦爭鳴，以口說為名教，故其是非一出，而天下莫敢不服。流俗之相沿也，習非為是，雖覆載不容之惡，而視之若常，非秉明赫之威以正之，則惡不知懲。善亦猶是也，流俗之所非，而大美存焉。跡之所闕，而天良在焉，非秉日月之明以顯之，則喜不加勸。故春秋之作，游夏不能贊一辭。而豈灌灌諄諄取匹夫匹婦已有定論之褒貶，曼衍長言以求快俗流之心目哉。莊生曰：春秋經世之書，聖人議而不辯。……故徧中於大美大惡，昭然耳目則有定論者，皆略而不贅。推其所以然之由，辯其不盡然之實，均於善而醇疵分，均於惡而輕重別，因其時，度其勢，察其心，窮其效所由，與胡致堂諸子有以異也。」（論通鑑論 卷末 敘論二）

王船山遵循孔子作春秋的精神，依照禮規評論是非，不隨流俗的習氣，「秉明赫之威」「日月之明」以顯明是非善惡，力振士氣。對於天命歷史觀，在《讀通鑑論》和《宋論》中，多以明白說明；且在《宋論》第一篇宋太祖說：

「帝王之受命，其上以德，商周是已。其次以功，漢唐是已。……乃若宋，非鑒觀於下，見可授而授之者也。……嗚呼！天之所以曲佑下民，於無可托之中而行其權，於授命之後天自諶也，非人之所能而豫諶也，而天之命之也亦勞矣。」（宋論　卷一）

倫理史觀更是王船山評論史事的原則。政治設施以民生福利爲目標，在國家內，民爲最重。

「尊無與尚，道弗能踰，人不能違者，惟天而已。曰：天視自我民視，天聽自我民聽，舉天而屬之民，其重民也至矣。雖然，言民而繫之天，其用民也尤愼矣。」（尚書引義　卷四）

以民爲重，以德爲本，治民治國，標準在乎倫理道德，朝廷一日沒有倫理道德，必將覆亡。

「將以為休息生養而復興禮樂焉，則抑管子衣食足而后禮義興之邪說也。……信者禮之干也，禮者信之資也，有一日之生，立一日之國，唯此大禮之序，大樂之和，不容息而已。」（讀通鑑論 卷二 漢高帝 第十二節）

「夫晉之人，蕩檢逾閑，驕淫懦靡，而名教毀裂者，非一日之故也。魏政之綜核，苛求於事功，而略於節義，天下已不知有名義；晉承之以寬弛，而廉隅益以蕩然。孔融死而士氣灰，稽康死而清議絕，名教為天下所諱言，同流合污，而固不以為恥。……而立國之大體，植身之大節，置之若遺；國之存亡，亦孰與深維而豫防之哉。」（讀通鑑論 卷十二 晉惠帝 第一節）

王船山在史論裡，對於歷史史事人物，都以倫理標準，予以評論，對於小人，更嚴加指責。他的倫理史觀，非常明顯。

他的倫理史觀中，有一點特別凸出，是他的夷夏之分，民族正義感特別強。古代夷夏之分，常在地域方面。王船山堅持夷夏地域之分，使不相混，以防華夏被侵。

「夷狄之與華夏，所生異地，其氣異矣，氣異而習異，習異而所知所行蔑不異焉，乃于其中亦自有其貴賤焉，特地界分，天氣殊，而不可亂；亂則人極毀，華夏之生民，亦受其吞噬而憔悴。防之不早，所以定人極而保人之生，固乎天也。」（讀通鑑論　卷十二　晉惠帝　第三節）

夷夏之分，因地域以生，表現則在文化上，爲保全華夏的文化，必堅持夷夏之分。王船山論宋夏亡國不僅朝廷滅亡，而是舉堯、舜以來的道統都淪亡了，深以爲恨。明朝亡國和宋朝一樣，王船山堅持不接受清朝的統制，寧願流亡荒山野村，也不願在清朝作官。他擇善固執的精神，終生一貫。而在私人生活，也嚴守義利之分，淡泊名利，置身社會以外；然又絲毫不取老、莊和佛教的思想，連墨子和法家的學說亦不接納，純粹以孔、孟之道爲人生之道，勉力「盡性存仁」，在言論和實行上，成爲一位有原則的學者，令人景仰。

慎終以養生

一、死亡解釋生命的意義

「季路問事鬼神，子曰：未能事人，焉能事鬼。敢而死，曰：未知生，焉知死，」（先進篇）《集註》說：「問事鬼神，蓋求所以奉祭祀之意；而死者，人所以必有，不可不知，皆切問也。然非誠敬足以事人，則必不能事神；非原始而所其所以生，則必不能反終而知所以死，蓋幽明始終，初無二理，但學之有序，不可躐等，故夫子告之如此。」「程子曰：晝夜者，死生之道也，知生之道，則知死之道，盡事人之道，則盡事鬼之道。死生人鬼，一而二，二而一者也。」這一段話，歷代學者雖不大願意講，但實際上影響人們的生活則很大，中國人傳統的習慣怕談死亡，稱爲忌諱；不僅死字不講，連和「死」字音相近的「四」字，在醫院都不用爲病房病床或進院大門的數字。大家怕死，不提死字。

死，卻爲人所必有，有生必有死，一始一終。孔子和儒家學者以爲生死相連，先有生，後有死，先該知道生的意義和生的來源，才可以知道死的意義。儒家和道家乃說人和萬物一樣，由氣而成，氣聚就是生，氣散就是死，氣的來自天地的元氣，人死，人氣回到天地的元氣。這種解釋，是中國傳統對生死的解釋，因此，中國傳統的人生觀或是達觀，自己做自己該做的事，順聽命運的安排，接受死亡，或者悲觀，自己哀嘆時日過得太快，死亡即到來臨，及時行樂，勉作安慰。

1. 人世的生命是有限的

我們現在好好靜心地來討論生死的問題。首先，大家都知道有生必有死，生和死是相連的；這一點啓示我們：人世的生命是有限的。戰國和秦漢時，全國都是術士，大談長生不死之藥，秦始皇和漢武帝都設法追求長生，漢晉南北朝道家宣傳煉丹和吸氣，羽化而成仙。但是長生之藥和仙人則都是幻想，古來的人也都死了。

人世的生命既然有死，人世的生命是有限的，目前的號稱先知先賢的人，教導青年善用時間發揮自己的人格，充份表現自由自主，每一刻都爲自己而活，都由自己而活。所以說：「只要我願意，有什麼不可以！」

若是每個人都以「自己」作生命的唯一主人，各按自己所願意的去做，那就實現古代主張性惡的荀子所說：必相奪相爭，互不相讓，社會大亂，將如佛教所說生是痛苦。

人世的生命有限，所啓示的意義，是普通俗話所說：「知足不辱」，「知足常樂」，知道生命有限，不要去幻想長生不死，也不要求事業永久不壞。自己盡力做好自己該做的事，自己的心就心滿意足。

當然，因爲時間有限，要善用時間，發展自己的生命，成全自己的人格。我們的生命是在時間以內活動，時間一去不再回來，普通俗話乃說：「一寸光陰一寸金，寸金難買寸光陰。」不是及時行樂，而是及時成業，及時完成自己的事業，不是堆積錢財，死後不知誰拿錢。

人世生命有限所給我們的教訓是：「勤勞」。

2. 死亡開新生之門

人世的生命是有限的，人的心靈則是無限的；雖然說每個人都要「知足常樂」，人的心靈並未滿足，祇是人自己控制自己不去貪多。有心的人乃轉變方向，朝身後去想，古書《左傳》襄公二十四年乃有「不朽」的標榜，就是如同孔子所說：「君子疾沒世而名不稱焉！」

（衛靈公）想能留芳百世，自己的聲名遠揚。

我們常認爲「名譽爲第二生命」，第一生命既然有限，便追求第二生命的無限存在，以立德、立功、立言的三種方式，追求名譽永久存留下去。但也有些自稱達觀的人，嘲笑身後的芳名，身體已經腐朽，芳名空空洞洞沒價值。

宗教的信仰則相信身後的生命，佛教相信輪迴，更相信常樂我淨的涅槃，天主教和基督教都相信靈魂不滅，身體死了，靈魂常在，靈魂永久的生活，或是永福，或是永苦。

我以天主教主教的身份，向大家談幾句這種永生信仰的道理，不是爲傳教，祇講學術方面的道理。

人的心靈爲精神體，我國歷代的學者都相信，荀子特別講明人的心是虛而靈，人心隨時可以想，隨事都可以想，假使人的心是物質的東西，就不能這樣靈妙，人的心既然是精神體，精神體自己不會消滅自己，也不會被物質所摧殘；因此身體可以死滅，心靈則常存在。

心靈的存在沒有限，心靈的追求也就沒有限。普通常說學問無止境，知道東西越想知道更多；學識大，越追求更大。人的品格好，常想更要好。人長得美，巴不得更美。身體的追求，也是越多越想，但是身體承擔不下。每個人的飯量和酒量祇有那大，吃多了喝多了，就傷身體；即使不超過飯量酒量，天天吃喝，或者是厭飫了，或者身體病了。心靈的承擔沒有量，即是無量，這一點，表示心靈本體是沒有物質的限制，超出時間和空間。

還另有一點，作善作惡必有報應的賞罰，大家心裡都天生有這種要求。可是在人世間，這種善惡的賞罰不見實現，就使實現也不澈底；因此身後應該有善惡賞罰，以伸張正義。各種宗教便相信身後的賞罰，爲實現這種賞罰，應有不滅的靈魂。佛教的慧遠因此主張靈魂不滅。

死亡，因著靈魂的不滅，開起另一種新生，即永恆的生命。

3. 人世生命建立身後新生命

身後的賞罰，規定了身後的新生命，天主教和基督教的信仰，相信是永福或永苦，從哲學上去看，人世間的東西都是物質的東西，人的身體也是物質；凡是物質物，動就生變，人的身體從出母胎的一刻，一直到死，每一刻都在動，也都在變。精神體動而沒有變，人的靈魂常是一樣，人的變是身體方面的變。人一死，靈魂沒有了身體，在死的一刻，靈魂對一生行爲的善惡負責而定有賞罰，一進了或賞或罰的境遇，靈魂永不變更，所以或有永福的生活，或有永苦的生活。

這種永福或永苦的生活，是人在人世間生活時，自己所造成的，他行了善，乃有永福生活，作了惡，便有永苦生活。

死亡，啓示了永恆的生命，永恆生命啓示善惡的賞罰，死亡便啓示了人世間生命的意義和價值。人世間的生命是爲預備永生，也就是創造自己的永生；永生由現生而建立。

二、生命創造人世間

1. 人世間是人生命的文化

人世間的生命創造身後的永生，同時人世間則是生命所創造。

什麼是人世間？人世間是天地萬物，天地萬物當然不是人所造的，而是造物主造的。可是天地萬物若沒有人，好像一座原始的森林，雖然有等於沒有。現在無數的銀河和星辰，在無數的年月裡已經形成，還沒有被天文學家發現，便就視爲沒有。人世界以人爲主，人所知道的就在，不知道的就不在。

人世間不僅是自然界的天地萬物，而是人生活的文化。人生活有衣食住行，生活的文化便是衣食住行的文化，這一切由人去創造，人創造是用自己的生命去創造，即是運用生命的力。

我們現在所活的世界，有高樓大廈的城市，有種植五穀的農田，有製造各種物品的工廠，有高低的各級學校，有隨合時麾的衣服，有可口的各種食物飲料，有奔馳道路的火車，有飛行天空的飛機，有動人心弦的電視電影，有賞心悅耳的音樂戲劇；這一切是現代的文明，都是人自己造的。

2. 生命的價值就是創造文化

人的生活文化由人所創造，人用生命所有的力去創造。每個人的生命，便都是爲創造生活的文化。普通常說文化的創造是少數天才的發明。現在衣食住行所有的各種工具，都是天才所發明的。這是實際的事，沒有發明，便沒有創造，就連一首好詩，一幅好畫，都是天才的作品。但是天才發明，不是像造物主從無中生有，而是從有了生新，所謂發明，是發明新的東西；新的東西原先沒有，所以也說是創造。

天才為發明，必定要用許多別人的思想和別人造的材料，這些思想和材料就是許多不出名的人所造的。在創造人世間的生活文化，每個人都有貢獻，每個人的工作都間接有助於天才的發明。每個人的生命都是創造力，每個人創造自己的人格，創造自己的知識，創造自己的道德；就是作惡的人，他是在創造自己的罪，用創造力自己摧毀自己。

在人世社會裡，每個人的工作，跟旁人都有關係，不僅是一個人助人行善，幫人作事，或是設法害人，影響別人的生命便只對自己本人做私人的事，直接發展或摧殘自己的生命，間接也發展或摧殘別人的生命。人世間的生命是互相連接的，關係天然地就密切。在家庭裡，每個人的生命相互成長，父母相幫兒女的生命成長，兒女也相幫父母在精神上，而且也在身體上成長，兄弟姊妹生活在一家，彼此的生命共同發展。

每個人的生命常在動，生命的動就是力量，可以創作事件，事件有益於別人的生命，這樣生命便常有價值。

3. 生命的文化是一粒一粒累積的

人生命的動，每一時刻都在動，人每一時刻都在活，人活著的事件為每天日常的事件，日常事件積成人生命的文化。衣食住行的文化每天也就在動。當著天才有新發明時，日常生活的文化乃有新的變動。

吃飯的文化，由每個人飲食所造成，飲食文化是清潔或髒污，便要看吃飯的人好清潔或不好清潔，坐車的文化，由駕車和坐車的人所造成；載砂石的車常出車禍，是司機好利心所造成的。

我們每個人知道自己的生命有限，每個人拚命工作，社會就有耐勞苦的文化。每個人知道自己生命有限，盡力去享受，大吃大喝，縱情揮霍，社會便有奢侈浪費的文化，每個人知道自己生命有限，自心知足，好心做事，誠心待人，社會便有祥和的文化。每個人知道自己生命有限，便勾心鬥角，欺人騙人，爭取錢財，社會便有罪惡的文化。

每個人的生命，便都是社會文化構成的原素。每個人生命的活動，都是在創造社會的文化；每個人便應意識到自己對社會的責任，要好好地去生活，要謹慎地做日常的事件。中國古書的《大學》和《中庸》，都教人「慎獨」，一個人單獨一個人也要謹慎。人世的生命雖爲預備身後永恆的生命，人世間也有自己的價值，人世間的生命也有自己的價值。

三、人世間的幸福

1. 幸福是生命的發展和滿足

人生來追求幸福，幸福是人生命的發展和滿足。身體的生命追求衣食住行各方面的發展和滿足，要想有衣食住行的幸福。中國古人教訓我們，身體生命在各方面的發展和滿足，要常能中節，過與不及都不是幸福。這種身體發展的幸福，由每個人自己去追求，自己去創造。父母留下大量的遺產，並不常能造成子孫的幸福，許多時候反而造成子孫的痛苦。每個人用自己生命的力量，工作努力，事事有規則，無論收穫多少，自己都能有自足的幸福，心靈的生命，要求發展；增多知識，脩身立德，知心感情，每個人天天在追求，能有所得，心中感到幸福。這種種幸福，一個人，在生活裡時刻都想有，也時刻靠自己去努力。

人世間的生命彼此相連，生命的幸福也彼此相連。一個人創造幸福，幸福自己也幸福別人，大家開車都守規則，爲自己好，爲別人也好。大家愛惜公園的花草和清潔，爲自己好，爲別人也好。若一個人有公共的職責，做公務員，他的工作更能有益別人。古來孔子和孟子常說：「窮則獨善其身，達則兼善天下。」實際孔子、孟子所說獨善其身，是說獨自隱居修德進學，也有益別人，例如孔子、孟子都教育許多門生。

2. 眞正的幸福

真正的困難，不在於幸福得不到，而是不知道究竟什麼是幸福。

孔子魯經說：「飯疏食，飲水，曲肱而枕之，樂亦在其中矣。不義而富且貴，於我如浮雲。」（述而）又說：「賢哉回也！一簞食，一瓢飲，在陋巷，人不堪其憂，回也不改其樂，賢哉回也。」（雍也）普通人常求在衣食住行上面，求舒服，求享受，還有在男女肉慾上求縱情滿足。我們雖不能把孔子所說的快樂幸福作爲每個人的快樂幸福，但至少必須說衣食住行的舒服和享受，一定要在規則以內，若少了，還可以用精神上的快樂去補救，若過了，則必然帶來痛苦。

精神方面的幸福，在於心靈生命的發展。現在青年最喜歡的是自由，肯定自己的人格，「祇要我願意，有什麼不好？」可是，你要自由，要肯定你的人格，別人也要自由，也要肯定自己的人格。人世間是有時空的限制，在同一空間和時間內，彼此的自由和人格的肯定，便要互相調協，便要有規則。規則是爲大家的，還有先天就有爲大家的規則，這些規則便是生活的規則，是倫理的規律，合於倫理規律的生命發展和滿足，才真正給人幸福。否則，個人一時稱強，日後還逃不了遭受壓力，自討苦吃。

合於倫理規律的活動是善，不合於倫理的是惡。在人世間善惡的結果，不能澈底表現出來，便要有身後的永生，完全實現人世間應有的正義。這樣生和死便相連接，生死的意義是一貫的。

結　語

了解死的意義，才能了解生的意義。人世間的生命，建設人世間，創造生活的文化，以發展人的身體和心靈的生命，取得發展的滿足而取得快樂的幸福，生命時刻在動，時刻不停，一步一步往死亡的關口走。

死亡結束人世間的生命，開啓永恆的永生，兩種生命互相銜結，一貫相通。人世間生命的一生善惡，創造死後永恆的新生。一個人的真正事業，是在創設永福的新生。慎終以養生；常常小心謹慎想著死亡在開啓人生，便要好好地過每天的人世間生活。

有人說身後的永生，乃係幻想，乃係不定；要緊在抓住目前的生命，盡量地活得痛快。但是能夠活得痛快的人並不多，就算活得痛快，痛快祇一時，留下來的還是人世間長夜的悲哀。

人的心既然向無限幸福去追求，死後永生可以滿足心靈所追求的無限幸福；爲什麼不讓心靈在人世間向無限幸福走去，待到死亡來臨，無限幸福隨著實現。

書信

致蕭紀書先生

紀書先生公鑒：

接到四月十八日長信，很了解你心中的痛苦，在這幾個月，我常與你有同感。但是人世的事，不能常使人滿意，也不能常有公道正義，否則就是天堂不是人世了。人心喜新厭舊，神父們就想省錢，也喜用自己的人，你把痛苦獻給天主，爲天主的愛而忍受，天意定降福你闔家的人。

十幾年來，承你幫助建築校舍，既經濟又堅固，我常感激又稱讚，學校人員也感激稱讚，雖然這次給你打擊，不必太計較。你已到銀髮族的年歲，兒女都已成家立業，可以休息了，一心爲天主爲教會再作他種貢獻，心靈輕鬆安定，生活必然快樂；我爲你，爲你太太和兒女孫子女輩祈禱。祝

天主降福
洪修女托代問候

八五老叟 羅光 手叩
一九九五年五月七日

致宋楚瑜省長

楚瑜省長勛鑒：

年前曾為八里鄉安老院土地重劃稅央請免稅，後以事屬台北縣政府無可為力作罷，近由社會人士共同向尤縣長交涉乃得全部免除，不意縣政府呈文省政府竟兩次打回票，光信省政府分層負責此案未呈到　省長桌上，社會各界均以八里鄉安老院自費購地建房免費服侍無家老人，縣府仍不免土地重劃稅甚不人道，群起抗爭，尤縣長從善如流，允以免除，而省政府卻不照准，光甚惑迷，不知我政府行政抑或為利而不為民，敢乞詳察，了結此案以安院內老人，不宣順頌

政安

八五老叟　羅光　謹叩

民國八四年九月廿一日

致黃克鑣神父

克鑣神父公鑒：大作複印早已收到，大機亦收到已數月，屢次想作覆書，俱延後執筆，因事關神學問題，非光之專行，不敢隨便表示意見，不信基督者之得救，非基督信仰之宗教之救恩，在輔大神學院尚未有系統深入之研究。光曾主持亞洲主教團協會宗教交談委員會十年，曾見印度神父有研究此問題者，光常思墨基邑德稱爲天主之司祭，彼非以色列人，不屬天主之選民，彼實代表某種自然信仰天主之宗教，彼同時其他信仰天主之宗教，亦可受天主之接納。例如中國古代崇拜上天上帝，亦可被視爲同等之正確信仰，此等信仰中之人可以獲救，應不可疑。但天主救世之計劃，以基督爲主體，人之得救，必經過基督。在基督降生以前之人之得救，所行善事，俱以指向基督之犧牲而有價值，等候基督升天時，同祭天域。在基督降生以後，凡救恩之善行，是否應直接或如何應間接歸於基督，則爲一大問題，拉能爾神父之「無名基督徒」如何解釋亦即此一問題。神父所談以道家之無，有一反映三位一體，時雖得中國學者之共見。因中國傳統常以道家爲無神論。老子之「無」乃對人之認識而言。「有」亦對人之認識而言，若就內容說，則是「道對宇宙」，道爲無，宇宙爲有爲一，但若借用，如吳經熊譯若望福音以「道」翻譯「聖言」，大家認爲可用。「凡是宗教俱可以得救」，「凡是人俱爲無名基督徒」，需要深入研究，詳細解說，否則引起極大紛亂，一般傳教主教俱予以反對，在梵帝岡大公會議時，在大會以後，情形未變，去年教廷教育部長與傳信部長對亞洲少數神學者之意見，已表示關注，不能接受。神父繼續此問題，將來能有深入之結論，必能有助於宣傳福音之工作。

聖神降臨節已近，求聖神光照研究工作。此祝

天主保祐，兼賀

端午佳節

老叟 羅光 手叩

一九九五年六月一日

致基督生活團

各位團員，大家好，請讚美基督！

這次集會的目標，爲改選服務職員，大家有爲基督服務的精神，選舉工作一定順利。這次集會研討的主題，爲信仰與政治，就這個主題，我向大家說幾句話，目前台灣已經進入選舉立法委員的熱火期，接著明年又有總統的大選，後年又將選舉省市議員，台灣幾乎常在辦選舉的情況中。選舉使社會不安，造成虛幻生活的意境，但也培育國民的政治意識，以往我們天主教信友，對政治抱旁觀的態度，今後天主教信友要積極參加。

天主教對於國家政治，有兩項基本原則：政治要有倫理，政治要有正義，政治爲大家公共的事，追求大家的福利，公共的事和私人的事一樣，須要倫理規範，大家的福利，也要在倫理規範以內，才可以得到。因此我們反對違反倫理的法規，例如反對墮胎合法化，反對侵犯人權的設施，例如反對限制信仰自由的政令，再一項要有正義的原則，資產的分配要平均，行政不要有特權，對於弱勢族群要有保障，行政的效力要穩固，這兩點是我們以信仰的立場參與政治。

但每位教友具有國民的身份，宗教信仰絕對不剝削國民的身份和權利。每位教友對國家有權利有義務，可以也應當好好運用，加入政黨作候選人，參加行政，作政府官員，每位教友有充份的自由。

教會和政治的關係，則守基督所指定的原則「屬於天主的歸於天主，屬於凱撒的歸於凱撒」，不直接干涉政治，更不參預政治，但要爭教會的權利。

各位團員，我簡單說明上面幾點，不是我私人的意見，乃是教會的原則，供大家參考，我希望團員們有積極參政的精神。

你們的老輔導員　羅光

民八四年十一月五日

致李承貴教授

承貴教授公鑒：

四月二十八日來函，早已如期收到，所寄復興文化觀研究一文，已囑哲學與文化編委會早期審閱，以便刊出。先生求學心切，研讀拙作，茲寄贈四冊，《儒家哲學的體系續編》，《中國哲學的精神》，《人生哲學》，《王船山形上思想》，四冊書中第一冊與上編同為收集，不同論文，非系統之作；其餘三冊，則為系統之作，近有儒家整體思想一書即將出版，光因行政方面事忙，寫作又係獨自執筆，故對於考據，常多忽略，在考據史實上，大陸學者工作認真。光哲學思想之重點，為生命哲學，為一種形上生命哲學，然亦包含倫理及心靈修養，現已改寫五次，成五冊書，內容關連《易經》、宋明理學、士林哲學及天人合一修養論，全書不離天主教信仰，閱者亦識為儒家思想和天主教信仰相混，實則非是相混，而是相融，以開儒學之新途徑。

在南昌大學食品營養研究所，有一位德國郝教授，曾在輔大理工學院任教授任院長，與光相研，若便可與一談。

耑此　順祝
近祺

八五老叟　羅光　手叩
一九九五年六月十四日

致王其水教授

其水教授大鑒：

去年七月來函，已近一年，不曾回覆，甚感歉愧，實因年老退休，專心寫作，疏於外事，近所寫書稿已結束，乃翻出舊日來信未覆者，選擇應覆者補覆，所問哲學與文化，現代學人，現代學苑之合訂本，已囑哲學與文化編輯處答覆，若未接到，可函輔仁大學（台北縣新莊市中正路）哲學與文化社追問，輔仁大學哲學系與大陸北，中兩區大學哲學系交相訪問，舉行會議，去年曾在山東舉行，今年又在西安，光年老不問外事，請函輔大學術交流室接洽，上午函內所寄利瑪竇墓碑重立記事，甚有史事價值。謹謝。順祝

夏安

八五老叟　羅光　手叩

一九九五年六月十四日

致王澤應教授

澤應教授公鑒：

四月廿六日來函及文稿，早已如期收到，大作文稿已交哲學與文化編輯處，并囑交編輯委員會審閱，以便刊出，將來編輯處必以消息奉告，另於去年夏得來函，托爲大作《義利之論辨》推薦與輔大出版社，因出版社原則出版校內老師著作，故未推薦，亦不記憶曾作覆書否，輔大之學術研究素尙自由，但對倫理寫作，有天主教之倫理原則，拙作士林哲學實踐篇，有所陳述，光現已年老，去年曾作儒家整體思想一書，即儒家生命哲學，現正付印。三十年來，曾以十二年時間，寫中國哲學史思想全部九冊，又以五年思想，修改生命哲學五次，成五冊書，其他中國哲學十餘冊，現已老邁精力不足，今年不能再有著作，僅研究中國邏輯與認識論。素佩大陸學者苦幹之精神，亦羨大陸學者著作之內容，除馮友蘭一派外，能夠穩健深入。光購有大陸書籍（哲學類）多種，常參考使用，台灣青年學人，多浮而不專，求走捷徑，牟宗三爲一老年專業學者，近已去世，先生爲青年有志之士，望一心從事研究，且望能研究王船山之倫理思想，因研究船山思想者，祇研究其易學與史學，少有研究其倫理

思想者，但切勿謂船山爲唯物論者或辯證學者，以免牽強附會。順祝

近安

八五老叟 羅光 手叩

一九九五年六月十四日

致羅濟吾弟

濟弟：

來書昨日收到，關於吉生的事，能夠弄明白，很好，我已去信說明，他尋親，找錯了人，以後不要麻煩。

衡陽聖堂已造好，可慶可喜，來信說在十月開學典禮時，邀請貴賓參加，可以辦，但有一點我要說清楚，我們捐錢建堂，是爲衡陽教區，不是爲愛國會，聖堂祝聖和開幕典禮，應由張昶副主教主禮，不能邀請愛國會的主教主禮，邀請他們參禮我不反對，假使他們要主禮，或你們要請他們主禮，就把建堂的錢給我們退回來，建堂的錢大部份是我出的，這事你要慎重處理，若是將來愛國會的主教主禮，會把我氣壞，我以後跟你們不會再連絡，請把這封信送給張副主教看。順祝

天主保祐

大哥　手書

一九九四年八月四日

致施森道蒙席

森道蒙席惠鑒：

聞杜修女在傳大之碩士試，順利通過，心為之喜，又聞蒙席乃諸教授俱認其可入博士班，甚為欣慰。昔日送彼入傳大，即有意為輔大培植一可用之材，宗教學系今秋開辦，將來需要教授，彼若有博士文憑，則不失為一可用之教書修女，然彼之現任會長，不懷有此種理想，故請蒙席書一短簡，說明杜修女有入博士班之資格，論文可在台北撰寫或可使其會長予以准許。

錢蒙席升任花蓮主教，以彼之傳教熱忱，必能振興教務，輔大哲學系則更缺教授，因去年袁廷棟、曾仰如兩位神父去世，今年李、錢兩位遷升。

退休後，身體較好，因不操心任何負責之事，又少動作，氣喘病乃減輕，心靈平靜安閒，無所計較，足少出牧廬，心常向天主，邁向天上之生活，實乃老年之快樂，每星期教書六小時，溫習早年所讀書籍，修訂舊日著作，尚感時間不足，外面會議且不少，希望明年動筆寫兩冊書，以完成傳道之責，但一切俱看上主若何安排。謹祝

近安

愚 羅光 頓首

民八十一年三月三日

致宋楚瑜省長

楚瑜省長勛鑒：謹啓者：

民國七十九年夏季，曾因新竹高峰路，方濟修女會院事，上書省主教，於同年六月廿六日得連戰主席覆函。謂已囑有關機關鄭重考慮。當年新竹市地方計劃將於高峰路修造兩條道路，使修女會院土地四分五裂，故上書申請更改計劃，此後此議遂寢。不意，本年新年剛過，新竹市政府逕迫修女院負責人簽署，同意於本年二月修改道路，通過院地，修女代請上書代祈閣下諭示有關機關，重新研究，因內政部與住會處已有決議，對教會機關，乃以不必要之道路計劃予以紛擾，年來此類事件已予　閣下麻煩，今後中央為地方政府祈能貫徹此項政策，教會人士安心為國民服務以增進生活福利實為上策，臨書神馳，企望見示。謹祝

政安

老叟　羅光　謹啓

民國八四年正月十二日

致宋楚瑜省長

楚瑜省長勛鑒：

承邀參禮衷心感激惜因考年體弱，久不遠行，常祈見諒，競選期間，曾爲祈主賜福，勝選以後又爲祈主賜祐，今正式就職謹致賀忱，任省主席一年半，走遍台省市鎮，深悉民生情況，未來四年省長任內必能爲民造福，基督曾說爲民長者，乃爲民服務。恭祝能貫徹基督之訓示，樹立民選省長之楷模，清風仁政留名國史，乃亦吾湘之榮也。謹此

敬賀敬祝

四年政績輝煌

老叟 羅光 謹啓

民國八三年十二月十九日晚

致羅濟吾弟

濟弟：

來信和書寫的信都已收到，我早已多次向你們說明我是出家人，我是主教，我屬於教會，那有和尚養家的！我對於家人，只是在非常情況下，濟急不濟貧，歷年來，我對家中人所匯寄的錢已經不少，該做的都做了，別人有親戚在外面，把大陸家中人接送到國外，我做主教的不能這麼做。我的錢都是在校長任內，從我的薪金節省下來的，沒有置產，沒有拿政府的錢，你們不要以爲我是千萬富翁，是棵搖錢樹，不要想選子女到我這裡來，不要想由我選出國留學。柏福子女出國，自己想法，我只給了一點津貼，衡陽教區還說多方面幫助，我自己沒錢印書，我不會有多餘的錢。現在我匯來壹仟伍佰元美金，你和少煌、書高平分，我希望不再有人要錢。耶穌曾經說誰是我母親兄弟姊妹？是那些遵行天主旨意的人，你們連天主都不要了，卻來認老主教作親人，這是我最痛心的事！祝

天主保祐

大哥 光 手字

一九九四年七月十二日

致曹立珊神父

立珊神父惠鑒：

接獲參禮請帖，始知有晉鐸金慶，友朋相聚，共謝天恩，良辰美會，實欲親到，耐因年邁，身帶氣喘，不便遠行，衹能心靈相繫，馳書遙賀。

神父五十五年鐸職，多爲追隨先師雷公鳴遠，能傳其精神，繼其事業，爲中國聖職，建立師表，功在教會。今日台灣教會所逞需者，乃雷公之真全常精神，尤其司鐸少有忘記自我者，且缺欠常喜樂於主之祈禱。設若雷公生活於今日，眼見佛教徒招人坐禪，平靜貪慾，自必宣講且實踐天主教靜默祈禱，招呼社會人士，共同習行。光常思以吾人之靜修告人，惜年已老，又無同志，敢請　神父有機來談，共商推行之道。吾輩銀髮族，動不如人，靜默祈禱或可較年青輩更適專此。

謹祝

金慶多蒙主寵

愚　羅光　頓首

一九九四年五月廿四日

致吳相湘先生

相湘賢兄惠鑒：

前星期喜得聯繫，卻驚悉嫂夫人歸天，老年喪偶，此情難堪。幸吾兄心情已定，重拾筆寫稿，感謝天主，不再爲求主助祐，以安餘年。光今夏寫儒家生命哲學一書，約八萬字，以生生之爲易，連串儒家全部思想，計於明春付印，另又詮譯新約文句，成基督福音生活與宗徒訓示兩袖珍本書，以便閱者攜帶便利。兄台撰述近代史公正嚴密，立夫先生曾贈其回憶錄一冊，光已讀閱過半，惜言正不詳，兄台今爲文與以文上增訂，有裨於史實。傳記文學所利史事著述，豐富廣泛，實爲中國近代史之檔庫，但其中作者常以本身利益，各說各話，將來修史者，爲辨別真僞，將有如孟子所言盡信書不如無書之慨，來函問及「生命樹」事，教會絕無規定，想係美國教友反對墮胎之「維護生命」組織所爲，天主教會不談十二生肖，更不談出生星座，視爲迷信。

光上週抱病，兩週未授課，現已痊癒，然舊病不除，體力更弱，耳、心已出乎塵世，故此次台北選舉熱鬧滾滾，光似乎不見，此上彼下，繼續旋轉，何價值之有，兄台專心學術，心情平定，且能信仰上主，更可遇老而安，此乃可貴，耑覆。

恭祝

聖誕蒙福

新年吉利

弟 羅光 謹覆

一九九四年十二月八日

致吳祖禹大使

祖禹大使惠鑒：

久未通信，亦未見報章有新聞，乃係平安之現象，宜感謝天主之照顧，光年老多病，不便遠行，故不能來羅瑪，拜會舊友，然羅瑪友人，能來台北，則盡情歡迎，己預備接Card caosidy然彼己改期，近得高理耀樞機書，彼以如能在台北相見甚以爲樂，故請　大使詢之，是否有意再來台北，如有意，光可以聖墓騎士團台灣分團名義，邀請外交部承擔旅費暨接待會。光身體在家可以寫書，讀書，祈禱，且授課教書，近又出版三冊書，教廷與我國外交關係時時在能變之中，但中共態度不改，則可安定。如中共改政策而使關係變，則我方決不可自動絕交，而須向雙重承認。順祝

主祐

兼候夫人安

愚　羅光　謹叩

民國八三年六月六日

致李再卿神父

再卿神父台鑒：

接來函及資料，即作覆，因一放下，則可能遲延一兩週。

宋主席許諾不拆西螺聖堂，但他不擔保一定不拆，他指示縣政府慎重研究，危害聖堂之路，是否必須開，他是希望不開，然不能說不許開，若縣政府因鎮公所建議路必須開，宋主席將無力可以阻擋，所以如我前一次之短信所說，神父必要和縣政府鎮公所交涉，邀請省縣議員幫助。

我第一次致函宋主席依準　神父送與狄主教之資料，謂西螺聖堂爲建築八十餘年之古跡，近得資訊，謂西螺聖堂建築祇三十餘年，不能稱爲古跡，又據第一次資料，我謂全台灣有七十三處或近九十處之教堂及天主教會之建築已被拆或將被拆，近獲資訊，主教團接獲四十餘件拆建案件，送天主教國大代表研究救援，但審查所有案件，祇有三件確實爲拆建案件，如此，我再若何向宋主席講話？

順祝

主祐

羅光 手覆

民國八三年六月三日

致沈森明先生

森明同道：

接來函，即覆，雲林西螺鄉公所舉行民眾座談會，討論西螺聖堂拆不拆，這是地方政府對付省政府的辦法。佛教的寺廟不能拆，都是地方民眾不許拆。你說這次鎮公所將不利於我們，你告訴李再卿神父五月五日的說明會，要多請本鎮人士參加，大家要反對拆堂，結果可以抵消鎮公所的座談會。他若單請天主教或佛教，而且都不是本地人，鎮公所不會承認有代表性。

你所說利用省長選舉機會，誰靠我們，我們全省教會就投誰的票，這種方法會造成選舉恩怨，教會將受害很凶，決不能辦，而且內政部長也不能出公文，永久不拆全國天主教的聖堂、學校、幼稚園等。這是立法院的權，立法院也不能出，因爲牽涉太廣，造成天主教會爲特權機構。你說于斌樞機在時，沒有欺侮天主教，那是因爲那時候，只要上面一句問題就解決了，現在就是總統說話也不生效，事情是從下往上，而不是從上往下了，于斌樞機若還活著，他必要吃苦頭了，一切的從前國大代表，立法委員都被罵爲老賊，大家都被逼退了，連蔣夫人都不願再住在台灣，你告訴李再卿神父盡力把地方上人士關係搞好，我老了，精力有限，不便多和你通訊。

順祝

主祐

羅光 手覆

民國八三年五月二十八日

致施森道蒙席

森道蒙席大鑒：

承贈寄之馬里旦全集第十五冊已拜收，謹致謝意！全集已告完成，據編者宣告，將有兩冊仍繼續出版，一冊收集馬氏未刊行之遺作，一冊爲全書目錄，編輯者之努力與學術研究，實令人敬佩，台灣近年出全書之目標，多爲商業性賺錢，前輔大校長陳垣之全集，僅以出版之書複印而成，各冊印刷式樣不同，收集亦不全。方東美，唐君毅之全書，雖經弟子等編印，亦不免遺漏。大陸湖南長沙圖書館編印《王船山全書》，則盡量收集遺著，加標點，加考據，每年印一兩冊，現尚未完成，用功非常專心，可稱爲標準之全書編印工夫，光近將所寫之書全部重印，已組織小組，校閱與改正所有錯誤。身體則耄老多病，不能再專心寫書。去年暑假寫成《儒家整體思想》一書，現在印刷中。年初已詮釋之《宗徒訓示》小書，現已出版，最近五月寫完馮友蘭、牟宗三哲學思想兩文，幾乎累成重病，如去年寫書成病一樣，但俱賴天主恩祐，稍事休息，身體復原。今後不再寫書，祇寫報稿經文，除益世評論外，尙爲大成報與自立晚報每月寫稿。心情平靜，很少

參加外面事務，聊以相告。此祝
天主保祐 端午節禧

老叟 羅光
一九九五年六月一日

致李思澄院長

思澄院長神父台鑒：

十一月十二日函，實快我心。一篇短文，竟能使遠隔人世，靜心對主之人，暢懷欣笑一場，不易不易，全作〈我的外語經驗〉一文，用心在使讀者心情鬆爽，會心一笑。院長來信，令知所想非空，我心足矣，久思來貴院一趟，以觀真福之地，惜因氣喘不宜遠行，常望遠而興嘆，祈常爲代禱敬恭主命，聖誕在即，祝

主賜平安

老叟 羅光 手覆

一九九五年十二月六日

致劉振忠主教

振忠主教道鑒：

十一月十六號來函已收閱，謹謝嘉義教區之盛情謝意，爲聖教會工作；乃爲主教者之天責，祗愧年老力衰，時勢又變，工作不能有效。內政部長昨寄來上次會議之紀錄，結論與我所言，稍有差異，然尚可取，茲寄一複印本，供使用，此後，須主教自動與省政府建設廳接洽，爭取政府資助建堂輔助薛文進家人生活教育所需，必要時，我亦可從旁協助。我以退休之身，不宜多出面，以免招人指責，應守「不在其位，不謀其政」之古訓。

順頌

牧安

老叟 羅光 手覆

一九九五年十二月六日

致黃昆輝部長

昆輝部長勛鑒：

接獲部寄營建署會議紀錄一份，甚爲感激，光以私人情誼，擅作建議，承部長不責以老昧，責令營建署召開會議，且能小有結論深以爲慶，尤以爲謝，在全國選舉熱浪澎湃之際，內政部能思安定社會人心，可貴可貴。謹此作賀。順頌

政安

老叟 羅光 謹叩

民國八四年十二月六日

致羅濟吾弟

濟弟：

二月十六號來函已收到，同時收到柏福、柏專來信，對詩順的葬，我覺得安心，你來信要我寄幾張大型照片回家，我今天以另一郵件，寄七張大型，五張小型單身照片，祇是近年我沒有再單獨到照相館去照相，所寄來的，有六張是五十多歲時的照片，有幾張是七十多歲時照的。姪兒女和外甥，各拿一張作紀念。

我的身體，坐著不多動，很好，閱讀，寫作，教書都可以，走動或忙就累，就氣喘，夜間睡眠，床是頭部腳部可以伸高的病人床，早晚須用氧氣呼藥，夜間常須用氧氣，我的寢室有這種設備，晚晌須喝菊花茶，一夜可以平安睡眠，否則不能睡，馬上氣喘。我在台北，不出門旅行，有事到外縣市，都要早出晚歸，不在外面教會住所或旅館過夜，這樣當然沒有辦法來大陸。現在退休了，除到大學講書和公共場所開會以外，我便不出門，身體也好一些，心靈更舒暢。

請你辦兩樁事：第一、把詩順、蘇、和你三家的子女名字，以及多少姪孫兒女給我寫來，第二、告訴我，南鄉羅氏家譜還有沒有，族裡是不是有人想修譜。祝天主保祐！

另一重要事好好修理母親的墓，我花錢。

大哥

光 手字

一九九二年三月三日

致羅柏福

致羅柏福外甥女：

二月十七日來函已收到，同時收也到濟弟和柏專的信。我所寄伍佰美元爲喪葬費，略表我的心情，據你們的信上所說，我對你媽的喪費，我可以安心。

立軍常有信來，但他常搬家，我在聖誕時寄他伍佰美金，郵費因地址已換，乃退回來，我又照新地址寄去，還沒有收到回信。留學生大都要吃苦，才可以鍛鍊品格，我會幫他，若是衡陽將來爲我造墓，建紀念堂墓和紀念品可以搬回去，目前情形，是以在輔大較妥。

寄你的濟舅我寫了不能回去的原因，是我一動就氣喘，另外晚晌睡眠床要頭部腳部可以升高，睡前，起床要用氧氣呼藥，夜間常須用氧氣。我在台北已經三年不出門旅行。有事出門必定早出晚歸，回家睡覺，現在退休後，身體較好了，在這裡我有人好好照顧，每天吃藥，朋友門生送的補藥更多，這都是天主的恩典。祝

天主保祐

大舅 光 手字

一九九二年三月三日

致羅濟吾弟

濟弟：

近月接到幾封家信，有你的兩封，有少煌，書高，書芝，秋良，柏福等的來信，我謝謝你們的關心，祇是不能給每位都答覆，因爲精力有限，時間也有限，八十二歲的老人，雖然不做校長，但是還要教書、寫書、開會、讀書、祈禱。請你把這封信複印幾份，或抄寫兩三份，交給各人看。

你們能夠修好母親的墓，我非常感激，母親的姓名叫王安納，爲繼承耀弟，你安排的很好，但千萬不要給我一個嗣子，因爲我是出家人，不能有家。

你們來信，常催我回家，我謝謝你們的好意，但我有好多因素不能來。身體也不好，已經三年不出門遠行。大陸有愛國教會和地下教會，我若來，祇能見到愛國教會的人，地下教會的要抗議，羅瑪和台灣方面也會起誤會，以我的身份，決不能這樣做。

你們有人要我辦手續，讓你們來台灣作工，來台灣看我，我都不反對，但是我沒有精力可以給你們辦手續，我一走動就增加氣喘，又沒有秘書。你們來看我，我不能好好招待，使我心不安，若你們送小女孩來，更使我煩惱，我那裡有氣力爲照顧小孩。

我是出家人，從來沒有要家人照顧，目前有修女照顧，有女工服侍，她們幫我都已經二十年，事事小心週到，我放心，你們也可以放心，我所需要的是安定清靜。在祈禱中我天天爲家人祈福。祝

天主保祐

大哥　光　手字

一九九二年六月十七日

致羅濟吾弟

濟弟：

八月十三日來函，已經收到，船山先生逝世三百周年，大陸紀念學術研討會早已來信邀請回鄉參加，我也有興趣。但是身體還是不能出外遠行，上月廿六日，輔仁大學一位教授神父到香港開會，廿七日得病，廿八日就死在醫院，前幾年兩位方濟會神父，到大陸探親，突然就死在大陸，我在台灣都不能在外面過夜，那還能到大陸旅行。再者，我回大陸，不能不看望主教神父，否則人家要罵主教不關心教會，若看主教神父，則只能看愛國會主教神父，地下神父教友，又要大罵，前年三位台灣方面的主教往大陸，因爲這樣做，地下教會人士，往羅瑪和台灣各處控告這幾位主教。何況，我以現在的聲望，若也這樣做，會使他們失望，使他們更憤怒。因此北京學術機構已第三次邀請我去，我都是婉拒，爲船山學術會，我也不能來，請你代爲致謝並道歉，但是我會寄一篇論文來，輔仁大學已經決定和政府學術機關在明年元月舉行船山紀念學術會，由我主持辦理，我又開始寫一冊《船山哲學思想》書，明年付印。祝

天主保祐

大哥

光 手字

民國八十一年九月二日

致狄剛總主教

狄總主教道鑒：

得七月廿七日手書，無任欣喜，因見素縈心懷之問題，能有關心能採辦法之主教，主教團聖職委員會，不照當初之決議，保守慣例，依樣畫葫蘆，總主教想和適宜之辦法，乃解決此問題之正路，茲照來書所問各點，提出答覆。

1.宜組織一實際工作之計劃小組，組織人員：如房志榮，李哲修，黃振華三位神父，教區副主教楊敦和院長等，似俱可擔任，人數不宜多。

2.方式：爲晉鐸十年以下者及五十歲以下者一種方式，爲五十歲以上者一種方式，分別辦理，主教團爲晉鐸十年以上者，曾規定每期一個月，關閉住在一處，勉強性參加。

3.教材，可分爲神修，牧靈，社會三部，教授可向輔大徵取，資料可用教宗給全球神父書信彙編，教宗對司鐸教育傳教及社會問題之道諭及訓導。

4.興趣：爲激起五十歲以上司鐸之興趣，教材與教授須具吸引力，課後多加討論。

5.參加：爲參加須有強迫性，進修期間，須加強禮儀生活與默禱，但爲五十以上之年齡者，勿作新而奇之禮儀示範，免引起反感。

6.往佛教禪寺參觀禪靜生活，到孔廟參觀祭禮，以了解中國祈禱與祭祀之精神。

以上各點俱屬鄙見，祗供參考，計劃小組將來必能有多種高見，台北辦好，其他教區與主教團聖職委員會必將步塵，特求主賜祐，成功，順頌

牧安

愚　羅光　謹覆

民國八十一年八月一日

致毛高文部長

高文部長勛鑒：

猥以退休蒙頒獎牌，實增愧感，十四年主持輔仁大學略有建樹，缺點繁多，惟常努力，不愧於天，不怍於人，差可告慰。

部長執政以來力求改革，創資助私立大學四年計劃，又推行廢除聯招可欽可佩，望勿以望子成龍之父母、挖金歛財之補習班與教師等之抗議而餒氣，則我國教育工作將步入正軌。

謹祝

主祐成功

愚 羅光 謹叩

民國八十一年四月七日

致趙金祁次長

金祁次長勛鑒：

前承親臨輔大頒贈獎牌表心感激，且蒙致詞表揚實增愧感，然聞教部主動推行宗教教育深以為喜，歷年所切望者能見諸事實感激　天主恩賜亦佩。次長之濬智，惟祈克勝阻力以盡全功。謹此

順祝

主祐平安

愚　羅光　謹叩

民國八十一年四月七日

致王先睿教授

先睿教授公鑒：

捧讀二月十九日手書，深佩專心研究哲學之精神，且能致力宗教原理著作之翻譯。光已年過八旬，由校長職退休，無復有學術工作，僅教授博士班學生中西哲學之比較耳，來書謂同鄉何雲先生有志出外深造，承詢義大利之宗教研究概況，義大利爲天主教國家，在羅馬有數所教會大學俱設有神學院，可以考取博士惟所研究者，爲天主教神榮，且無獎學金，光離開羅馬已三十一年，近三年因身體不適，亦未再往一遊，近日狀況則不明瞭矣，北京世界宗教研究所歷年研究成果，想必豐富，如能將出版之書籍，可寄一冊來，光將如數匯寄書費與郵費。耑此奉覆

順頌

日祺

愚　羅光　謹覆

一九九二年四月廿七日

致葉醉白將軍

醉白將軍偉鑒：

天馬畫室一晤，有緣得觀揮毫，一滿素日之望甚以爲快，又蒙邀宴乃能親聆偉論愈增敬佩之情，昨得手翰蒙惠相聚之相片，益覺虧負過多，無以爲謝特囑輔大藝術學院邀請於月之二十日枉駕往觀就地而以指教，來日有暇光將再訪天馬畫室請教畫馬神筆之方稍正拙畫之陋

專此　謹祝

藝安

愚　羅光　謹覆

民國八十一年五月六日

致狄剛總主教

狄總主教如晤：

月之廿八日，承來天母牧廬，坐談一小時半，甚以爲感尤謝　天父賜此談話機會，以能表達積蓄胸中之意見，茲以談話中兩點重要建議，再以書面陳述。

一、董事會討論，三長與院長任命事，決不可行，祇能在會前或會後討論或由參議會與主教團討論，否則將來可能引起反抗。今年靜宜大學改聘校長，董事會有權，但方式不合，以罷免方式改聘校長（徐神父任期未滿），教育部始終靠校長我給王主教小小助力，但最後是校長得勝。目前文化大學藝術系反抗，即是反抗董事長干預校政，以後教授與學生之心理，必向此方向發展，主教團會議紀錄亦不宜授人用爲攻擊之具。

二、文學院爲主教團之團體，團員日少，談話時我曾說促主徒會，培植兩位神父作教授，亦可請方濟會道明會培植，沒好辦法時可請韓國神父，我曾培植越南神父，後來因在美國之越僑需要神父，彼時三位越南神父俱去美國，在談話時，我提可使在輔大教書之修女（非聖神會），加入文學院之主教團代表團，現在剛從傳信大學傳教學院考取博士，在輔大任教之聖家會杜修女，在淨心堂服務兼教書之許修女，老有傳大傳教學系碩士，高雄吳甦樂會高修女，考有輔大哲學系學位，三修女資歷俱合格。

總主教，負有輔大將來發展之責，須早作計劃。

另外一件事，今年是佘山奉獻中國於聖母七十週年，六十週年時，曾在台北主教座堂舉行紀念典禮，不知可行七十週年紀念禮否，亦或可在聖母紀念禮為家庭年，奉獻家庭於聖母否。

順祝

牧安

愚 羅光 頓首

一九九四年五月卅日

致李紹崑教授

紹崑教授台鑒：

接讀來函，欣喜寄書已到，老舊之作，可供參考，光年已老邁，隨時可上見天父與基督，領受司鐸司牧聖品者，基督審判將嚴，故日求洗刷心靈，符補前愆，人世間事已屬過去，既退休便不問外事，心神安寧，每日祈禱，讀書寫作，每週授課心連基督，已無世問慾望，惟求仍能為主光榮能有小作耳，回觀八十年經歷，乃如訓道篇所云：「虛而又虛，空而又空」，所留者則為心頭遺憾，未能為天父光榮多工作，而多偏尋自己聲譽，深受天父之懲處，老來祇知改正，虛耗時光已多矣，寒假避靜心有所感，聊述數言。順祝

主祐

八五老叟

羅光　手叩

一九九五年二月二十二日

致李貴良神父

貴良神父公鑒：

來函與附件，已收閱，神父努力神功乃一幸事，光近亦專心靈修，尤教天主聖神，年老變小孩，須要聖神引導與支持，神父著手寫神恩復興運動之書，乃適合時宜之作，光盡聖神之活力，受聖神之七恩，然對神恩復興，於不感興趣，台北教外人來書抗議，天主教主神壇，有神棍騙人騙財，倡言祈禱治病，求治者送紅包，病不癒，室內坐滿病人，治病者喃喃久之，從未見效，光常想受神恩者，既係常職，且公開則應在教會體制之內，一人自謂有治病之神恩，誰敢相信，光敬聖神，則重視聖神七恩，心靈得光明，得勇力，得安慰，與天父和基督結合為一，進入神性之永生，聖神同禱，則為最佳之運動。

祝

新禧

八五老叟　羅光　手叩

民國八四年正月廿六日

致蘇雪林教授

雪林教授惠鑒：

驚悉又因跌傷住院，特爲祈主助祐，高年力衰，易致行動不穩，然骨結不易，須強加忍耐，住院靜養，百齡壽誕不遠，期保養　貴體，能全國共慶，光體衰力弱，久患氣喘，不便遠行，未能來院問候，謹以紙筆問安。期獻所受痛苦於　基督，求主俯允眾望，賜大陸教會得享自由平安。跌傷之苦，將有益於千千萬萬之教胞，可爲塞翁失馬之福乎。謹致祝望之忱。

順頌

福安

羅光謹啓

民國八十四年三月一日

致張署理主教

張署理主教道鑒：

衡陽耶穌聖心堂落成典禮，郭修女帶來照片也作了報告，我得知大概，特別感謝天主，賞賜這樁大事，能夠順利完成，現在衡陽又將舉行晉鐸典禮，也是教區一件重要事務，你能使事務成功，將有助於教區的生命，既有一次的成就，仍須繼續努力，天主必定降福，爲南鄉聖堂擴建並加建神父住屋，羅社、羅濟兩弟，俱有信來，建築費雖不算貴，我則祇能捐贈美金壹萬元，匯票夾在這信內，請你費心，把南鄉聖堂修好。順祝

主祐平安

羅光　謹叩

一九九五年六月十一日

致羅濟吾弟

濟弟：

你上次來信說為南鄉聖堂屋後立碑，我不知該刻什麼，你們自己去辦罷，為南鄉聖堂擴建並加蓋神父住屋，我祇能捐贈壹萬美金，匯票托修女帶給張副主教了。希望你們好好用心把聖堂蓋好。我所能寄的錢，祇有這一點了，每個月，我的費用和醫藥費很多，現在雖有全民健保卡，但是我所用的藥都要自己買，每月幾乎需肆佰美金，我的健康現在就是靠藥，按時用藥，可以維持現狀。台灣現在因氣喘病去世的人，越來越多。我則全心聽天主安排，患氣喘病已經十年，目前，睡眠都要帶氧氣管，床要是頭部和腳部搖起的醫院病床，修女盡心照顧我每天我能夠閱讀寫稿，到兩座大學授課，但不能走路用手搬東西不然馬上就氣喘，呼吸不好，一切靠天主和聖母。祝

天主降福

光　手筆

一九九五年元月十一日

致王又曾先生

又曾理事長勛鑒：

謹啓者湖南鄉賢王船山，明末清初之大哲學家去世逝三百週年，海峽兩岸哲學界舉行學術紀念會，大陸由長沙船山學會，於去年十月在船山先生故鄉衡陽市召開船山學術研討會，邀請台港大陸伍拾餘位學者與會發表論文，光曾送論文一篇，由中國哲學會總幹事，輔仁大學哲學系系主任黎建球教授代表出席，赴衡陽參加會議，台灣紀念船山逝世三百年學術會議，則由中國哲學會與故宮博物院聯合舉辦，由秦孝儀院長與光共同籌備，爲不與大陸紀念會相對立，故定於今年元月初，在故宮博物院召開，邀請鄉賢李元簇副總統致開幕詞，並邀湘籍名流參與開幕典禮，敢祈　理事長抽暇與會爲發展論文，已請大陸與者二十人，其中鄉同學者（長沙衡陽）約一半，深盼彼等俱能辦妥手續，紀念學術會議之經費，包括大陸學者旅費、旅館費、論文印刷費，預算約兩百萬台幣，教育部已准撥貳伍萬，文建會允撥參拾萬，孝儀院長與光一同合掌，向　理事長求情，敢祈力霸文教基金撥款壹佰萬元台幣，使台北召開之船山紀念學會圓滿成功，對湖南先賢聊盡景仰之情，雖與　理事長萍水相交，然因同一敬仰鄉先賢之心，必不拒此輕微之請求也，臨楮神馳虔祈 上帝福祐力霸事業。

謹祝

貿安

鄉愚 羅光 謹啓

民國八十二年三月七日

致施森道蒙席

森道蒙席惠鑒：

近日整理家中書籍，發現原有書中，頗有短缺，尤其是教會作者之著作，如吳經熊先生、陸徵祥院長之書幾已無存者，在哲學方面，馬里旦之著作，原有近十冊，現近只三冊，然馬氏之著作，則多參閱之價值，故祈代向羅瑪之法文書局代購並 gilsary之書（論中世紀哲學），其全集，largue Maritain opera omnia購後請以書交與蔣廷信先生托其寄來，茲寄美金支票肆佰元，如不足，再補，如有餘存在蒙席處。

暑期未出外，照常研究哲學，今年王船山逝世三百年，以同鄉同行之誼，深入研究，其思想將寫一小書，以作紀念。

平日心情安定，已除一切人事，希望或憂慮，祇看人生最後一點，與天主相結合，此乃退休之特恩，然亦念及昔日友門，亦想念羅瑪也。順祝

主祐

愚
羅光　謹叩

一九九二年九月十五日

致賈彥文主教

彥文賢弟總主教道鑒：

七月廿六日來函已拜收，得知安居八月神修月，甚感羨慕。光雖在退休後，以牧廬作隱院，無事不出門，然後預備學校講義，又須答應各方要求之文稿，坐在書桌之時間，較坐在聖堂之時間，仍舊更多更長，心神當不往常收斂安定。眼看目前佛教法師在社會之影響力，更覺吾人須以聖德爲主，此次台北總教區成立四十週年彌撒證道中。光大聲疾呼，天主教不須要名人，須要聖人。目前努力，在天主助祐之下，多修善德，以期對中華教會能有助益，祈禱克己，爲吾人傳道之工具，能多行，就多有益。另一方面，兩岸關係日漸改善，學術研究工作，將可漸趨合作。台灣研究宗教者僅宗教教士。輔仁大學編纂哲學大辭書，關於佛教哲學，竟找不著撰稿人，現正邀約大陸學者撰寫，輔大爲教佛教哲學，尚須找老年人自己講，此間學者尚深有中國傳統不談宗教之習氣，而且認爲宗教不是學術之研究對象，只是民間迷信而已。近日因社會道德淪落，才著眼於宗教信仰之感召力，不如大陸因反對宗教須先認識宗教之研究，耑此謹覆。順祝

暑安

愚 羅光

民國八十一年八月十四日

致劉先睿先生

先睿先生台鑒：

七月十九日手書，早已收到，所寄書籍昨日郵局送來，共七包，謹致謝意，承多方搜集，又代付書價，多加麻煩，甚感過意不去，真不好意思。佛教書籍，早已購得；道教與伊斯蘭教之書則前所未見，大陸政策反對宗教，卻有研究宗教之機構，出版研究之結果而成書，台灣宗教自由，教育界不許教宗教，學術界不研究宗教信仰，爲在輔仁大學設立宗教系，我費六年時間與教育部爭論，本年始能成爲事實，我譏刺教育部爲無，你多講道，我多寫文章，也可以有益於教會。

台灣新天主手冊已發行，光最後一次參加主教團會議時，曾就手冊講治因手冊遺棄，退休主教爲知道郭總主教之年齡都無法查，乃建議將所有主教排印在主教團前面，每位主教加註簡單履歷，此次新手冊，在主教團前面排印禁體主教及簡歷，差強人意。光謹慎不多露面，不多講話然最近狀舉兩位遇事問詢意見或代向政府溝通時，則盡力不辭。

台南天主教大專中心三十年慶，已答應去參加，近日身體較好。順祝

旅安

愚 羅光 謹覆

民八十一年八月十四日

致林吉男主教

吉男賢弟惠鑒：

今聞被教宗任命爲高雄教區輔理主教，至感欣喜，特即致函道賀，非爲賢弟得高位，乃爲中國教會增一指導者而可加強工作，可以預備下一代之領袖班。光參加最後一次參加主教團會議時，曾呼籲增加輔理主教人數；使主教團能有年青之團員，積極參加工作，當時大家俱說高雄可以辦，光近日閱讀聖大額我暑教宗之「對話錄」，聖教宗述說當蠻族入侵義大利時，多數區主教俱爲善德超凡之聖人，顯行靈跡，歸化蠻人，我自認距離聖人品德太遠，希望青年主教，勉力成聖，中國教會則必得福。特以爲祝

上主恩祐

愚　羅光　謹叩

民國八十一年十月八日

致羅濟吾弟

濟弟：

九月三十日來信已經收到，大陸天主教第五次代表大會經過從報上看到一些消息，說是決定以後由主教團負責指揮，希望能夠這樣做漸漸走上正軌。三十年來，愛國教會迫害地下忠貞教會，促使中共拘禁地下主教神父。

少煌來信，說他的岳父母的家被火燒了，向我要一千美金。書高昨來電報，說是母親重病臥院，要我資助，你看看究竟是怎麼回事，究竟是不是需要錢。書高的母親若住在醫院，先告訴我花了多少錢，我可以資助一些，姪兒們不要以爲我是大財主，設法來討錢，我現在靠教書養我自己，所收薪金不夠用，須以所積蓄的錢補貼，並補每月的藥費，我不是說窮也不是不願資助親人，可是姪兒女和外甥十幾家人，給一家，不給別一家，又不服氣，做了好事，還要被罵，心中真不好過。

再者，姪兒中，千萬不要偷渡來台找工作，最近福州主教來信，請我保他的一個偷渡被抓到的教友，我設法也辦不到，因爲在這一方面，政府很嚴。

爲船山學會的一篇文章，現在趕著複印，印六十份，三十份寄往長沙負責人，三十份，由輔仁大學一位來開會的教授帶來衡陽，本來有一位衡陽同鄉歐陽敏從台北來參加會議，但是我不大相信他，台北在明年六用舉行船山會議。

祝

天主降福

羅光 手筆

一九九二年十月十八日

致羅濟吾弟

濟弟：

郭潔麟神父回台，告訴我把信已經轉給你了，支票也給他了，我也就安心了。這次匯錢，雖爲姪兒輩購屋，也是對每個姪兒、姪女、甥男、甥女作一次問安。一次普遍寄致，以後我不會再寄錢，也不希望他們再來信要錢。這次給每人都寄錢，爲避免他們沒有得錢的人說話，他們中間不要買房子的人，可以把錢借給或讓給要買屋的人，彼此通融，我在外面不明瞭，實際情形，不好分別需要錢或不需要的人，只要公平每人都寄一般多的錢，你要按我所寫的寄每個人壹仟元美金的人民幣，不能多，不能少。

少煌已兩次來函要錢，我不能多寄他，他這次來信說衡陽的主教會只有自生自滅，這一點使我很痛心，在此方教友們自動保衛教會，自動傳教，我們南鄉羅家世代信教，你和姪兒輩和甥輩在亂離中長大，都沒有受過祖傳的信仰教育，有些人也沒有受洗，教義和經文都不懂，又沒有神父教你們這都不能怪你們，但是我還是希望你們找回祖傳的信仰，你們常說要我回家看看，可是我若回來，有什麼可看，認識的人都去世了，老屋也毀了，連祖傳的主教，家人都拋棄了，我回來看什麼？看一群不相識的面孔，在生活上一點相同的地方都沒有，因爲唯一可以是相同的宗教信仰也沒有了，對於愛國會我知道得清楚，我憐惜他們的一片苦心，想保全天主教會，但是愛國會的主教，公開聲明和教宗脫離關係，違背教義，又結婚違背教規，他們所要保全的教會，已經不是至一至公的天主教，而是中國的基督教，幸而在愛國會的主教中，有多數忠於教宗，和他取得連繫，然而北方和上海的教友還是不承認他們，也反對他們。

你托郭神父帶來的一冊書，書中寫我的事，有幾點錯誤，我是陽曆一九一一年正月初一生，陰曆則是一九〇〇年十二月初一日生，普通我按陽曆過生日，父親的名字是羅英仲不是羅英重，我費十年時間寫中國哲學思想史九冊，不是中國哲學大綱。在你的六十年生活裡，你第一次到香港，不是先得了我的同意，你再回衡陽，我是你回去以後，雷永明神父才寫信告訴我，我是不會同意。第二次你到香港，郭飛神父說，我不願意來香港的理由，是他自己想的，實際上是我對於愛國會的反感，現在我還是一樣。

家中人不要寫信來說我在這裡沒人照顧，她們想來。實際上我有人照顧，而且照顧非常好。也不要吵我，常說要回來看看，我若是能夠來，我就自己來，我所希望的是聽見家中人有宗教信仰，有苦幹的精神。

祝
天主降福

大哥 㫬光 手寫
一九九三年四月十三日

致張照營教授

照營教務長惠鑒：

聖誕節期，曾接來片來書，新年又接賀生片，深深感激，光回片未回信，因其時爲監察委員提名，審薦小組開會甚多，無閒執筆，近農曆新年，每月有來家，今天各區恢復辦公作業，無人來訪，牧廬之司機一家已回鄉過年，牧廬僅有洪修女，甚覺清靜，及提筆書致候，光近期身體做好，氣喘病雖未愈，但未惡化，每天吃藥，中西藥俱用，尙能維持現狀，每天按時祈禱，讀書，寫作，生活非常規律；心中又無名於欲望，常平靜安和；祇求諸事合於天主聖意，是誠安度著年之福。每星期在輔大有兩天上午授課，此學期在師大亦有一下午授課，爲授課須先預備，學識尙可以明長進，去年爲王船山逝世三百週年，以同爲衡陽人同鄉之誼，計劃寫一冊《船山哲學思想》，現已寫三分之一，希天主保祐，能於今年五月寫完，輔大醫學院正發展中，乃天主大恩餘不多言。順祝

天主保祐

洪修女托代候

愚 羅光

民八十二年二月廿二日

致黎建球教授

建球主任：

年節時想一想年中的幾件該做的事，有兩件，要問問你的高見。中國哲學會今年可做什麼？年會怎麼開？你看是不是開一次常務理監事會，大家研究一下，船山三百週年紀念學術，還要不要開？還是同別的學術會議。例如當代哲學會合起來，社會中有兩三篇論文講船山思想？要不要我們倆人和故宮傳物院秦院長見面談一談，使事情有個交待？

上次士林哲學研究中心要大家送書，我寫了一張便條；可以向學生書局買我的書，記我的帳，不知有沒有困難，輔大出版社所印我的書，更可以要。

順祝

近安

羅光

民八十二年元月卅一日

致王雲龍先生

雲龍先生偉鑒：

中年得贈書傍晚閱讀四篇，自愧躋身名人之群事功建設皆落人後，唯一無愧人者即自強不息，身事用孔子所言，身為人也發憤忘食樂以忘憂不知老之已至，承用活躍之筆，繪成可愛之人格即作餘年修養之標本，使大作不虛言，耑此致謝

順祝

暑安

八五老叟　羅光　核首

民八十四年七月廿一日

致羅大方蒙席

大方蒙席：

常想台南玉井朝聖地，好幾年沒有去朝聖，不知堂內聖母像放在哪裡，你知道朝聖是朝一幅顯靈或天父的聖像，玉井的聖母像，乃是仿製羅瑪一幅顯靈聖像，由教宗若望二十三親自祝聖，由國務院寄到台北大使館，玉井教友迎接恭在聖堂內。

現在托你和玉井本堂神父商量，將聖像供在你那時所放在左方的小祭台上，聖像周圍的小堂牆壁，用大理石貼上，小祭台和地板也改用大理石，你邀請成大天主教學生中心天主教授設計一下，估價要多少錢，我願意捐十萬元台幣，不足的數目，你奔走台南市縣，請聖功修女，重波斯多會和新營方濟會捐，捐款若夠多，則把聖堂修理一下，前些年我因事忙，又怕本堂神父不高興，便沒有對朝聖地作什麼計劃，到玉井朝聖，不是朝堂裡所排的泥塑聖像，本是爲朝聖由羅瑪來的吾樂之像聖母像，現在把你辦一辦，當然你和本堂神父一起辦我不認識本堂神父，所以才托你辦，你在羅瑪住過，你知道朝聖的意義。不過，你現在不要在台南講這件事，祇和本堂神父商量，不要事還沒有做，就鬧成滿城風雨，若是在明年五月

以前，事情辦成了，我要到玉井朝一次聖，一切都托付你辦事不談話。祝
天主降福

羅光

民國八十一年十月廿九日

致葉醉白畫家

白老大師偉鑒：

承賜墨寶一幅乃新年之祥瑞，已懸掛牧廬餐廳，與張大千、溥心畬、黃君璧之畫相列，甚謝甚謝，輔大得獲大作，可炫示師生及來賓，增加訓育功效，受益匪淺。謹此一併致謝。

謹祝

新年多福

弟 羅光 謹啓

民國八十二年元月七日

致葉勝男蒙席

勝男蒙席如晤：

這次在台北見面以後，你回高雄，後來聽說你從高雄回澳洲，被調往非洲去了，我心裡很不痛快，但轉想耶穌曾經向我們說過，要背著十字架跟祂走，你現在就背了這個十字架，甘心忍耐跟著耶穌走，心裡必定有耶穌的安慰，我自己有過這種經驗，你還年輕，天主將來要賞賜的恩惠還多哩！

我退休以後，心靈更愉快，學術研究工作，做得更用心，上學期從我退休，輔大教人生哲學的教授不用我寫的人生哲學作教科書，我就把這本書修改，思想更深入，現在已經又出版了。今年是我衡陽一位清朝初年大學者王船山逝世三百週年，大陸和台灣都辦學術紀念會，大陸請我去，我不去，我卻寫一冊王船山哲學思想書，年底可以寫完，明年付印。凡事，接受天主的安排，將來必得益處。台灣近月，好幾位神父去世，有老的，有壯的，真可惜，輔大的神父也越來越少了。

我沒有到澳洲去，實在是身體受不住旅行的勞累，最近到台南參加大專學生中心成立三

十年紀念，因老學生邀請，我是早去晚歸，沒有在台南過夜。祝

主祐平安

羅光

民國八十一年十月三日

致鄭再發主教

再發主教道鑒：

上次來牧盧時，曾談玉井朝聖地整建事，光近年來常以此事繫於心，希望玉井朝聖地，能有莊嚴美好之設置，發朝聖者之熱忱，並以自捐之拾伍萬元台幣寄來請　主教向聖功慈幼黎明各校募捐若干，共籌款項，爲設計工程，或可請輔大耶穌會老雷修士往玉井一行，光初到台南，人地生疏，教區無人無錢，乃興建玉井聖母堂，後乃得聖母助佑，多有建設　主教亦可在就職後，重建玉井朝聖地，日後必蒙聖母恩祐，尙此順祝

新年蒙主賜福

愚　羅光

民國八十二年元月十日

致李恩澄院長

恩澄院長惠鑒：

久思作書，問候，亦公思書院助拜；但因病體（氣喘）不宜遠行，又不出台北，又因常須寫稿，精力有限，乃少信和住返；故請多多包涵，若修會不分男女，能在台灣立院，實可吾人之福，台灣信教之兄弟既少，又在經濟成長中，每天罪惡多多，須有虔誠之祈禱，切己之苦身，以補罪債，祈求恩寵。男女苦修院乃台灣避免天罰之避雷針，也為降恩寵之時雨，余一老人甚望能在家參與苦修士之祈禱忍苦生活，祇惜年老力衰，意志薄弱，每天可做一點耳，然也可說彼此同心相契。茲奉小小捐款伍萬元，由郵局劃撥直寄，為保持朝聖者場所之用，但請為一修女祈禱，此修女久為照顧余年老人之人，現彼身體有病，余老人又極須人照顧，故請祈主使彼病愈，余老仍能安心。此祝

農曆新正托主多福

八五老叟　羅光　謹啓

一九九五年正月廿四日

致黃昆輝部長

昆輝部長勛鑒：

謹啓者，西螺天主堂被拆事，前承貴部協調，未爲鎮公所接納，乃於上月二十三日，發生教友跳樓自殺，以死抗議，全台天主教教友甚感震驚，甫自羅瑪述職回台之全體主教，亦嚴重抗議，要求政府妥爲善後，光自以私誼謹向部長建言：請協調政府有關單位，妥爲照顧亡者家人之生活救濟，在西螺擇地，撥款重建一教堂，如此，足以安全台天主教教友之心，亦可安慰亡者之靈，光意在因選舉民心搖蕩之際，安定民心，乃政府重要之職責，謹此佈臆。

順祝

政安

八五老叟　羅光　謹叩

民國八十四年九月一日

致宋楚瑜省長

楚瑜省長勛鑒：

八月二十三日，西螺一位教友為抗拒拆毀教堂，跳樓自殺，震驚全台灣天主教教友。吾人雖不贊成自殺，然對教友抗衛教會之忠誠，痛心接受。全台教友心滿憤憾，卅日由羅瑪述職回台之全體主教發表聲明，嚴重抗議，將申請處理善後事宜，光以私人友誼謹函省長，祈鄭重考慮：穩當照顧寡婦與兒女之生活與教育，並在西螺覓地重建教堂。如此可以安定全台天主教友之心，兼以定亡者之靈，期此選舉人心，動蕩之際，安定民心，實乃政府之要策，冒昧直陳，尚乞諒察。順祝

政安

八五老叟　羅光　謹叩

民國八十四年九月一日

致劉振宗主教

振宗主教道鑒：

今得尤代辦通信，欣喜嘉義教區得一善牧，特疾出致賀，主教之職非人世地位，乃基督所賦之職務，非關私人榮耀，乃保教會之益，吾得尤代辦信，即進聖堂，特爲代禱，下週，且將行彌撒一台，求主賜福，主教職務艱難，受任者任重道遠，吾已年老經驗所及惟有依特，主佑，宜每日誦經，虔祈聖神協助，又須日求聖母，時刻助佑，台灣教會所處境遇，爲宏道之時，然教會之人才與經濟，配不合時代指揮教務者雖盡心力，亦感力不從心，吾雖年老退休，亦望洋興嘆，祝望　新主教年青力強，心熱智高，能因主之助力，發展新猷，廣傳福音，聖化人心，吾年老力衰，或將不能來嘉義參與祝聖大典；但望　新主教近期來台北時能抽暇來天母牧廬，共進一餐，暢談教務。耑此，順祝

主祐敬賀新職

羅光　謹叩

民國八十三年七月十五晚

致尤清縣長

縣長閣下勛鑒：

昨在　貴府面聚敘舊，爲安老院陳情深感機緣，滿意政風和諧心以爲幸，昨晚獲悉貴府重劃委員會，由

閣下主持議決，豁免安老院繳納重劃差額地價稅，以照顧老人福利，衷心感激此議決之仁意，欽佩

閣下愛民之厚情，安老院修女必將按照切約，常久爲老人服務，保持照顧貧病者之愛心，專此致謝。謹祝

政安

八五老叟　羅光　謹啓

民國八十四年六月十七日

致張鎧教授

張鎧教授大鑒：

接閱十一月二日來信，得知尚未接獲光之覆函，乃於李毓鐘出國前一星期寄出。光未早作覆，因等天主教歷史系教授張奉箴神父暑假後回校，詢問彼知道台灣何處藏有龐迪我之具揭，張奉箴神父，又係耶穌會士，專研中國天主教歷史，彼答覆台灣無具揭一書。光作覆書作者，並奉勸多與張神父書信交往，不意覆書未寄到．致　先生久候，實感愧疚，光對　先生研究之精神，甚表欽佩，光早已放棄中國天主教史之研究，改究中國哲學，四十年如一日，然因行政工作纏身，不能專務研究學術，退休以後，年歲已高，精力亦衰，更不能多費心力；且尚須撰寫天主教修養書籍，所幸早已完成中國哲學思想史與生命形上學等書，特以奉告。

順祝

時祺

巴黎藏有具揭將圖影印

八五老叟 羅光 手覆

一九九五年十一月十二日

致陳立夫資政

立公資政鈞鑒：

承惠賜　大著回憶錄深感榮幸謹致謝忱　尊著問世之日即購置一冊細心閱讀，政局變幻人心險惡有如空中雲霧離奇莫測。

公持之以道守之以德如聖保祿宗徒所說「以清廉，以明智，以容忍，以慈惠，以真理的言辭，像是待死的，看我們卻活著，像是受懲罰的，卻是沒有被置於死地，像是憂苦的，卻常常喜樂」傳承中華文化建樹國人德表。

回憶錄尊著補白中國現代之歷史指示國人立身處世之道，將長留中國經傳受後人之研讀謹以頌。敬頌

德安

僕　羅光　敬啓

民國八十三年元月卅日

致羅濟吾弟

濟弟：

三月十七日來信，信已收到，很高興你把三家的人口都給我寫出來，我可以不糊塗，可以知道來信的人是那一家，族譜已經找不到很可惜，前兩星期，衡陽常家宗譜由桓民先生給我送來一冊，他曾請我爲宗譜寫一篇序，你還是繼續找一找，從衡陽市縣的圖書典籍裡去找。我常想你的二哥羅耀早年因病去世，遺腹子也夭傷了，沒有子嗣，在你和蘇弟的兒子中，誰可以在名義上作爲耀弟的嗣子？耀弟什麼都沒有留下，作嗣子，只是一個名詞罷了。

我退休了，生活很安定，寓所有一位修女管家，有司機的妻子煮菜洗衣，她們都是爲我工作二十多年了，非常忠心。但是對於家務以外的事，都得我自己處理，在學校時，一切事都交給秘書室和公共關係室去辦，電話我也少打。現在自己老了，又有病，不能多動，沒有秘書，外面的事就不管了，祇管教書，三天授課，三天預備講義，天天還忙。

少煌和少莉的丈夫來信，要我替他們辦理來台灣作工，我不以爲姪兒們作工有什麼不好，祇是我沒有人替我去辦，他們能夠自己辦，很好。千萬不要偷渡，抓住了遣送回去，工作沒有，錢白花了。書高、書芝說要來台灣看我，我當然歡迎，但是我不能招待，又不能陪他們看看台灣，那要使我心煩極了，你告訴他們不要來，你自己一個人來，你又常出門，知道自己走，那又是另外一回事，但還是等我退休稍久，生活一切都安定了，才來。

氣喘病，可以用藥控制，但不能累，一累就加重，我對許多文化組織的會議，盡量少出席，寫信也不多，姪兒如外甥等來信不常回答，所以告訴少煌、少達、少莉、書高、書芝，和卓榮，他們的信都收到了，也謝謝他們關心，可是不可能我一一答覆他們。你率領大家作好教友，要唸經，要依靠天主和聖母。我也常爲家中人祈求天主賜福。祝

復活節的快樂

大哥 光 叩

一九九二年四月二十七日

致連戰主席

連主席勛鑒：

謹啓者，天主教仁愛會修女在台南市鹽埕設有安老院壹所，收容貧窮重病之老人，細心照顧不收分文，於民國七十九年立案承　貴府指示擴充服務不意台南市政府都委會竟爲國泰公司一片地計劃開路，幾經有關市民反對未達目的，乃轉而引由仁愛會之安老院內，通過與國泰土地連接開闢一路，雖經修女與該社區市民聯合抗議，台南市長則要求修女與國泰公司接洽，此種不顧教會權益與老人福利之心實令人深痛，而且聲明將於下週一作成決定不再更改故祈

主席連令都住會通知台南都委會，變更鹽埕220B地號之A508M都市計劃道路，使貧病老人能安居院內，兼保教會權益，杜絕政客與財團之勾結，損害政府聲譽精神。

謹祝

政安

春釐安吉

愚 羅光 謹啓

民國八十一年正月二十八日

致星雲法師

星雲法師繹鑒：

法駕常駐國外，未能時得教益，宗教委員會工作，亦未能得承指教，深以爲憾。將來法駕駐驛佛光山時，必祈在敝舍駕臨，以開茅塞，茲有懇者宗教委員會已發起重建家庭倫理運動，先由宗教人士，在教內推行，後再向全社會推動。台灣天主教會在暑期後，將全面推行此舉，現已印十五萬卡片，分送給教堂與學校，敢祈

法師，在佛教方面，大力促進，教化社會人心，指派門徒，來台北縣新莊輔仁大學校史室領取卡片，且請照樣多印，以能傳入各家庭中，目前家庭倫理之淪喪，已達底點，夫婦相殺，子女弒親，父母害子女，尤其缺乏家教，青年走入歧途墮入罪惡實可痛心，拯救社會道德，必先重建家庭倫理宗教委員會肩任此責，煩擾

法師大力支援可略有成。謹此奉呈。謹祝

禪安

愚 羅光 稽首

民國八十一年八月十一日

致證嚴法師

證嚴法師：

天天聽到愛人濟世的工作，非常欽佩你，尤其看到慈濟團體的善行，更加羨慕感召的精神力，今年二月初，文化復興總會組織宗教研究委員會，光被派爲主任委員，這委員會想藉著宗教的合作，以正人心，現已計劃發起重建家庭倫理運動印刷了十五萬張卡片，說明這運動的意義，分送社會各界，敬請

法師指示慈濟團體派人到台灣縣新莊輔仁大學校史室領取卡片，通力合作。也請慈濟團體，照樣多印這種卡片，各處散發。

法師慈濟爲懷，盡力救人，對重建家庭倫理，必認爲主要的事予以協助，也爲使社會人士，改正一向輕視宗教之心，能見到宗教對社會的貢獻。

法師的功德，已經取得社會各界的崇敬，因此懇請支持宗教委員會的工作，使能教化人心。

謹祝

德安

愚 羅光 叩首

民國八十一年八月十一日

致吳伯雄部長

伯雄部長勛鑒：

謹啓者，茲因台南市政府與國泰財團勾結，強由天主教仁愛會修女所辦之安老院內經過，修路以利國泰建屋，出費修審教會權利危害老人安寧，敬祈由社會局通知台南市政府停止，此種有損政府聲譽之事，教會人士將不勝感激。謹祝

政安

春釐安吉

愚　羅光　謹啓

民國八十一年正月二十八日

致劉維祺司長

維祺司長惠鑒：

前承來校頒贈獎牌衷心感激，且於交接之日亦承親臨參加彌撒典禮，謹此致謝。頒獎時蒙致詞，聲明教部存心培植宗教文化人才，聆聽之餘，心神喜歡，輔大申請設立比較文化學系想能獲得批准，謹先致謝。退休時之此心願可了矣，另一心願則爲改大傳系爲大傳學院，尚祈予以成全則深謝，天恩浩蕩。謹此順祝

主祐平安

愚 羅光 謹叩

民國八十一年四月七日

致施森道蒙席

森道蒙席惠鑒：

農曆新年一片祥和氛氛，希望　天主恩賜台灣今年祥和，光去年底身體不適，氣喘加劇，然寫書工作未停，出版耶穌基督是誰增訂本，福音生活兩書。福音生活爲彙編福音基督之訓言，分類編列，每條加以簡短詮釋，供一般人閱讀，目前佛教僧侶，演講著書，勸人淨心。儒家教育部與文復會亦加速宣傳論語，編印論語生活，光盡力爲福音宣傳，乃編此書，印刷方式，亦採效《論語話解》。自己出錢印一千冊，贈送教內教外人士，大家俱認爲實用，猶總主教請編家庭聖經，現已編就，將加在福音生活內，作爲後編，即印兩千冊，供家庭年之用。光現寫「我們的聖母」，將原有聖母傳改寫，已近脫稿。最近兩週，身體漸好，氣喘又平穩，天主尚願賜與精力，以平衡佛教之衝擊。佛教現籌備五座大學，在三四年內開學，天主教兩座大學已鬧人材荒。

ＡＡＳ承蒙席付款代訂，甚爲感激，光健康不佳，不便旅行，故不能來羅瑪重遊舊地。吳大使夫婦殷勤催駕，仍不能成行。生命哲學思想已近完成，近將出版生命哲學再續集，亦將翻譯英文出版，此書為天主教思想與中國傳統思想融會舖路，代表輔仁大學對中國教會之工作，在中國哲學史佔有一席之地位。天主聖意以政治現狀，且德不配，不容作樞機，而賜與文化工作之機會，對中國教會與光私人之收穫，較之作樞機甚多，衷心感謝天主。順祝

春釐蒙主祝福

愚　羅光　頓首

一九九四年二月十五日致

致陳水扁市長

陳市長勛鑒：

重陽日，承贈敬老金千元，謹致謝意，非謝敬老之金，謝敬老之情，光年屆八五賤體尚壯，授課寫稿，祈禱獻祭，日以爲常，心情平靜，知足自樂，天主教信仰給與老人永生希望，不顧已往，仍看將來，老者與少年齊驅，此白髮人之樂事，謹以奉告。順祝

政安

八五老叟

羅光　手叩

一九九五年十一月一日

致陳強先生

陳強先生：

大作和來信，到了已經快一年了，當時我正忙著寫書稿，沒有工夫仔細研讀，不敢回信。近來兩本書稿都已付印，清理還沒有答覆的來信，便詳細讀了你的大作，四篇論文裡，第一篇中文稿〈近代國際體係和義和團運動〉給我的印象很深，作者氣盛辭嚴，評判一切；但所持標準不明顯，夫人關係很迷糊，對國際關係和基督教教義，所知道很淺，且多主觀的偏急渲染。對義和團的性質，有如大陸對洪秀全太平天國的性質，本唯物辯証史觀的本質練，過於給它們高尚的理想，不合事實。

研究學術，必須以客觀事實，正確標準，平心靜氣去研究；否則意氣用事，和民國初期學人論事論學，常有所偏，大作理等實踐的失敗乃清學的興起，論文也有偏處，宋明理學尤其陽明學派，空疏不實，是它們的病根，然而宋儒如張載、程、朱都講修身每日實踐。清朝沒有學術思想，祇有考據經學，因爲害怕文字獄，不敢說理。祇有王船山深隱鄉間，生時不印書乃能暢所欲言，王船山集宋明理學之大成，深明史事評判的義理，他的歷史哲學，融會了天命史觀，倫理史觀，氣運史觀於一據。

先生年青才高，意氣高遠，以研究中國近代史爲目標，歷史與文化不可分，中國近代文化和西方文化糾纏已久。研究西方文化，且研究天主教信仰，西方文化有好有壞，天主教教士也有好有壞，天主教信仰爲西方文化的骨髓，好比儒家哲學爲中國文化的骨髓，在外面的成就隨著歷史環境，利弊互見。

先生勿以主觀成爲引導研究工作，來日成果必成國際的巨著。

順祝

近祺

八五叟 羅光 手覆

一九九五年六月十九日